Jennifer Marshall Bleakley
Joey – Wie ein blindes Pferd uns Wunder sehen ließ

Über die Autorin

Jennifer Marshall Bleakley hätte sich niemals träumen lassen, einmal ein Buch über Pferde zu schreiben – bis sie Joey traf. Als ehemalige Trauerbegleiterin für Kinder und Familien interessierte sie sich für die Arbeit auf *Hope Reins*, wo sie den blinden Appaloosa kennen- und lieben lernte und beschloss, seine bewegende Geschichte zu Papier zu bringen. Mit ihrem Mann und zwei Kindern lebt sie in Raleigh, North Carolina.

JENNIFER MARSHALL BLEAKLEY

JOEY

Wie ein blindes Pferd uns Wunder sehen ließ

Eine wahre Geschichte

Aus dem Amerikanischen
von Eva-Maria Nietzke

Die amerikanische Originalausgabe erschien im Verlag Tyndale House Publishers Inc., Carol Stream, Illinois, USA, unter dem Titel „Joey – How a Blind Horse Helped Others Learn to See". Published by arrangement with Tyndale House Publishers, a division of Tyndale House Ministries. All rights reserved.

© 2018 by Jennifer Marshall Bleakley

© 2020 der deutschen Ausgabe Gerth Medien in der SCM Verlagsgruppe GmbH, Berliner Ring 62, 35576 Wetzlar

Die Bibelzitate wurden, sofern nicht anders angegeben, der Übersetzung *Hoffnung für alle*® Bibel entnommen, Copyright © 1983, 1996, 2002, 2015 by Biblica Inc.® Verwendet mit freundlicher Genehmigung des Herausgebers Fontis, Basel. Alle weiteren Rechte weltweit vorbehalten.

Außerdem verwendet wurde:

Neue Genfer Übersetzung – Neues Testament und Psalmen,
© 2011 Genfer Bibelgesellschaft (NGÜ).

6. Auflage 2024
Bestell-Nr. 817657
ISBN 978-3-95734-657-5

Umschlaggestaltung: Lisa Antonacci
Umschlagmotive: Holzzaun: © Nikilev/Shutterstock. Alle Rechte vorbehalten.
Pferd: © Javier Pardina/Stocksy.com. Alle Rechte vorbehalten.
Die Fotos aus dem Bildteil sind das Eigentum der jeweiligen Urheberrechtsinhaber und wurden mit freundlicher Genehmigung verwendet. Gezeichnetes Porträt von Joey und Fotos von Speckles und Joey © Jen Shepard/Hope Reins; Joey-Porträtaufnahme und Speckles an der Heuraufe © Heidi Grable; Mädchen reitet auf Joey © Cindee Hakim; Pferde und Autorin © Rebecca Mill
Fotos: © Stocksy United / Shutterstock
Satz: Greiner & Reichel, Köln
Druck und Verarbeitung: GGP Media GmbH, Pößneck
Printed in Germany

www.gerth.de

Ich widme dieses Buch meinen Eltern, Bill und Julie Marshall, die davon überzeugt waren, dass ich dies schaffen würde, lange bevor ich selbst daran glauben konnte.

* * *

Ebenso widme ich es allen, die im Gefängnis der Dunkelheit, der Hoffnungslosigkeit und des Schmerzes sitzen. Ich bete, dass diese Geschichte dazu beiträgt, ihre Augen für kleine Lichtstrahlen und Hoffnungsspuren zu öffnen.

Liebe Leserinnen und Leser,

ich habe Joeys Zeit auf *Hope Reins* so wirklichkeitsgetreu wie möglich dargestellt, basierend auf Interviews und Erinnerungen von Personen, die mit seiner Rettung, Pflege und seinem Training befasst waren. Einige Namen und Details habe ich verändert, um die Privatsphäre der betreffenden Personen zu wahren. Auch habe ich mir gewisse schriftstellerische Freiheiten herausgenommen, um eine schlüssige Geschichte zu schreiben, und manche Ereignisse und zeitliche Abläufe gekürzt. Während ich dies schreibe, befinden sich noch immer viele der Pferde, die Teil von Joeys Geschichte sind, auf *Hope Reins*.

Jennifer Marshall Bleakley

* * *

Von den Tieren draußen kannst du vieles lernen, schau dir doch die Vögel an! Frag nur die Erde und die Fische im Meer; hör, was sie dir sagen!
Hiob 12,7–8

PROLOG

Es regnete in Strömen, als Penny auf den langen Schotterweg einbog, den sie mit der benachbarten Pferdefarm teilte. Sie hatte zwei Monate fern von ihrer Heimat Virginia in Florida verbracht, um ihre sterbende Mutter zu pflegen, und der Anblick der weitläufigen grünen Weide war eine wohltuende Begrüßung für sie. Als sie über den Schotter fuhr, erblickte sie plötzlich eine Gruppe von Pferden.

Wie seltsam, dachte sie. *Was machen die Pferde bei diesem Unwetter draußen?* Sie fuhr langsamer und lehnte sich vor, bemüht, durch den dichten Regenschleier zu sehen. Plötzlich riss sie die Augen auf.

„Ach du meine Güte!", keuchte sie. Sie bremste scharf, wendete rasch ihren Pick-up und fuhr geradewegs auf den privaten Zufahrtsweg der Farm, das „Durchfahrt verboten"-Schild kurzerhand ignorierend.

Sie öffnete das Metallgatter und stapfte durch den Matsch und die Jauche auf die Pferdeherde zu. Als sie sich den Pferden bis auf wenige Meter genähert hatte, blieb sie abrupt stehen. Die Tiere waren vollkommen ausgemergelt, einige konnten kaum noch aufrecht stehen. Neben ihnen, unter einer alten Eiche, lagen zwei bewegungslose Pferde. Ihre Mähnen waren vom Matsch verfilzt und ihre Flanken auf groteske Weise eingefallen. Penny spürte, wie sich ihr Magen verkrampfte.

Was ist hier los?

Sie stellte sich zum Schutz vor dem Regen unter den Baum, holte ihr Handy hervor und wählte den Notruf.

„Notrufzentrale, was kann ich für Sie tun?"

„Ich rufe von der *Nash Farm* in Powhatan County nahe dem US-Highway 60 an", begann Penny mit zitternder Stimme zu sprechen. „Hier sind mehrere stark ausgezehrte Pferde auf der Weide, einige scheinen bereits verendet zu sein."

„Wie viele tote Pferde sind es?", fragte die Stimme am anderen Ende der Leitung in sachlichem Ton.

„Mindestens zwei", erwiderte sie, während sie über die Weide blickte. Ihr Blick blieb an den Ställen in der Ferne haften.

„In Ordnung, Madam, in Kürze wird jemand von der Polizei und der Tierrettung bei Ihnen sein."

Penny bedankte sich und stopfte ihr Handy in ihre Jackentasche, bevor sie auf die Ställe zuging. „Bitte, Gott, lass mich dort drüben keine weiteren kranken oder toten Pferde finden", betete sie.

Kalter Regen rann über ihr Gesicht, während sie ihre Beine zwang, sie bis zu den Ställen zu tragen, die oben auf einem sanften Hügel standen. Daneben befand sich das ranchartige Farmhaus. Einer der Fensterläden hing schief in den Angeln und der untere Teil eines Fensters war zugenagelt.

Sie konnte sich nicht mehr erinnern, wann sie den Eigentümer zuletzt gesehen hatte. Es war ein Mann, der es sich zum Hobby gemacht hatte, Pferde zu sammeln, in der Hoffnung, sie mit Gewinn verkaufen zu können.

Ist er es leid geworden und fortgegangen? Ihre Gedanken wanderten zu den toten und sterbenden Pferden zurück. *Wie um Himmels willen kann man so etwas tun?*

Sie hüllte sich noch fester in ihre Regenjacke und beschleunigte ihre Schritte. In ihrem Magen spürte sie einen brennenden Knoten.

Nie zuvor hatte sie eine solche Wut verspürt. Als sie sich den Ställen näherte, sah sie die verstreut herumstehenden, leeren Futtertröge. Es war November, das Gras war fast komplett abgegrast. *Wann haben diese armen Tiere wohl zum letzten Mal etwas zu fressen bekommen?*

Als sie schließlich die vier Holzställe erreichte, atmete sie tief ein und zwang sich, ins Innere zu schauen. Sie waren alle leer. *Gott sei Dank,* atmete sie auf. Doch dann, als sie gerade umkehren wollte, sah sie einen Huf aus dem letzten Stall ragen.

„Nein, nein, nein ...", flehte sie, während sie zu dem am Boden liegenden Pferd rannte.

Sie kniete sich nieder, Matsch und Pferdemist drangen durch ihre Jeans. Das Herz schlug ihr bis zum Hals, als sie den vertrauten blonden Schweif des Pferdes erblickte, das sie früher so gern von der anderen Seite des Zauns aus bewundert hatte. Sein freundliches Wesen hatte sie an ein Pferd erinnert, das sie als Kind geritten hatte. Ihre Augen füllten sich mit Tränen, als sie behutsam die Flanke des Tiers berührte. Die Rippen malten sich deutlich unter der Haut ab. Schnell zog sie ihre Hand zurück. Der Regen fiel nun noch dichter, und schlammige Rinnsale flossen über den Körper des Pferdes, sodass hier und da das schwarz-weiß gescheckte Fell zu sehen war, das unter einer dicken Schmutzschicht verborgen war.

Drei tote Tiere, klagte sie.

Die Stille wurde vom Zuschlagen des vorderen Gatters durchbrochen. Die Vertreter der Behörden waren eingetroffen. Penny stand auf und ging über die Weide zurück, um sie in Empfang zu nehmen. Sie war von Kopf bis Fuß durchnässt und roch nach Mist, aber das kümmerte sie nicht.

Mitarbeiter der Tierrettung hatten bereits damit begonnen, die entkräfteten Pferde auf Anhänger zu führen, während andere Gerätschaften entluden, um die toten Tiere zu transportieren. Penny stand zitternd im Regen und beantwortete die Fragen des Sheriffs, als ein Schrei die von Wehmut erfüllte Stille zerriss. „Hey! Dieses hier lebt noch!"

Penny lief zurück zu den Stallungen, wo ein Mitarbeiter der Tierrettung seine Hand vor die Nüstern des am Boden liegenden Pferdes hielt.

„Sind Sie sicher?", fragte sie hoffnungsvoll.

Der junge Mann sah zu ihr hoch und lächelte. Rinnsale tropften von seiner blauen Kappe.

„Ja. Ich spüre den Atem durch die Nüstern und ich kann einen schwachen Herzschlag fühlen."

„Oh, Gott sei Dank!", rief sie und kämpfte gegen die aufkommenden Tränen.

„Madam, kennen Sie den Eigentümer der Farm?", fragte der Sheriff.

Penny hörte die Frage, doch sie konnte die Augen nicht von dem Pferd abwenden. Es atmete! Die wundervolle Kreatur lebte noch!

„Madam?" Der Sheriff sah Penny an und versuchte es erneut. „Kennen Sie dieses Pferd?"

Zum zweiten Mal innerhalb einer Stunde ließ sich Penny neben dem Tier auf die Knie fallen.

„Ja, ich kenne es", sagte sie und berührte sachte das Gesicht des Pferdes, das sie vermutlich nie wiedersehen würde. „Sein Name ist Joey."

KAPITEL 1

Kim Tschirret fragte sich, ob sie das Richtige tat. Nervös ballte sie die Hände in ihren Jackentaschen zu Fäusten und kaute auf ihrer Unterlippe, während sie in der Scheune wartete.

„Ich bin so aufgeregt", flüsterte sie ihrer Freundin Barb Foulkrod zu, die sich großzügig bereit erklärt hatte, frühmorgens von North Carolina nach Virginia zu fahren, um mit ihr zusammen das Pferd abzuholen, von dem Kim pausenlos erzählte. Als sie ankamen, wurden sie von Tom Comer, dem Eigentümer der weitläufigen Farm, warmherzig begrüßt. Tom hatte eigene Pferde, hielt aber auch einige bedürftige Pferde für die Pferderettungsgesellschaft in Pflege.

Barb legte beschwichtigend eine Hand auf Kims Rücken. Sie und Kim – beide Anfang vierzig und beide mit einer langen blonden Ponyfrisur – hätten Schwestern sein können.

„Vertrau deinem Bauchgefühl, Kim", flüsterte sie zurück.

Vertrauen. Aus Barbs Mund klang das so einfach.

Theoretisch gesehen gab es keinen Grund, sich darüber den Kopf zu zerbrechen, ob sie einem vor Kurzem geretteten Pferd ein dauerhaftes Zuhause bieten wollte. Schließlich benötigte die Pferdetherapie-Ranch, die Kim in Raleigh betrieb, neue Pferde. Aber *dieses* Pferd? Vielleicht war sie doch zu voreilig gewesen.

Als sich die Stalltür öffnete, kam das trotz seiner Magerkeit schönste Pferd heraus, das Kim je gesehen hatte. Sie hielt den Atem an. Es war wundervoll. Es hielt den Kopf hoch. Eine cremeweiße Mähne wehte in der leichten Brise. Es sah majestätisch aus.

„Oh Mann …", flüsterte sie.

Sie hatte schon früher Appaloosas gesehen. Tatsächlich wartete voller Ungeduld ein weiteres Pferd dieser Rasse in dem gemieteten Pferdeanhänger, den sie in der Auffahrt geparkt hatte. Sie hatte diese Rasse von jeher geliebt – mit ihrem reich gesprenkelten Fell, der getüpfelten Nase, den menschenähnlichen Augen. Doch nie zuvor hatte sie ein solches Prachtexemplar gesehen. Es war ein Leopard-Appaloosa, sein weißes Fell war mit Hunderten schwarzer Flecken gesprenkelt. Der vordere Teil seines Körpers war mit kleinen, eng zusammenliegenden Sprenkeln übersät, während der Rücken mit größeren Flecken verziert war. Kim musste an das Fell eines Dalmatiners denken.

„Nun, hier ist er", sagte Tom. „Das ist Joey."

Kim und Barb kamen langsam näher und Kim hielt ihre Hand als freundliche Begrüßungsgeste unter die Nüstern des Pferdes. „Hi, Joey. Schön, dich kennenzulernen."

Der Appaloosa sog ihren Geruch ein, dann blies er begrüßend durch die Nüstern. Seine schwarz-rosa Lippen versuchten, versteckte Leckerbissen in ihrer geschlossenen Faust aufzuspüren. Kim hob ihre Hand höher, um die kräftige Backe zu streicheln, wobei ihr Zeigefinger auf mehreren unterschiedlich großen Sprenkeln verweilte – ein großer Tupfer mit einem tiefschwarzen Zentrum wurde von einem helleren Ring umgeben, ein mittelgroßer Fleck hatte die Form einer Birne, und dann waren da noch mehrere kleine Tupfer, die ineinander übergingen und das weiße Fell an dieser Stelle grau erscheinen ließen.

„Wie schön du bist!", sagte sie und kam noch näher.

Joey senkte den Kopf, seine Backe streifte flüchtig ihre Wange. Kim atmete tief ein. Beinahe andächtig genoss sie die Berührung, den Augenblick. Frau und Pferd standen einige Herzschläge lang zusammen, bevor Joey den Kopf senkte und nach einem Büschel Gras suchte.

„Tom, vielen Dank, dass du an uns gedacht hast", sagte Kim. „Ich bin mir immer noch nicht sicher, ob wir für diese Herausforderung bereit sind – aber irgendetwas an diesem Burschen hier berührt mich zutiefst."

Tom nickte. „Vertrau mir, es geht mir genauso. Der Junge ist etwas Besonderes, da gibt es keinen Zweifel. Aber ich muss gestehen, dass ihr meine siebte Anlaufstelle wart, als ich an jenem Tag telefonierte. Ich hatte alle meine Kontakte angerufen, aber niemand wollte ihn. Zu viel Arbeit, so hieß es."

Kim spürte Angst hochkommen. *Was* würde zu viel Arbeit sein? Seit dem ersten Anruf hatte sie mehrmals mit Tom gesprochen und ihm zahllose Fragen über Joeys Pflege gestellt. Aber hatte sie überhaupt begriffen, auf was sie sich da einließ? Wahrscheinlich nicht. Und doch brauchte sie Joey nur anzuschauen, um zu wissen, dass sie nicht ohne ihn gehen würde.

„Ganz ehrlich – ich habe darüber nachgedacht, ihn einfach hierzubehalten", fuhr Tom fort. „Ich meine, wir haben ja genug Platz." Er wies auf die großen Stallungen und Weiden hinter sich. „Aber nachdem ich ihn zusammen mit meinen Kindern gesehen habe und erkannte, wozu er fähig ist, da wusste ich, dass er an einen Platz gehört, wo er etwas bewirken kann. Als mein Freund Eddie mir von eurer Ranch erzählte, war mir klar, dass sie der richtige Platz für Joey ist."

Kim hatte wochenlang wegen dieses Pferdes gebetet und Gott gefragt, ob sie die richtige Entscheidung für *Hope Reins* – die Pferdetherapie-Ranch, die sie ein Jahr zuvor gegründet hatte – traf. Nun, im Februar 2011, hatten sie bereits acht Pferde und drei Dutzend ehrenamtliche Helfer. Als Tom sie ganz plötzlich anrief und ihr von Joey erzählte, erklärte sie sich bereit, ihn aufzunehmen, ohne ihn vorher gesehen zu haben – das hatte sie nie zuvor getan!

Jedes der anderen Pferde auf *Hope Reins* war sorgfältig ausgesucht worden. Tagelang wurden potenzielle Kandidaten beobachtet und vom Mitarbeiterteam diskutiert, manchmal dauerte diese Prozedur sogar Wochen oder Monate. Erst dann durften sie zur Herde stoßen. Es war eine einzigartige Gruppe von Pferden, die ausnahmslos aus schwierigen Verhältnissen gerettet worden waren. Unzählige Forschungsstunden wie auch persönliche Erfahrung hatten in Kim die Überzeugung gefestigt, dass oft eine tiefe, besondere Bindung entstand, wenn seelisch verletzte Kinder mit Pferden arbeiteten, die selbst Schmerz oder Misshandlung erlebt hatten.

Die Ranch war darauf ausgelegt, Pferde mit seelisch verletzten Kindern zusammenzubringen, und so musste Kim sichergehen, dass ein Pferd gut mit Kindern arbeitete, bevor sie sich entschied, es aufzunehmen. Nicht jedes Pferd genügte ihren Ansprüchen.

In den vergangenen Monaten hatte Kim mehrere Pferde abgelehnt, weil sie nicht über den für die Einzeltherapie mit Kindern erforderlichen Charakter verfügten. Wenn ein Pferd aggressiv oder zu ängstlich war oder mehr Zuwendung benötigte, als Kim und ihre Helfer aufbringen konnten, dann wurde es nicht aufgenommen. Es brach ihr jedes Mal das Herz, ein Pferd abzulehnen, doch sie musste an das Wohlergehen der Kinder denken. Sie konnte es sich nicht leisten, ein Pferd aus einer Laune heraus anzunehmen.

Als Tom anrief und erzählte, dass sein Fünfjähriger Joey ohne Sattel ritt, war Kim sofort bereit, ihn aufzunehmen. Dennoch hatte der Appaloosa Bedürfnisse, die dem Vorstand von *Hope Reins* Sorgen bereiteten. *Wer würde es ihnen verdenken?*, dachte Kim. Es kam nicht alle Tage vor, dass man sich um ein blindes Pferd kümmern musste.

Blind.

Dieses Wort hatte Kim natürlich zu denken gegeben. Doch Joey brauchte ein Zuhause, und aus Gründen, die sie nicht benennen konnte, war sie tief in ihrem Innern davon überzeugt, dass *Hope Reins* Joey brauchte. Und so hatte sie bereitwillig zugestimmt, ihn aufzunehmen, obwohl sie keine Ahnung hatte, wie sie die 3.000 Dollar aufbringen sollten, die jährlich für seine Grundversorgung erforderlich waren.

Joeys Kopf verweilte über einem Grasbüschel, seine Lippen knabberten an einzelnen Halmen. Barb und Kim hörten sich Toms Geschichte mit Joey an. „Also ist Joey erst seit zwei Monaten bei euch?", fragte Barb.

„Genau. Anfangs brauchte er sehr viel Zuwendung und Pflege", sagte Tom, während er nachdenklich über Joeys Rücken strich. „Zuerst wurde er auf der Ranch von einer Tierärztin versorgt, die Pferde in Pflege hält. Sie schaffte es, dass er wieder ein wenig mehr Fleisch auf die Rippen bekam. Sie war auch diejenige, die erkannte, dass er blind ist."

„Ist die Blindheit auf die Mangelernährung zurückzuführen?"

Tom zuckte die Schultern. „Das kann man nicht mit Sicherheit sagen. Die Tierärztin meinte, diese Rasse sei für Augenkrankheiten anfällig – Grauer Star und Mondblindheit und solche Dinge. Sie hat beides bei Joey diagnostiziert."

Kim sah in Joeys mandelförmige Augen. Er sah nicht anders aus als andere Pferde. Seine Augen waren nicht verhangen oder fixierten einen Punkt in der Ferne. Stattdessen schien sein Blick den ihren zu treffen. Doch Kim wusste, dass der äußere Anschein oft trügt. Manche Narben sind unsichtbar.

„Als wir letztes Mal miteinander sprachen, hast du erwähnt, Joey sei ein Champion-Springpferd gewesen. Kannst du mir mehr dazu erzählen?" Kim war begierig, so viel wie möglich über ihren neuen Schützling zu erfahren.

Joey ging ein paar Schritte vorwärts, um sich einem neuen Grasbüschel zuzuwenden, während Tom Kim und Barb alles erzählte, was er über Joeys Geschichte wusste. Ein Freund hatte Joey Jahre zuvor als talentiertes Springpferd und preisgekröntes Dressurpferd gesehen, und Tom erinnerte sich, dass Joey und sein Reiter auf dem besten Weg gewesen waren, sich für die Olympischen Spiele zu qualifizieren. Doch dann erlitt das Pferd eine Verletzung, die seiner Karriere ein Ende machte. Joey wurde schließlich an eine Frau und ihre Tochter verkauft, die ihn im Stall des Freundes unterstellten.

Tom griff in seine Jackentasche und holte eine Möhre hervor. Er schnalzte mit der Zunge. Joey hob seinen breiten Kopf und nahm behutsam die angebotene Leckerei aus seiner Hand.

„Nach einigen Jahren ließ sich die Frau scheiden und musste Joey verkaufen. Wenig später landete er bei jenem Pferdesammler. Mehr weiß ich nicht."

Kim hätte am liebsten den ganzen Tag lang Geschichten über Joey gehört, doch sie hatten noch eine dreistündige Fahrt vor sich und sie wollte die neuen Pferde vor Einbruch der Dunkelheit ausladen.

Vor allem wünschte sie sich mehr Zeit, um mit Tom über die tägliche Versorgung des Pferdes zu sprechen. Er hatte ihr am Telefon einige hilfreiche Tipps gegeben, darunter den Vorschlag, Joey so bald wie möglich ein anderes Pferd als Gefährten zur Seite zu stellen, die Heu- und Wassertröge nahe am Zaun zu platzieren, damit er nicht in sie hineinlief, und mit ihm die Weide abzuschreiten. Doch würde das reichen?

Kim holte tief Luft. „Wir sind dir unendlich dankbar für alles, was du für Joey getan hast. Wir würden uns freuen, wenn du uns ab und zu auf *Hope Reins* besuchen kommst."

„Ja, das wäre schön", sagte Tom und legte den Führstrick in Kims Hand, bevor er Joey ein letztes Mal zwischen den Ohren kraulte. „Er gehört dir."

Eine Welle der Panik stieg in Kim auf. Die Zweifel waren so stark, dass sie beinahe den Führstrick losgelassen hätte. Barb spürte ihre Verunsicherung und legte ihrer Freundin einen Arm um die Schultern. *Ja,* dachte Kim, *ich schaffe das.*

Als sie sich dem Pferdeanhänger näherten, hörten sie das Stampfen von Hufen und ein lautes, aufgeregtes Wiehern aus dem Innern des Anhängers, sodass sie abrupt stehen blieben. Joeys Ohren waren gespitzt, als ob er fragte: *Was ist das denn?*

„Das ist Speckles", erklärte Kim. „Er ist auch ein Appaloosa und scheint im Moment nicht so ganz zufrieden zu sein. Aber ich denke, das wird sich geben, wenn wir erst unterwegs sind." *Jedenfalls hoffe ich das.* Tatsächlich war Speckles vom ersten Augenblick an, als Barb und sie ihn abgeholt hatten, schwierig gewesen. Sie hoffte, dass sie mit ihm keine falsche Entscheidung getroffen hatte.

Als Joey sicher im Anhänger stand und die beiden Pferde einander beschnupperten, tätschelte Tom noch einmal Joeys Hinterteil.

„Okay, Joey, an die Arbeit. Du wirst das gut machen!"

Ja, dachte Kim, als die Farm aus ihrem Blickfeld verschwand, *Joey hat eine besondere Geschichte.*

Wie gut, dass sie nicht zu früh geendet hatte.

KAPITEL 2

Drei Stunden später bog der Chevrolet Tahoe, der den Pferdeanhänger zog, auf den Schotterweg ein, der zu *Hope Reins* führte – ein acht Hektar großes Grundstück mit ausladenden Eichen, weitläufigen Weiden, weißen Pferdezäunen und gewundenen Wäldern, etwas abseits des Highway 50 in North Raleigh gelegen. Hochgewachsene Kiefern, wie Wachposten anmutend, warfen lange Schatten über die kurvenreiche Zufahrt.

„Willkommen zu Hause, Jungs", sagte Kim und warf im Rückspiegel einen Blick auf ihre beiden Reisegefährten. „Es wird euch hier gefallen."

Rechts neben dem Zufahrtsweg befand sich die größte Weide von *Hope Reins*, auf der die größeren Wallache, Deetz und Cody, gehalten wurden. Die zweieinhalb Hektar große Weide verfügte über einen Schutzunterstand, mehrere Wassertröge und ein Wäldchen, das Schatten spendete. Und dann war da dieses besondere Merkmal: ein dreieinhalb Meter hohes weißes Holzkreuz als sichtbare Erinnerung daran, dass *Hope Reins* ein Geschenk Gottes war.

Die Idee für *Hope Reins* kam Kim bei der Lektüre des Buches *Hope Rising* von Kim Meeder, in dem die Autorin von ihrer Organisation in Oregon berichtet, die seelisch verwundete Kinder und gerettete Pferde zusammenbringt. Kim las das Buch zweimal innerhalb einer Woche, völlig fasziniert von dem Konzept. Seite für Seite wurde beschrieben, wie Kinder eine Beziehung zu einem Pferd aufbauen – zu Pferden, die wie Spiegel für sie waren. In einem Pferd, das ebenfalls Schmerz oder Misshandlung erlebt hat, erkennen seelisch verletzte Kinder nicht nur Teile ihrer eigenen Geschichte – sie lernen auch sich selbst besser kennen, da Pferde häufig das spiegeln, was sie bei Menschen wahrnehmen.

Kim begriff diese Dynamik nur zu gut. Sie war bei einem emotional distanzierten, alkoholabhängigen Vater aufgewachsen, dessen Fehlverhalten von der Mutter unterstützt wurde, und Kim fand die bedingungslose Liebe, nach der sie sich sehnte, schließlich bei ihrem geliebten Pferd, einem Saddlebred namens Country. Kims Vater drängte sie ständig, an Wettbewerben teilzunehmen und sich durch Leistung hervorzutun, damit er selbst gut dastand. Doch Kim wollte nichts anderes, als Zeit allein mit ihrem Pferd zu verbringen. Sie konnte stundenlang reiten, ihr Pferd striegeln und mit ihm reden. In einem Umfeld, in dem sie sich die meiste Zeit über unsicher und schutzlos fühlte, gab Country ihr Stabilität und jene Annahme, die ihr so schmerzlich fehlte. Erst als sie aufs College ging, wurde ihr Pferd verkauft.

Viele Jahre später hatte Kim beinahe vergessen, wie viel Country ihr in jenen prägenden Jahren bedeutet hatte. Doch dann wurde sie durch den Tod ihrer Mutter aus der Bahn geworfen, und eine Freundin überzeugte sie, wieder mit dem Reiten anzufangen. Es war wie eine Therapie, wie ein heilender Balsam für sie. Je mehr sie ritt, desto mehr fragte sie sich, ob Gott vielleicht einen größeren Plan für sie hatte.

Eines Tages tippte Kim in der Bibliothek die Worte „Jesus und Pferde" in die Online-Suchmaschine ein. Dabei stieß sie auf das Buch, dessen Autorin den gleichen Vornamen hatte wie sie. *Gottes Wege sind geheimnisvoll.* Schon bald wurde sie den Gedanken nicht mehr los, ein ähnliches Programm in Raleigh ins Leben zu rufen.

Zugegeben, die Idee schien etwas weit hergeholt. Sie ritt erst seit Kurzem wieder und hatte absolut keine Ahnung, wie man eine voll funktionierende Ranch betrieb. Wie auch immer – bevor man eine Ranch *betreiben* konnte, musste man erst einmal eine Ranch *besitzen*.

„Ich bin doch nur eine Hausfrau und Mutter", klagte Kim gegenüber ihrer Freundin Lori an einem sonnigen Nachmittag in einem Fast-Food-Restaurant, während sie ihren Kindern beim Spielen auf dem Indoor-Spielplatz zusahen. „Gott würde wohl kaum ausgerechnet mich dazu berufen, eine solche Sache aufzuziehen, oder? Ich meine, seit Chances Geburt habe ich nicht mehr gearbeitet", sagte sie und lächelte ihrem fünfjährigen Sohn zu. Er drehte den Kopf, als er seinen Namen hörte, bevor er losrannte, um seine fast vierjährige Schwester Isabel einzuholen. „Wahrscheinlich bin ich nur besonders von diesem Buch beeindruckt, nicht wahr?"

Lori hörte geduldig zu, während Kim von ihrer Vergangenheit, dem Buch und ihrem verrückten Traum erzählte, eine Therapie-Ranch mit Kindern und Pferden aufzubauen. Als sie fertig war, atmete sie tief durch und wartete. Loris Meinung war ihr sehr wichtig; sie war sowohl ihre Freundin als auch ihre geistliche Mentorin.

„Ich finde, das ist eine großartige Idee", sagte Lori.

Kims Augen wurden ganz groß.

„Es ist offensichtlich, dass du von dieser Sache begeistert bist. Du hast persönliche Erfahrung mit Pferden, und du hast einen Ehemann, der dich liebt und unterstützt." Lori lehnte sich zurück und musterte ihre Freundin aufmerksam. „Nichts wie ran! Wenn es Gottes Wille ist, dann wird er dafür sorgen, dass es klappt."

Ist es wirklich so einfach? Muss ich nur Gott vertrauen und den ersten Schritt gehen, damit aus dem Traum Wirklichkeit wird? Als Kim das Fast-Food-Restaurant verließ, spürte sie sowohl freudige Aufregung als auch Furcht. Es gab noch eine wichtige Sache zu klären – sie musste sichergehen, dass ihr Mann Mike einverstanden war.

„Ist es dir wirklich ernst?", fragte Mike später am Abend, nachdem die Kinder im Bett waren. „Ich weiß, dass du schon eine Weile darüber nachdenkst – tatsächlich hast du in letzter Zeit kaum noch von etwas anderem geredet –, aber bist du dir sicher, dass du weißt, worauf du dich da einlässt?"

„Ich denke schon", erwiderte Kim und schaute auf ihre fest gefalteten Hände. „Seit einem Monat denke ich ständig darüber nach und werde den Gedanken an die Farm einfach nicht mehr los. Ich habe darüber gebetet, wir haben darüber gebetet, ich habe mit meiner Schwester, mit Lori und mit Pastor Scott geredet. Und dann habe ich während meiner Andacht heute Morgen diesen Vers gelesen: ‚Gelobt sei Gott, der Vater unseres Herrn Jesus Christus! Er ist der barmherzige Vater, der Gott, von dem aller Trost kommt! In allen Schwierigkeiten ermutigt er uns und steht uns bei, sodass wir auch andere trösten können, die wegen ihres Glaubens angefeindet werden. Wir ermutigen sie, wie Gott uns ermutigt hat.'"[1] Kim drehte sich auf dem Sofa so, dass sie ihrem Mann ins Gesicht sehen konnte.

„Vielleicht hat Gott zugelassen, dass ich von Country getröstet wurde, damit ich eines Tages dafür sorgen kann, dass andere seelisch verletzte Kinder Trost bei Pferden finden."

Sie setzte sich in den Schneidersitz. Es war so entspannend, mit Mike zu reden. Es war schon immer so gewesen, schon damals vor fünfzehn Jahren, als sie sich kennenlernten.

„Ich habe sogar schon einen Namen für die Ranch!", sagte sie, bevor sie eine dramatische Pause einlegte.

„Okay, spann mich nicht auf die Folter!"

„*Hope Reins*². Das klingt ganz ähnlich wie ‚God reigns – Gott regiert'. Was hältst du davon?"

Mike schwieg einen Moment lang. Kim hielt den Atem an. Seine Meinung war für sie extrem wichtig. *Und wenn ihm der Name nicht gefällt?*

„Ich finde, das ist der perfekte Name, Schatz. Ich würde sagen … wir sollten es versuchen!", sagte Mike, wobei er sie zärtlich ansah.

„Moment mal! Meinst du das *ernst*?", lachte Kim.

„Ich habe dich nie zuvor so gesehen. Du bist anders. Voller Energie. Irgendetwas Wichtiges passiert hier gerade. Also – lass uns schauen, wohin uns das führt."

„Aber das wird für unsere Familie große Veränderungen mit sich bringen", wandte Kim ein. „Ich weiß, dass du in deinem neuen Marketing-Job von zu Hause aus arbeiten kannst, aber du kannst ja wohl kaum ernsthaft arbeiten und nebenbei auf die Kinder aufpassen. Und wir können es uns nicht leisten, eine Nanny zu bezahlen, bis Isabel und Chance in die Schule kommen. Und die Vorlaufkosten … Wir haben nicht so viel auf der hohen Kante! … Und … Mike, ist das nicht alles völlig verrückt? Wie sollen wir das schaffen?"

Mike nahm die Hände seiner Frau. „Beruhige dich und atme tief durch. Wir werden über eine Menge Dinge nachdenken müssen, aber lass uns einfach einen Schritt nach dem anderen gehen, okay? Du willst dieses Projekt und du kannst es schaffen. Der Rest wird sich fügen."

Er sah ihr in die Augen. „Ich glaube an dich."

* * *

Einen Traum zu haben, ist eine Sache – diesen Traum Wirklichkeit werden zu lassen, eine ganz andere.

Doch immer einen Schritt nach dem anderen. Kim stellte Berechnungen an. Sie würde mindestens einen guten halben Hektar Land pro Pferd benötigen. Eine angemessen große Ranch müsste rund acht Hektar Land umfassen. Doch in der Gegend von North Raleigh acht Hektar Nutzland zu finden, das bezahlbar war, stellte eine echte Herausforderung dar.

Immer wieder hörte Kim: „Du wirst nie das passende Land dafür finden" oder: „Das wird ein Vermögen kosten".

„Wenn ich jedes Mal einen Dollar bekäme, wenn mir jemand sagt, dass ich nie ein geeignetes Stück Land finden werde, dann könnte ich bereits halb North Carolina kaufen!", bekannte Kim gegenüber Mike, nachdem sich eine weitere Spur als Enttäuschung herausgestellt hatte.

Mehrere Wochen später begannen Zweifel an Kim zu nagen. *Ist das wirklich Gottes Wille für mich?* Entmutigt und erschöpft beschloss sie, das Projekt für einige Tage auf Eis zu legen und mit Chance und Isabel zu einer Ostereier-Suche zu fahren, die von einer Kirchengemeinde auf deren ländlich gelegenem Grundstück veranstaltet wurde, das nur fünfzehn Minuten von ihrem Haus entfernt lag.

Als sie mit den Kindern auf die Menschenmenge zuging, die sich neben einer ausladenden Eiche versammelt hatte, nahm Kim die gesamte Szenerie in sich auf. Die bunten Eier waren auf einem gemähten Feld verstreut worden, während eine Handvoll Pferde auf den angrenzenden Weiden grasten. Es schien zwei Zufahrtswege zu geben, und sie sah auch ein weiteres, überwuchertes Feld auf dem Gelände. *Was ist das für ein besonderer Ort?*

„Mama! Es geht los!", rief Chance und ergriff ihre Hand. „Komm schnell! Die Eier sind sonst alle weg!"

„Ja! Schnell!", sagte sie und nahm die kleinen Hände ihrer Kinder, während sie auf das bunte Treiben zurannten.

Nach zehn Minuten hatten Chance und Isabel ihre Körbe mit Eiern prall gefüllt.

„Können Isabel und ich spielen gehen?", fragte Chance, der mehrere Hüpfburgen neben dem Parkplatz erspäht hatte.

„Natürlich. Ich bleibe hier und passe auf eure Körbe auf." Während sie Chance und Isabel zusah, kam ein Mann lächelnd auf sie zu und stellte sich vor: „Guten Tag, ich bin Will Warren, Finanzverwalter der *Bay Leaf Baptist Church*. Ich freue mich, dass Sie kommen konnten. Ich hoffe, Ihre Kinder hatten viel Spaß beim Eiersuchen." Sie tauschten noch einige Nettigkeiten aus, und als er sich gerade anderen Besuchern zuwenden wollte, rief Kim plötzlich aus: „Gehört Ihrer Kirche das ganze Land hier?"

Der Mann sah Kim eine Weile prüfend an, bevor er antwortete: „Ja, es gehört uns. Es wurde uns vor einem Jahr von einer Dame vermacht, die viele Jahre lang Mitglied unserer Kirche war. Sie hatte keine Verwandten und legte in ihrem Testament fest, dass unsere Kirche das Grundstück ihrer Familie erhalten sollte. Es ist ein wundervolles Anwesen", fuhr er fort. „Aber ich muss zugeben, 28 Hektar sind für uns ein wenig zu viel. Wir wissen nicht so recht, was wir damit anfangen sollen, abgesehen von einer jährlichen, groß angelegten Ostereier-Suche", fügte er mit einem Augenzwinkern hinzu.

Kims Herz schlug so heftig, dass sie meinte, der Mann müsse es hören. „Ja. Es ist wirklich ein wunderschönes Grundstück", erwiderte sie.

Als sie mit ihren Kindern zum Parkplatz ging, schaute Kim sich genauer um. Es gab keine Umzäunung, keine Versorgungsleitungen und zu viele Bäume, aber tief in ihrem Innern spürte sie: *Es könnte funktionieren.* Vor ihrem inneren Auge sah sie in der Ferne des Anwesens eine Reitanlage und eine Futterscheune neben den Parkplätzen. Sie konnte sich leicht abgegrenzte Weiden und Pfosten zum Anbinden über die ganze Landschaft verteilt vorstellen. Aber 28 Hektar in einer erstklassigen Lage? Eine rasche Google-Suche auf ihrem Smartphone offenbarte die entmutigende Wahrheit: Der geschätzte Wert des Grundstücks belief sich auf sieben Millionen Dollar! *Es wäre einfach perfekt gewesen,* dachte Kim, während sie ihre Tochter im Autositz festschnallte. Doch für den Rest des Tages konnte Kim den Gedanken an das Grundstück einfach nicht abschütteln. Und so beschloss sie – auch wenn die Aussicht auf Erfolg gering war –, mit Will Warren Kontakt aufzunehmen. Sollte es zu nichts führen, hätte sie wenigstens einen weiteren Schritt nach vorn gemacht.

Sobald die Kinder ihren Mittagsschlaf machten, setzte sie sich an ihren Computer und begann, eine vierseitige Projektbeschreibung aufzusetzen, in der sie ihre Vision der Therapie-Ranch und ihre Firmenphilosophie darlegte.

Als Mike vom Rasenmähen ins Haus kam, reichte Kim ihm ein Glas Wasser und drückte ihm den Text in die Hand. „Kannst du bitte einen Blick darauf werfen?", bat sie.

„Das ist gut, Kim", sagte er, während er die Seiten durchging. „Richtig gut. Aber seit wann hast du eine Firmenphilosophie?"

„Seit etwa zehn Minuten", sagte sie lachend.

„Unser Ziel ist es, echte Hoffnung und Heilung für jedes Kind zu ermöglichen", las Mike laut vor. „Wir machen es uns zur Aufgabe, seelisch verletzten Kindern und ihren Familien Trost und Geborgenheit zu bieten, indem wir Einzeltherapie mit einfühlsamen Pferdeführern und einzigartigen Therapiepferden anbieten. Viele der Therapiepferde sind gerettete Pferde, die selbst Vernachlässigung und Misshandlung erlebt haben. All unsere Dienstleistungen sind kostenlos."

Kim sah die Frage in den Augen ihres Mannes, bevor er sie aussprach: „Hast du gut über diesen letzten Satz nachgedacht? Ich weiß, dass wir darüber gesprochen haben, aber wie willst du deine Mission erfüllen, wenn kein Geld hereinkommt?"

Kim hatte viele Stunden über diese Frage nachgegrübelt. Doch sie hatte genügend Nachforschung betrieben und genug Sozialarbeiter und Seelsorger befragt, um zu wissen, dass die Kinder mit den größten Bedürfnissen in aller Regel diejenigen waren, die am wenigsten bezahlen konnten. Ja, kostenlose Therapie anzubieten würde für sie zusätzliche Arbeit bedeuten: Sie musste Spendengelder beschaffen und Fördermittel beantragen. Doch sie war bereit, alles nur Erdenkliche zu tun, damit sie eine kostenlose Therapie anbieten konnte.

„Um ehrlich zu sein, weiß ich nicht, wie alles im Einzelnen funktionieren soll, aber ich habe beschlossen, im Blick auf die Geldmittel Gott zu vertrauen."

Kim spürte, wie sich die Schultern ihres Mannes leicht verspannten, und sie konnte es ihm nicht verübeln. *Ich weiß, das klingt riskant.*

„In Ordnung, lassen wir es darauf ankommen."

* * *

Zwei Tage später saß Kim Will Warren in seinem Kirchenbüro gegenüber.

„Vielen Dank, dass Sie sich Zeit für mich nehmen", begann sie und versuchte, ihre zitternden Hände zu verstecken. „Ich wollte mit Ihnen über ein Projekt sprechen und darüber, welche Rolle Ihr Grundstück an der Creedmoor Road darin spielen könnte. Ich habe eine Projektbeschreibung für Sie mitgebracht." Während Will das Dokument las, versuchte Kim, in seinem Gesicht zu lesen. War es verrückt von ihr gewesen hierherzukommen?

Der Finanzverwalter legte das Dokument hin und lächelte. „Das klingt nach einem außergewöhnlichen Vorhaben", sagte er, während er aufstand und zu seinem Schreibtisch ging. „Und zudem nach einem, das wir hier gut gebrauchen könnten." Er wühlte sich durch mehrere Schubladen, bevor er sich wieder auf den Stuhl neben Kim setzte. Er entfaltete einen großen Papierbogen auf dem Beistelltisch. Eine Flurkarte des Grundstücks!

„Hier sind die Grundstücksgrenzen, die Nutzungsrechte und die Zufahrtswege verzeichnet", erklärte Will, wobei er auf verschiedene Markierungen zeigte. „Dies ist der Bereich, wo die Eiersuche stattgefunden hat. Hier drüben befindet sich ein Haus für Missionare im Heimaturlaub. Und dieser Bereich hier wird einmal im Jahr für eine Jugendfreizeit genutzt. Der Rest der Fläche ist ungenutzt. Er müsste auf jeden Fall gerodet und gesäubert werden. Und ich könnte mir vorstellen, dass es eine Menge Aufwand bedeutet, ihn für eine Herde von Pferden aufzubereiten."

Kims Augen flogen hin und her. In den letzten Monaten hatte sie bei ihrer Suche nach einem geeigneten Stück Land ähnliche Flurkarten zu Gesicht bekommen. Sie war so darin vertieft, die Grundstücksgrenzen im Geiste nachzuvollziehen, dass sie beinahe Wills Frage überhörte.

„Würden diese acht Hektar reichen?"

Als die Frage schließlich in ihrem Gehirn angekommen war, rief Kim: „Ob sie reichen würden? Sie wären perfekt!"

„Nun, die Kirche kann Ihnen das Land nicht verkaufen – das ist so im Testament festgelegt –, aber ich werde unserem Hauptpastor und den Ältesten vorschlagen, Ihnen diesen Teil des Grundstücks zu verpachten. Wäre das in Ordnung für Sie?"

„Meinen Sie das ernst?", fragte Kim, während Freudentränen in ihren Augen glänzten.

„Ich meine es absolut ernst", versicherte Will. „Ich werde es heute Abend bei unserer monatlichen Besprechung mit den Mitgliedern des Ältestenrates diskutieren", sagte er. „Wir müssen uns über die Bedingungen einigen."

Kim hielt den Atem an. *Die Bedingungen.* Acht Hektar Land in bester Lage in einer rasch wachsenden Gemeinde könnten leicht zum zehnfachen Preis dessen verpachtet werden, was sie aufzubringen imstande war. Kim lächelte höflich, dankte Will noch einmal für seine Zeit und sagte, sie freue sich auf seinen Anruf.

Nun gut. Wenigstens habe ich meine Projektbeschreibung an jemandem ausprobiert.

* * *

Am Nachmittag des darauffolgenden Tages surfte Kim gerade durch die Immobilien-Webseiten, als ihr Smartphone klingelte.

„Kim, was halten Sie von einem Dollar pro Monat?", fragte Will Warren.

„Entschuldigung – einen Dollar pro Monat wofür?"

„Für die Pacht", gluckste Will. „Acht Hektar Land für einen Dollar pro Monat? Was meinen Sie?"

Kim war froh, dass sie auf einem Stuhl saß, denn ihr wurde plötzlich schwindelig.

„Sie meinen, ich könnte das Land für nur einen Dollar im Monat nutzen?"

„Unsere Kirche glaubt an Ihr Projekt, Kim, und es wäre uns eine Ehre, Sie und *Hope Reins* zu unterstützen."

Kim war sprachlos. Wie sagte man Danke für ein so überwältigend großzügiges Angebot?

Schließlich stammelte sie: „Wie … Wie ist das möglich? Ich hätte mir nie träumen lassen … Oh Gott! Ich danke Ihnen von ganzem Herzen!"

„Es ist uns eine Freude. Nun können Sie sich auf die Suche nach geeigneten Therapiepferden machen, und wenn Sie nach Bay Leaf kommen und den Vertrag unterschreiben, werde ich Sie unserem Hauptpastor, Marty Jacumin, vorstellen."

„Gerne", sagte Kim und beendete das Gespräch mit einem glücklichen Lachen.

„Du verblüffst mich immer wieder, Herr", betete sie, während Tränen über ihre Wangen liefen. „Du hast das, was alle das größte Hindernis nannten, einfach so von der Liste gestrichen!"

Plötzlich war Kim nicht mehr allein im Raum. Chance und Isabel waren hereingekommen, als sie ihre Stimme gehört hatten. Wenig später kam auch Mike herein und wollte die Kinder holen, damit Kim in Ruhe zu Ende telefonieren konnte. Als er ihre Tränen sah, nahm er sie sofort in die Arme.

„Es tut mir so leid, dass es nicht geklappt hat", sagte er und strich ihr die Haare aus dem Gesicht.

„Nicht geklappt?", lachte Kim. „Die Kirche verpachtet uns das Land für einen Dollar pro Monat!"

Mikes Gesichtsausdruck war unbezahlbar.

„Gott hat es geschafft! Wir haben einen geeigneten Ort für *Hope Reins!*"

* * *

In den nächsten Monaten begann die eigentliche Arbeit. Zunächst musste ein Haufen Formulare ausgefüllt und eingereicht werden, um den Status einer gemeinnützigen Organisation zu erhalten. Dann mussten Versicherungen abgeschlossen werden, ein Unterfangen, das viel kostspieliger war, als Kim vermutet hatte.

„Wir befinden uns in derselben Risikokategorie wie Fensterputzer von Wolkenkratzern!", klagte Kim, nachdem sie mit einem Versicherungsvertreter gesprochen hatte. Doch die Versicherung musste abgeschlossen werden, bevor die Arbeiten am Grundstück beginnen konnten.

Umfangreiche Veränderungen waren nötig: Das Land musste gerodet und Zäune mussten errichtet werden. Und obwohl diese Arbeiten kostenlos von freiwillig helfenden Kirchenmitgliedern und Nachbarn ausgeführt wurden, hatte Kim den Eindruck, ständig ihre neue Kreditkarte ziehen zu müssen, die sie für Anschaffungen für *Hope Reins* angelegt hatte. Die Ausgaben sammelten sich an und Kim wurde zusehends nervös. Sie bemühte sich nach Kräften, die Kosten so gering wie möglich zu halten, indem sie Gerätschaften wie Pferdeanhänger auslieh und in den Kleinanzeigen nach einem Traktor zum Schnäppchenpreis Ausschau hielt.

Das Material für die Zäune war ein weiterer Albtraum, denn es kostete eine Unsumme, die Weiden einzuzäunen. Holz und traditionelle PVC-Zäune kamen preislich nicht infrage. Kim suchte nach anderen Optionen und beschloss schließlich, eine Kombination aus flexiblem Zaunmaterial zu kaufen, das aus dünnen PVC-Streifen und beschichtetem Draht bestand. Es würde nicht so malerisch aussehen wie bei den edlen Pferdefarmen in der Gegend, aber immerhin würden die Zäune den Pferden auf *Hope Reins* Sicherheit geben.

Jeder Tag schien neue Ausgaben, neue Bedürfnisse, neue Probleme mit sich zu bringen – mehr, als Kim allein bewältigen konnte. Sie gründete einen Vorstand, bestehend aus Personen, die sich gut in der Geschäftswelt auskannten. Der Vorstand traf sich zweimal im Monat, um die größeren finanziellen Entscheidungen auf den Weg zu bringen.

Bevor das erste Pferd aufgenommen werden konnte, musste eine anscheinend nie endende Liste abgearbeitet werden. Lagerschuppen für Futter, Nahrungsergänzungsmittel und Geräte mussten aufgestellt werden. Sie brauchten Anbindepfosten, Wassertröge und Heuraufen. Kim verbrachte mehr und mehr Zeit außer Haus, was zu Schwierigkeiten bei der Kinderbetreuung führte.

„Wir können uns eine vollzeitliche Kinderbetreuung nicht leisten, während du noch damit zugange bist, alles aufzubauen", sagte Mike eines Abends, nachdem Kim vorgeschlagen hatte, vorübergehend eine Nanny zu engagieren.

„Nun, ich kann nicht auf die Kinder aufpassen und gleichzeitig die Arbeiten auf der Ranch überwachen", schoss sie sofort zurück.

„Und ich kann nicht arbeiten, wenn die Kinder den ganzen Tag lärmend durchs Haus laufen, während ich versuche, Telefonkonferenzen abzuhalten. Zu Hause zu arbeiten bedeutet, wirklich zu *arbeiten*", erwiderte Mike gereizt. „Wir müssen eine Lösung finden."

Kim seufzte. Mike hatte natürlich recht. Aber es gab schon so viele Probleme, die nach einer Lösung verlangten, und dies war nun noch ein Punkt mehr auf der To-do-Liste, eine weitere Bitte um Hilfe. An einigen Tagen nahm Kim die Kinder mit, an anderen Tagen halfen Kims Schwester Christy oder Freunde aus; an wiederum anderen Tagen passte Mike auf sie auf, während er zu Hause arbeitete. Es war nicht der Idealzustand, es war nicht einfach, aber irgendwie schafften sie es.

Als das Projekt *Hope Reins* in Kims Freundeskreis, innerhalb der Kirche, die ihnen das Anwesen verpachtete, und innerhalb der Vorschulgruppen der Kinder immer bekannter wurde, kamen mehr und mehr Freiwillige samstags zum Helfen. Freunde, Bekannte und Fremde brachten sich ein, indem sie Land rodeten, Schuppen bauten, Zäune errichteten, Holz strichen oder Geld spendeten. Es war eine besondere Erfahrung, so viele Menschen zu sehen, die *Hope Reins* gemeinsam zum Leben erweckten, eine Erfahrung, die demütige

Dankbarkeit in Kim weckte. Gleichzeitig war sie nie zuvor so erschöpft gewesen wie während der sieben Monate, die nötig waren, um das Anwesen auf die Ankunft des ersten Pferdes vorzubereiten: Gabe.

Gabe war ein Shetlandpony, das für Kindergeburtstagspartys eingesetzt worden war, bevor sein Eigentümer seine Farm verkaufte und das Pony in ein Tierheim gab. Kim hatte Gabe auf der Webseite des Tierheims entdeckt, auf der er einen sehr lebhaften Eindruck machte. Es war Liebe auf den ersten Blick. Das nussbraune Pony mit der blonden Mähne gehörte nach *Hope Reins*.

Er blieb nicht lange allein – ein älterer Wallach namens Sonny, der vor einer Versteigerung gerettet worden war, kam schon bald dazu. Barb hatte von dem Palomino-Quarterhorse gehört, das ein neues Zuhause brauchte. Einige Monate lang waren Gabe und Sonny die einzigen Bewohner der Farm, was gut war, da das Personal bislang nur aus Kim und Barb bestand, die beide kein Gehalt bezogen. Wobei, Kim hatte durchaus versucht, ihre Freundin zu bezahlen.

„Keinen Cent will ich von dir haben", sagte Barb ständig, sobald Kim das Thema erneut zur Sprache brachte. „Ich glaube an dieses Projekt, und ich bin glücklich, einen Teil beizutragen. Das Geld kommt schon noch. Bis dahin bin ich einfach nur froh, hier zu sein."

Es dauerte Monate, bis sich eine Routine entwickelte. Unzählige Male fütterten beide die Pferde unwissentlich doppelt. Und manchmal war es genau andersherum: Die Pferde bekamen kein Futter, weil sich jede auf die andere verließ. Es gab viel zu lernen und viel zu bedenken. Doch im September 2010 waren beide der Meinung, sie könnten nun an dem viel befahrenen Highway ein Holzschild anbringen, auf dem *Hope Reins of Raleigh* geschrieben stand und die Silhouette eines Pferdes mit einem Kind abgebildet war. Abgesehen von einer kleinen Zeitungsanzeige war dieses Schild das einzige

Element ihrer Marketingstrategie. Erstaunlicherweise lockte es immer mehr ehrenamtliche Helfer an und auch ihre erste ärztliche Überweisung zur Therapie war auf dieses Schild zurückzuführen.

Als die Therapiesitzungen – das Herzstück von *Hope Reins* – begannen, wurde es auch notwendig, die Helfer zu schulen. Alle Pferdeführer waren Ehrenamtliche, die Erfahrung mit Pferden hatten und den Wunsch verspürten, seelisch verletzten Kindern zu helfen. Kim begann jede Schulung mit dem Satz: „Auf *Hope Reins* sind die Pferde die Therapeuten, nicht die Menschen." Damit stellte sie klar, dass die Mitarbeiter lediglich Vermittler zwischen Pferd und Kind waren. Und doch war es wichtig, dass sie darauf vorbereitet waren, mit seelisch verletzten und zumeist verwundbaren Kindern umzugehen. Glücklicherweise war Kims Freundin Lori Sozialarbeiterin und hatte ein besonderes Talent dafür, ehrenamtliche Helfer auszubilden und auszurüsten. Ihr Fachwissen war für *Hope Reins* von unschätzbarem Wert.

Vom Geld über Ressourcen und Schulung – es gab so vieles zu bedenken. Es war ein langer Weg, aber all die Mühe, der Schweiß und die Tränen, die Kim in die Ranch investiert hatte, machten sich bezahlt.

Hope Reins war zu einem Leuchtfeuer der Hoffnung geworden – eine Oase, wo seelisch verwundete Kinder Frieden mitten im Chaos ihres Alltags finden konnten. Ein Ort, an dem sie sich sicher fühlten. Ein Ort, an dem sie – und sei es nur für eine Stunde – einfach Kinder sein und die Beziehung zu einem Pferd genießen konnten, das ihnen bedingungslose Liebe schenkte. Und auch ein Ort, an dem alle Pferde bedingungslose Liebe von denen erfuhren, die sich um sie kümmerten.

KAPITEL 3

Als Kim langsam den SUV zur Weide fuhr, wo ein Team aus ehrenamtlichen Helfern wartete, um beim Ausladen von Speckles und Joey zu helfen, fiel ihr Blick auf den Traktor. *Wieder außer Betrieb.* Der verrostete Traktor, den sie benutzten, um Heu, schwere Gerätschaften und Pferdemist zu transportieren, gab immer wieder den Geist auf. Auch Teile der Umzäunung zwischen den Parkplätzen und der vorderen Weide mussten repariert werden. Zwar konnte Kim durch das großzügige Angebot der Kirche das Land praktisch kostenlos nutzen, aber es fielen ständig Ausgaben an – für Reparaturen, Heu, Getreide, Zusatzfuttermittel, Versicherungsprämien, Mulch, monatliche Kosten für den Hufschmied und zahllose Tierarztrechnungen. Gerettete Pferde waren nun mal nicht die gesündesten Tiere!

Gott hat uns das Grundstück gegeben, erinnerte sich Kim immer wieder selbst. *Er wird auch für den Rest sorgen.* „Gott wird sich kümmern" war in den letzten anderthalb Jahren Kims Leitspruch geworden. Sie hatte beschlossen, ihn sich immer wieder vorzusagen, bis sie begann, wirklich daran zu glauben – insbesondere angesichts der Tatsache, dass zu Hause gewisse Spannungen aufgetreten waren. Mike kümmerte sich nach wie vor um die Rechnungen und machte sich zunehmend Sorgen um die Finanzen der Ranch. Jedes Mal, wenn er das Thema ansprach, gab Kim die gleiche Antwort: „Gott wird sich kümmern" – obwohl dies in letzter Zeit häufiger eher wie eine Frage als eine Aussage klang.

Gott hatte für ehrenamtliche Helfer, Pferde, Kinder und mehrere großzügige Spenden gesorgt, sodass sie bisher zurechtgekommen waren. Doch nun war die Ranch beinahe bankrott, auch wenn Kim das nicht publik machte. Der Vorstand hatte vorgeschlagen, ein geringfügiges Honorar für die Therapiesitzungen zu verlangen, doch Kim sträubte sich dagegen. Sie war davon überzeugt, dass Gott sie dazu berufen hatte, diese Therapie kostenlos anzubieten. Doch sie erklärte sich damit einverstanden, eine Spendendose für diejenigen aufzustellen, die sich an den Kosten beteiligen wollten. Sie hatten noch genug Geld für die drei nächsten Monate, doch danach ... nun, darüber konnte sie jetzt nicht nachdenken.

Vertrauen und Sorgen. Sorgen und Vertrauen. Es war ein endloser Kreislauf, den Kim nur zu gern durchbrochen hätte.

Während sie auf das Gatter zufuhr, zwang sie sich, ruhig zu atmen und ihre Schultern zu entspannen. „Ja, Gott wird sich kümmern", murmelte sie leise.

Doch jetzt musste sie sich auf das Naheliegende konzentrieren: Es war Zeit, Speckles und Joey in ihr neues Zuhause einzuführen.

Kim und Barb waren froh, nach der langen Fahrt aus dem SUV klettern und sich strecken zu können. Vier ehrenamtliche Helfer, die kurz über die Geschichte der beiden Pferde informiert worden waren und über Joeys besondere Bedürfnisse aufgrund der Blindheit Bescheid wussten, warteten gespannt auf die neuen Mitbewohner der Ranch.

„Haben sie euch Probleme bereitet, Kim?", fragte Carla.

„Kommt drauf an, was man unter *Problemen* versteht", sagte Kim und zwinkerte Barb zu.

„Aha. Was ist passiert?"

„Oh, nichts, womit wir nicht fertigwerden könnten", erwiderte Kim. „Einer der beiden ist ein wenig temperamentvoll, aber ich bin sicher, dass er sich beruhigen wird, wenn er sich erst einmal eingelebt hat." Kim richtete ihre Aufmerksamkeit auf den Rest der Gruppe.

„Danke euch allen, dass ihr heute Nachmittag gekommen seid, um unsere neuen ‚Engel auf vier Hufen' zu begrüßen." Sie liebte diese Bezeichnung für die Pferde auf *Hope Reins*. „Wir sind so dankbar für jeden von euch."

Kims Blick blieb auf Lauren Mattea ruhen, die im Futterteam mithalf und seit Kurzem Interesse am Pferdetraining zeigte. Die Frau schien ein sanftes, lebensfrohes Temperament zu haben, manchmal jedoch wirkte sie etwas reserviert. *Ich werde sie bald einmal zu einer Tasse Kaffee einladen, damit wir uns besser kennenlernen können.*

Der Rest der Gruppe bestand aus Jo Anne, einer humorvollen Großmutter, die gewissermaßen die Mutterhenne des *Hope Reins*-Teams war; Carla, einer schlanken, sportlichen Frau mit erwachsenen Kindern, und PJ, einer couragierten Brünetten, deren Teenager-Söhne sie derart in Atem hielten, dass sie die Arbeit auf *Hope Reins* als Oase der Ruhe betrachtete.

Kim öffnete die Tür des Anhängers für die große Enthüllung – die Hinterteile von Joey und Speckles. Ein Chor von *Ooohs* und *Aaahs* erklang.

Kim lachte. „Wenn ihr meint, die beiden sehen aus dieser Perspektive gut aus, dann wartet nur ab, wie sie von vorn aussehen!"

Kim führte Joey problemlos rückwärts über die Rampe aus dem Anhänger und Barb führte ihn ein paar Meter weiter zu einer Grasfläche vor dem kleinen roten Gebäude, das als Büro von *Hope Reins* fungierte. Jo Anne und Carla begannen sofort, den neuesten Bewohner zu streicheln und zu tätscheln.

Joey graste zufrieden vor sich hin, ab und zu hob er den Kopf, um den Geruch der Bewunderer und seiner Umgebung in sich aufzunehmen.

Mit Speckles war es eine ganz andere Geschichte. Sobald Kim sich mit dem Führstrick näherte, erklang ein ohrenbetäubendes Wiehern aus dem Anhänger.

„Alles ist gut, Junge", sagte sie mit sanfter Stimme. „Dies ist dein neues Zuhause."

Kims ruhige Stimme konnte das stampfende, heftig durch die Nüstern blasende Pferd nicht beruhigen. Es war nervös und ängstlich.

„Komm schon, Speckles", beharrte Kim. „Du kannst es schaffen. Wir wollen dich nur aus dem Anhänger herausholen. Nur ein paar Schritte rückwärts."

Das Pferd warf den Kopf hin und her und schnappte mit den Zähnen. Es biss sie nicht, kam noch nicht einmal nahe an ihre Haut heran, doch das unerwartete Verhalten ließ sie zurückweichen. Speckles beäugte sie argwöhnisch. Kim brauchte einen Moment, um Atem zu holen. *Als ich ihn auf der Pflegefarm besuchte, war er so ruhig*, dachte Kim. *Vielleicht lässt er nur aufgestauten Stress raus.*

„Brauchst du Hilfe?", fragte Lauren, die ihren Kopf in den Anhänger steckte.

„Vielleicht?" Ja, es stimmte, Kim brauchte Hilfe. Aber sie wollte keinen ihrer ehrenamtlichen Mitarbeiter in Gefahr bringen. „Er ist im Moment alles andere als glücklich."

Lauren ging vorsichtig auf die leere Seite des Anhängers und näherte sich dem Tier mit einem leichten Humpeln.

„Hey, Speckles", sagte sie und hielt mutig ihre Hand unter die Nase des Pferdes.

„Ich würde nicht ...", begann Kim warnend, doch bevor sie den Satz zu Ende sprechen konnte, reagierte das Pferd. Es senkte neugierig seinen dunkelbraunen Kopf, seine Ohren flogen nach vorn. Dann schnaubte es in Laurens Hand, hob den Kopf hoch und drehte ihn fort von den beiden Frauen, bevor es sie mit einem lauten Wiehern erschreckte.

„Nun", sagte Lauren, „ich habe nicht viel Ahnung vom Pferdetraining, aber könnte es nicht sein, dass er einfach überfordert ist? Vielleicht würde ein kleines Leckerli helfen."

„Warum nicht?", erwiderte Kim, die bereit war, alles nur Erdenkliche zu probieren. „Bleib hier, und ich hole schnell eine Möhre."

Kim war froh über die Pause. Es war ein anstrengender Tag gewesen und sie mussten immer noch das Pferd aus dem Anhänger bekommen – sofern dieses störrische Wesen sich dazu überreden ließ.

Kim nutzte die kleine Auszeit, um sich zu sammeln, während sie den längeren Weg über den Parkplatz nahm, vorbei an Joey und um die gemauerte Feuerstelle herum, die sich in der Mitte des Gemeinschaftsbereichs befand.

Als sie an der Futterscheune ankam, zog sie die Tür mit einer kräftigen Bewegung auf und ließ sie offen, um Licht hereinzulassen. Auf der Ranch gab es keine Elektrizität – abgesehen von einem kleinen Stromgenerator, der im Sommer genutzt wurde, um eine kleine Klimaanlage in dem behelfsmäßigen Büro zu betreiben, im Winter, um die einzige Glühbirne in der Futterscheune zu betreiben, und das ganze Jahr über, um die elektrischen Kleinspannungszäune zu speisen. Bisher waren sie damit ausgekommen.

Mit einem so begrenzten Budget zu arbeiten, bedeutete, dass es nur wenige Annehmlichkeiten auf der Ranch gab. Die einzige Toilette war ein gemietetes Baustellenklo. Niemand beklagte sich, doch Kim fühlte sich genötigt, alle und auch sich selbst immer wieder daran zu erinnern, wie dankbar sie für alles sein konnten, was sie hatten. Allerdings fielen ihr die aufmunternden Worte zunehmend schwerer, vor allem während der winterlichen Kälte.

Kims Augen brauchten eine Minute, um sich an die Dunkelheit der Scheune zu gewöhnen. Die Luft war erfüllt vom Duft nach Heu, gemischt mit einem etwas muffigen Geruch. Kim fand den Sack mit den Möhren, den sie vor einigen Tagen dort abgestellt hatte – ihr privates Versteck von Leckereien, mit denen sie die Pferde verwöhnte.

Mit der Möhre in der Hand ging sie langsam zurück zu Lauren, vorbei an den beiden Miniaturpferden der Ranch, Hope und Josie. Die kleinen Stuten – Hope war mahagoni-, Josie mandelfarben – waren von einem Eigentümer verschenkt worden, der sich nicht länger um sie kümmern konnte. Sie waren sofort zu den Lieblingen der Kinder geworden. Der Tumult im Pferdeanhänger war ihrer Aufmerksamkeit wahrscheinlich nicht entgangen.

Speckles stampfte im Anhänger noch immer heftig mit den Hufen, um seinen Unmut zu verkünden. Lauren redete beruhigend auf ihn ein, wobei sie in dem begrenzten Innenraum des Anhängers den größtmöglichen Abstand zu ihm hielt.

„Mission ausgeführt", rief Kim von Weitem, um weder Lauren noch das Pferd zu erschrecken. „Wir werden sehen, ob der Hunger größer ist als die Angst."

Lauren kletterte aus dem Anhänger, als Kim hereinkam. Sie hielt Speckles die Möhre unter die Nüstern. Er spitzte die Ohren und öffnete gierig das Maul. Kim brach ein Stück von der Möhre ab und hielt es ihm mit der flachen Hand hin. Als sie ein weiteres Stück auf ihre Hand legte, ging sie ein paar Schritte rückwärts, gerade weit genug, um außer Reichweite des Pferdes zu sein. Von der Möhre angelockt, ging Speckles vorsichtig zwei Schritte rückwärts. Kim gab ihm ein weiteres Stückchen Möhre und befestigte dann einen Führstrick an seinem Halfter.

„Zurück!", befahl sie, kaum damit rechnend, dass das Pferd gehorchen würde. Sie wurde angenehm überrascht.

„Nur noch ein paar Schritte." Sobald Speckles dem engen Anhänger entkommen war, wurde er ruhiger. Kim gab ihm eine wohlverdiente Streicheleinheit.

„Alles in Ordnung, Junge", sagte Kim und sah zu, wie das Pferd das letzte Stückchen Möhre kaute. „So ist es schon viel besser, hm?"

Lauren kam zögernd auf die beiden zu.

Kim winkte sie näher heran.

„Danke für deinen Vorschlag", sagte sie und legte Lauren den Führstrick in die Hand. „Es hat tatsächlich geklappt."

Nach einem kurzen Zögern und einem scheuen Lächeln nahm Lauren den Führstrick und streichelte die Flanke des Pferdes. Speckles akzeptierte ihre Berührung, dann ging er auf Joey zu. Zwei weitere neugierige Beobachter auf einem nahe gelegenen Feld reckten die Hälse – ein weißes Pony namens Shiloh und eine Fuchsstute namens Essie.

Joeys Ohren flogen nach vorn, und er ging zwei Schritte zurück, als Speckles auf ihn zukam. Von hinten sahen die beiden Appaloosas wie Zwillinge aus, nur die Farbe ihrer Sprenkel war unterschiedlich – Joeys waren schwarz und Speckles braun. Kim, Lauren und die übrigen freiwilligen Helfer hielten den Atem an, als die beiden Pferde einander begrüßten.

Joey ist dein Freund aus dem Pferdeanhänger, Speckles. Ihr habt gemeinsam eine lange Fahrt hinter euch gebracht, um hier anzukommen. Kim wünschte sich so sehr, dass alles glattging. Sie wusste, dass das Kennenlernen zweier Pferde oft mit Aufbäumen, Treten und sogar Beißen verbunden sein konnte. Sie machte sich Sorgen um Joey.

„Barb, halt dich bereit, Joey fortzubewegen, wenn es nötig sein sollte", sagte Kim. Sie war dankbar für die natürliche Gabe ihrer

Freundin, mit Pferden umzugehen. Dann sagte sie an den Rest des Teams gewandt: „Wir geben dem Pferd eine Minute Zeit, sich anzupassen, dann sehen wir weiter."

Bitte, Herr, lass es gut gehen, flehte sie still.

Lauren hielt Speckles Führstrick lose in der Hand. Als Kim sich umwandte, um den Strick aus ihrer Hand zu nehmen, sprang Speckles mit gebleckten Zähnen auf Joey zu. Lauren hielt den Strick fest, ihre weit geöffneten Augen waren auf Speckles fixiert. Joey und Barb bewegten sich nicht, als Speckles sich aufbäumte. Lauren griff instinktiv fester zu, damit der Strick ihr nicht aus der Hand gerissen wurde. Joeys Kopf schnellte hoch, doch noch immer blieb er still stehen. Speckles wieherte laut, um seine Dominanz zu demonstrieren. Joey ging einen Schritt zurück und antwortete mit einem Wiehern. Mit Joeys scheinbarer Unterwerfung zufrieden, beendete Speckles die Begrüßung abrupt und senkte den Kopf, um am Gras zu knabbern.

Alle waren erleichtert. Sie ließen die Pferde ein paar Minuten friedlich grasen, dann sah Kim Lauren und Barb an. „Okay, Leute. Lasst uns die beiden Jungs auf Koppel Nummer zwei bringen." Die Koppel war ein breites, rechteckiges Feld neben der Weide, auf der Shiloh und Essie grasten. Sie grenzte mit einer Ecke an den Gemeinschaftsbereich und verlief parallel zum Highway 50. Jede der vier Weiden der Ranch war mit flexiblen Latten umzäunt, die mit elektrischem Draht gesichert waren.

Auf der Koppel befanden sich ein an drei Seiten geschlossener Holzunterstand, ein tiefer schwarzer Wassertrog und eine hölzerne Futterraufe. Mehrere Bäume – Eichen, Amber- und Ahornbäume – standen am hinteren Ende der Koppel und sorgten im Sommer für Schatten.

Kim öffnete das Gatter und bedeutete Lauren, zuerst Speckles auf die Koppel zu führen. Barb folgte mit Joey. Als sich alle innerhalb der

Umzäunung befanden, ging Lauren mit Speckles auf die Futterraufe zu, während Barb und Joey neben dem Wassertrog warteten. Nach ein paar Minuten nahmen sie beiden Pferden die Halfter ab und gaben ihren neuen Engeln freien Auslauf in ihrem neuen Zuhause.

„Wird es mit ihnen klappen?", fragte Lauren, während sie die beiden Pferde beim friedlichen Grasen beobachteten.

„Ja, es wird klappen", sagte Kim. Wirklich? Sie hatte keine Ahnung. *Herr, bitte lass sie miteinander auskommen,* flehte sie still und wünschte auf einmal, sie könnten sich eine Person leisten, die während der Nacht auf die Pferde aufpasste. Sie würde viel besser schlafen, wenn sie jemanden hätte, der Joey im Auge behielt und dafür sorgte, dass er nicht hinfiel oder stolperte oder von Speckles angegriffen wurde. Normalerweise würde sie zwei neue Pferde nicht sofort zusammenbringen, doch Tom hatte gesagt, es sei wichtig für Joey, einen Gefährten zu haben.

Die Sonne versank allmählich hinter den Bäumen. Kim ging mit den ehrenamtlichen Helfern zum Parkplatz zurück und dankte ihnen für ihre Hilfe. Als sich das kleine Begrüßungskomitee zerstreute, nahm Barb Kim in die Arme und schlug vor, dass sie beide nach Hause gehen, eine lange, heiße Dusche nehmen und anschließend ins Bett gehen sollten.

„In Ordnung", sagte Kim. „Ich will nur noch ein letztes Mal nach Joey sehen."

Kim ging langsam zu Koppel Nummer zwei zurück und sog die friedliche Atmosphäre der Ranch in sich auf. Pferde beugten sich über Heuraufen, andere knabberten am Wintergras. Ein Wind kam auf und Kim zog ihre Mütze tiefer. Es war eindeutig kühl. Eine heiße Dusche kam ihr plötzlich wie das Paradies vor. Doch erst wollte sie sichergehen, dass es Joey gut ging.

Kim blieb vor dem Zaun stehen. Speckles stand in der Nähe der Heuraufe, seine Ohren bewegten sich wie ein Sonargerät und seine Augen waren weit aufgerissen und suchend.

Nun, er hat sich offenbar beruhigt, dachte Kim. Dann drehte sie sich so, dass sie Joey sehen konnte. Er stand noch immer neben dem Wassertrog. *Hat er sich überhaupt bewegt, seit ich vor einer halben Stunde fortgegangen bin?* Dann traf sie die Erkenntnis. Plötzlich sah sie die Ranch mit neuen Augen – Joeys Augen.

Mit Augen, die nicht sehen konnten.

Wie sollte das funktionieren? Wie sollte er den Weg zur Heuraufe finden? Und zum Unterstand? *Was habe ich mir nur dabei gedacht?*

Alle vertrauten darauf, dass sie kluge Entscheidungen traf. Sie glaubten, es würde klappen, weil sie sagte, dass es klappen würde. Doch nun, da sie das blinde Pferd ansah, fühlte sie sich mit einem Mal völlig überfordert.

Vertrauen und Sorgen. Sorgen und Vertrauen. Kim schloss die Augen. Vor ihrem inneren Auge sah sie noch immer die Weide, die Heuraufe, den Wassertrog, die Bäume, den Zaun – all die Dinge, die Joey nicht sehen konnte.

Kim öffnete die Augen wieder. Sie würde ihm alles zeigen müssen.

„Mach dir keine Sorgen, Joey", rief sie. „Ich bin gleich zurück."

Die Abenddämmerung brach herein, sie würde nicht viel Zeit haben. Kim rannte zur Sattelkammer und schnappte sich Joeys Halfter und Führstrick. *Ich muss ihm helfen, sich zu orientieren.*

„Komm, Junge", sagte sie. „Wir werden einen kleinen Spaziergang machen." Kim zog sanft am Führstrick und führte Joey vom Wassertrog fort Richtung Gatter.

„Das ist das Gatter", erklärte sie. „Dort wirst du hinein- und hinausgehen." Dann wandte sie sich nach links und ging am Zaun entlang zur Rückseite des Feldes. Sie wusste, dass es albern war. Joey konnte nicht sehen oder begreifen, was sie sagte. Aber es spielte keine Rolle. Sie musste etwas tun, musste versuchen, ihm beim „Sehen" zu helfen.

„Dort drüben, auf der anderen Seite des Zauns, sind Shiloh und Essie", erklärte sie und zeigte auf die beiden neugierigen Pferde, die von ihrer Weide herübersahen. „Das sind ganz reizende Nachbarn."

Als sie am hinteren Teil der Weide ankamen, flogen Joeys Ohren in Richtung Highway.

„Das sind nur Autos", beruhigte Kim ihn. „Sie sind laut, aber sie werden dir nicht wehtun. Solange du innerhalb der Umzäunung bleibst, bist du in Sicherheit." Kim fragte sich plötzlich, ob Joey je zuvor in der Nähe einer befahrenen Straße gelebt hatte. Würde der Verkehrslärm ihn ängstigen?

Doch er schien ruhig zu sein. „Du solltest besser Abstand zum Zaun halten", schlug Kim vor. Dann begann sie, die Schritte von der Hinterseite des Feldes bis zur Eiche in der Mitte der Koppel zu zählen.

Fünfzig.

„Fünfzig Schritte bis zum Baum, Joey", sagte sie. Dann ging sie wieder Richtung Wassertrog. „Und einhundert Schritte bis zum Wassertrog." In der Ferne wieherte ein Pferd. Das war Spirit, ein prachtvoller Falbwallach mit einer tiefschwarzen Mähne und schwarzem Schweif. „Oh, das da drüben ist Spirit", erklärte sie. „Er ist ein gutes Pferd, allerdings ist er manchmal ein wenig mürrisch. Aber auch er wird dir ein guter Nachbar sein."

Ergab das alles Sinn? Sie war nicht davon überzeugt, aber sie wusste nicht, was sie sonst tun sollte. Und so fuhr sie fort, mit Joey eine große Runde über Koppel Nummer zwei zu drehen, wobei sie alle paar Meter anhielten, damit er am Gras knabbern konnte.

Speckles behielt die beiden genau im Blick. Er war auf die andere

Seite der Koppel gewandert, um mit Shiloh und Essie über den Zaun hinweg Bekanntschaft zu machen.

Kim konnte ihre Angst, Joey würde sich nicht eingewöhnen können, einfach nicht abschütteln. Sie machte sich Vorwürfe. *Ich habe keine Ahnung, wie man sich um ein blindes Pferd kümmert.* Alle Telefongespräche mit Tom, alle Online-Artikel und Gespräche mit dem Tierarzt hatten sie nicht auf diesen Moment vorbereiten können – sie stand nun dem blinden Pferd von Angesicht zu Angesicht gegenüber und trug die Verantwortung. In vielerlei Hinsicht war sie genauso blind wie Joey.

Als sie ihm das Halfter abnahm, betete sie laut: „Herr, ich glaube wirklich, dass du Joey hier haben wolltest. Aber jetzt ... Jetzt erscheint mir alles so furchtbar schwierig. Es macht mir Angst. Herr, bitte hilf uns, dass wir es schaffen!" Joeys Nase berührte ihre Schulter. Kim streichelte das samtene Maul. „Lieber Herr, bitte kümmere dich um Joey. Bitte bewahre ihn."

Sie wartete einen Moment, hoffte auf ein Gefühl des Friedens oder ein Zeichen von oben, das ihr Sicherheit geben könnte. Doch die Stille wurde nur von Speckles' Wiehern durchbrochen.

Sorgen und Vertrauen, dachte sie. *Du hast dir jede Menge Sorgen gemacht, Kim. Jetzt ist es Zeit zu vertrauen.*

Sie streichelte noch einmal über Joeys Nase.

„Du hast einen langen Tag hinter dir, Joey", sagte sie. „Schlaf ein wenig und wir sehen uns morgen. Gute Nacht, Speckles", rief sie dem anderen Appaloosa zu, das immer noch neben Shilohs und Essies Zaun stand. „Pass heute Nacht gut auf Joey auf, okay?"

Kim blieb noch ein paar Minuten am Gatter und beobachtete, wie Joey und Speckles von der Dunkelheit umhüllt wurden. Ein Windstoß ließ sie ihren Kragen fester um den Hals legen, als sie sich umdrehte und auf den Parkplatz zuging.

KAPITEL 4

Sarah Stewart kam am nächsten Morgen als Erste zur Ranch, eine halbe Stunde vor Beginn ihrer Schicht. Die 28-Jährige war erst vor Kurzem zum ehrenamtlichen Helferteam dazugestoßen. Sie wollte noch einmal alles durchgehen, was sie in der vergangenen Woche gelernt hatte, bevor die anderen eintrafen.

Sie hörte leises Wiehern von der Weide und musste lächeln. Es war so lange her, dass sie mit Pferden zu tun gehabt hatte – viel zu lange. Sie stand neben einer Eiche, die vor Wochen ihre Blätter abgeworfen hatte, und atmete tief ein. Die frische Morgenluft verstärkte den Duft von süßem Heu und den Geruch von Pferdemist, der in ihre Richtung wehte. Viele Menschen fanden letzteren Geruch unangenehm, doch für sie war es der Geruch von Liebe und Sicherheit – der Geruch von zu Hause.

Ein Windstoß blies ihr den Pony in die Augen. Sie zog ihre graue Mütze tiefer über die Ohren und stopfte ihr Haar in ihre Jacke. Die Temperatur betrug um die vier Grad, doch der Wind ließ die Luft wesentlich kälter erscheinen. Plötzlich bereute sie es, so früh zur Ranch gekommen zu sein, und ging zur Futterscheune hinüber, um sich vor dem Wind zu schützen.

Die Scheune war verschlossen. Sarah hatte vergessen, PJ, die sie in ihre Aufgaben eingewiesen hatte, nach der Zahlenkombination des Schlosses zu fragen. *Nun, entweder gehe ich zurück zum Wagen und stelle die Heizung an oder ich mache einen schnellen Rundgang über das Gelände, um mich aufzuwärmen.* Sie entschloss sich für den Rundgang. *Dann bekomme ich noch ein wenig Bewegung, bevor ich zu meiner Arbeit aufbrechen muss.*

Sarah arbeitete als Sprechstundenhilfe in einer Hautarztpraxis – ein Job, von dem sie nicht gerade geträumt hatte, doch es war der einzige gewesen, den sie hatte finden können, als sie vor acht Monaten nach Raleigh gezogen war. Immerhin erlaubte ihr diese Arbeit, ihre Rechnungen zu bezahlen, und sie mochte ihre Kolleginnen. Der relativ späte Arbeitsbeginn am Morgen machte es ihr zudem möglich, auf *Hope Reins* mitzuhelfen, wo sie mit den Tieren zusammen sein konnte, die sie über alles in der Welt liebte – die einzigen Kreaturen, die sie nie im Stich gelassen hatten.

Sarah ging auf die Koppel von Hope und Josie zu. Die beiden Miniaturpferde kamen eifrig angetrottet und begannen, sich gegenseitig wegzuschubsen, um Sarahs Aufmerksamkeit zu gewinnen und ihr Frühstück zu bekommen. Sie tätschelte die beiden über den Zaun hinweg.

„Tut mir leid, ihr müsst noch ein bisschen warten. Das Frühstück kommt gleich", versicherte sie.

Dann ging sie in flottem Schritt am Zaun entlang weiter. Die Pferde hießen sie mit leisem Wiehern und sanftem Stampfen willkommen. Doch als sie sahen, dass Sarah weder Heu noch Leckerbissen dabeihatte, zogen sie eines nach dem anderen ihre Köpfe zurück.

Sarah warf einen Blick auf ihr Smartphone. *In einer Viertelstunde kommt der Rest des Teams. Ich muss schnell machen.*

Sie verlangsamte ihren Schritt, als sie sich Koppel Nummer zwei näherte. Die Weide hatte leer gestanden, als sie zuletzt hier gewesen war, doch nun standen zwei Pferde darauf. *Stimmt! Kim hat gestern neue Pferde geholt.* Sarah betrachtete die beiden Appaloosas aus der Ferne. Sie sahen so gleich und doch so unterschiedlich aus.

Von Kims Erzählungen wusste Sarah, dass eines der beiden Speckles hieß und einen braunen Kopf und einen braun-weißen Körper hatte. Er stand neben der Heuraufe, mit dem Kopf in Richtung Zaun. Als er seine fast mandelförmigen Augen auf sie richtete, wirkte sein Blick bedrohlich. Während sie ihn beobachtete, warf er seinen Kopf hin und her, als wolle er sie einschüchtern. *Bei seinem Namen habe ich mit einem sanften, freundlichen, entspannten Pferd gerechnet.* Das heftig durch die Nüstern schnaubende und mit den Hufen stampfende Pferd vor ihr war alles andere als das.

In der Mitte der Koppel stand das andere Pferd. Es war völlig ruhig, fast als würde es schlafen. *Joey, das blinde Pferd. Wenn Menschen nur so schlafen könnten,* sinnierte sie.

Sarah ging weiter und kam an der Weide vorbei, auf der Spirit und das Shetlandpony Gabe grasten. Gabe war einer ihrer Lieblinge; sie mochte die starke Persönlichkeit des ehemaligen Partyponys.

Erneut sah sie auf ihr Smartphone. Die anderen würden in wenigen Minuten eintreffen und so schlug sie den Rückweg zum Parkplatz ein.

Als sie erneut an Koppel Nummer zwei vorbeikam, sah sie, wie Speckles neben dem Zaun am anderen Ende der Weide graste. Joey dagegen stand noch immer an derselben Stelle in der Mitte der Weide.

Sarah spürte, wie sich ihr Magen verkrampfte.

Er sollte sich bewegen und grasen.

Irgendetwas stimmte hier nicht.

Es machte Sarah ein wenig nervös, auf die Weide zu gehen, auf der sich Speckles befand, aber sie musste einfach nachschauen, warum Joey sich so seltsam verhielt. Als sie das Gatter öffnete, hob Speckles den Kopf. Seine Ohren folgten jeder ihrer Bewegungen. Zum Glück blieb er am hinteren Ende der Weide stehen. Sarah ging langsam auf Joey zu und rief leise seinen Namen, um ihn nicht zu erschrecken.

„Hey, Joey", sagte sie. „Bist du wach?"

Und dann sah sie es: Zahlreiche Schnitte und Schrammen bedeckten seine Beine, und eine große, blutende Wunde von rund zehn Zentimeter Länge zog sich über den ganzen rechten Oberschenkel. Seine Ohren waren hochgestellt, doch er ließ sich nicht anmerken, ob er Sarah hörte.

Was ist hier passiert? Sarah suchte die umzäunte Koppel mit den Augen ab. Alles sah normal aus, alles war dort, wo es hingehörte. Sarah spähte Richtung Speckles. *Hast du etwas damit zu tun?* Sie wollte spontan das verletzte Pferd berühren, besann sich jedoch und zog ihre Hand zurück aus Angst, ihre Berührung könnte bei Joey noch mehr Stress auslösen. Sarah sah sich erneut um. Und dann ... entdeckte sie etwas.

In der hinteren Ecke der Koppel, wo ein Seitenzaun mit dem hinteren Zaun verbunden war, hingen mehrere Bretter quer. Als sie hinüberrannte, um sich die Sache genauer anzusehen, fand sie ein Wirrwarr aus elektrischem Draht auf dem Boden vor. Innerhalb einer Sekunde wurde ihr die furchtbare Wahrheit klar: *Joey ist in den Zaun gerannt und hat sich im elektrischen Draht verwickelt.*

Sarahs Magen drehte sich um. Der abgerissene Draht stach wie messerscharfe Spitzen hervor – Spitzen, die Joeys Haut wiederholt durchbohrt hatten, während er immer mehr in Panik geraten war. Sie rannte zu ihm zurück und schälte sich noch im Laufen aus ihrer Jacke. Sie knüllte sie zusammen und warf sie Richtung Gatter, bevor sie sich langsam dem völlig bewegungslos dastehenden Pferd näherte und sanft ihre Hand nach ihm ausstreckte, damit es wusste, dass es nicht allein war.

„Oh, mein Freund", flüsterte sie, „es tut mir so leid." Der Anblick der offenen Fleischwunde machte sie fast schwindelig, obwohl sie früher, als sie in einem Pflege- und Wellness-Team für Pferde gearbeitet hatte, viele Wunden behandelt hatte. Sie sah einen Moment zur Seite und konzentrierte sich darauf, langsam zu atmen. „Es tut mir so leid, dass du verletzt wurdest."

Joeys Ohren bewegten sich sachte und sein Schweif wedelte zweimal. Sarahs Herz machte einen Satz.

Sie versuchte, die Puzzleteile des Geschehens zusammenzusetzen. Offenbar hatte Joey, als er sich im elektrischen Draht verfing, verzweifelt versucht, sich zu befreien, und war dabei von dem scharfen Draht verletzt worden. Allein die Vorstellung drehte ihr den Magen um. Kein Wunder, dass er es nicht mehr wagte, sich zu bewegen.

Sarah hielt ihre Hand vor Joeys Nüstern und berührte vorsichtig seine Nase. Das Pferd atmete heftig aus, bevor es sein Maul ganz sanft in ihre Hand schmiegte.

Sarah spürte das heftige Verlangen, dieses Pferd zu beschützen – ein Gefühl, das sie noch nie zuvor in dieser Form gehabt hatte. „Ich bin da, Joey. Ich bleibe bei dir", flüsterte sie und lehnte sich an ihn. „Du bist in Sicherheit."

Sarah wusste nicht, was sie als Nächstes tun sollte, und so blieb sie einfach noch eine Weile neben dem Pferd stehen, streichelte seine Nase und sprach sanft auf es ein. Der Adrenalinstoß, den sie bei ihrem Lauf über die Weide gespürt hatte, flaute langsam ab und sie begann zu frösteln. Sarah wich nur so lange von Joeys Seite, wie sie brauchte, um die zusammengeknüllte Jacke vom Boden aufzuheben und anzuziehen. Sie zog den Reißverschluss hoch und schob ihre Hände tief in die warmen Taschen.

„Okay, mein Junge. Die anderen werden bald hier auftauchen, und sie werden wissen, was zu tun ist. Wie wäre es so lange mit einem kleinen Spaziergang?"

Im selben Moment hörte sie in der Ferne eine Tür zuschlagen. „Oh, Gott sei Dank", sagte sie laut. Die anderen freiwilligen Futterhelfer waren angekommen.

„Joey", sagte sie betont locker, „kommst du mit?" Sarah schnalzte mit der Zunge und Joey ging einen Schritt vorwärts. „Gut so, Joey. Ganz langsam."

Das Pferd machte einen weiteren Schritt, aus seinen Schnitten sickerte Blut. *Was habe ich mir dabei gedacht? Wahrscheinlich mache ich alles nur noch schlimmer.* „Es tut mir so leid, Kumpel."

„Guten Morgen, Sarah!" PJs fröhliche Stimme war vom Parkplatz her zu hören.

Sarah bemühte sich, mit ruhiger Stimme zu antworten: „PJ, Joey ist verletzt."

PJ – eine Frau von kleinem Wuchs, aber starker Persönlichkeit – lief auf Koppel Nummer zwei zu und schob sich durch die Zaunlatten. Sie rannte zu Sarah und Joey und rang nach Luft, als sie die Wunden sah.

„Was ist passiert?"

Sarah zeigte auf den hinteren Zaun und erklärte ihre Theorie. Während sie sprach, ließ sie ihre linke Hand leicht auf Joeys Flanke ruhen, um den Körperkontakt mit ihm aufrechtzuerhalten. Es schien zu funktionieren. Nach ein paar Minuten konnte Sarah spüren, wie sich Joeys Körper leicht entspannte.

PJ holte ihr Smartphone hervor und informierte Kim. Sarah blieb bei Joey, sprach mit ihm und gab ihr Bestes, um ihn ruhig zu halten. Er verlagerte ständig sein Gewicht zwischen den verletzten Hinterbeinen und versuchte, mit seinem Kopf die Wunde am Oberschenkel zu berühren. Da er die Quelle seines Schmerzes nicht erreichen konnte, lehnte er sich schwer gegen Sarah. Sie blieb fest stehen, obwohl sein Gewicht sie drückte, und wünschte, sie könnte ihm seinen Schmerz nehmen.

„Kim ruft den Tierarzt an und ist selbst bereits auf dem Weg", sagte PJ und kauerte sich hin, um die Verletzungen zu begutachten.

Joey scharrte auf dem Boden.

„Kannst du noch eine Weile bei Joey bleiben, während ich den anderen sage, was los ist? Dann können sie schon mal mit dem Füttern anfangen."

Sarah nickte, als PJ davonlief.

„Ich bin bei dir, mein Freund", sagte Sarah und fuhr mit dem Finger über einen großen schwarzen Fleck auf seiner Flanke. Der pflaumengroße Sprenkel wurde zum Ende hin kleiner und sah wie ein Regentropfen aus. „Wir werden dafür sorgen, dass es dir wieder gut geht", flüsterte sie ihm zu. „Ich werde dich nicht mehr im Stich lassen."

Zehn Minuten später war PJ zurück. Sie griff in ihre Tasche und holte eine dicke Möhre hervor, die sie in drei Teile zerbrach. Joey nahm die Leckerei begierig an und schien allmählich aus seinem tranceähnlichen Zustand zu erwachen. *Wie lange steht er wohl schon hier?*, fragte sich Sarah. Er war seinem natürlichen Instinkt gefolgt – er hatte sich aus einer gefährlichen Situation freigekämpft und sich von dem elektrischen Draht lösen können, doch der Preis dafür war hoch. Und so war er bewegungslos an einer Stelle stehen geblieben, wo er sich vor weiteren Schmerzen in Sicherheit wähnte. Sie beobachtete, wie Joey vertrauensvoll einen kleinen Schritt auf PJ zuging.

Bald darauf sah Sarah Kims Wagen herankommen, gefolgt von einem weiteren Fahrzeug. *Das ist bestimmt der Tierarzt.*

„Wie geht es ihm? Was ist passiert?", fragte Kim, als sie das Gatter öffnete. Dr. Ryan Gallagher folgte ihr auf dem Fuß. Sarah zeigte auf das Drahtgewirr in der hinteren Ecke der Koppel.

„Oh nein, daran habe ich überhaupt nicht gedacht!", stöhnte Kim. „Wie konnte ich nur so nachlässig sein?"

Erleichtert, Joey in kompetenten Händen zu wissen, trat Sarah etwas zurück, sodass der Tierarzt sich das verletzte Pferd ansehen konnte.

Dr. Gallagher, der vor Kurzem sein Studium an der Hochschule für Veterinärmedizin in North Carolina abgeschlossen hatte, praktizierte in der Tierklinik auf dem Hochschulcampus. Er und Kim hatten sich eines Tages beim Spaziergengehen mit ihren Hunden kennengelernt. Dabei waren sie ins Gespräch gekommen und hatten festgestellt, dass sie beide besondere Pferdeliebhaber waren. Als Kim erklärte, was sie auf *Hope Reins* taten, hatte er großzügig seine Dienste angeboten.

Seitdem war er der Tierarzt der Ranch – ein doppelter Segen für *Hope Reins*, denn er wohnte ganz in der Nähe und er liebte die Pferde offensichtlich. Kim hatte schon früh schmerzlich erfahren, dass es nicht billig war, sich um die Gesundheit von Pferden zu kümmern. Als sie Essie zum ersten Mal in die Tierklinik bringen mussten, kam Kim mit einer Rechnung über 1.700 Dollar zurück.

Dr. Gallagher ging langsam um Joey herum und betrachtete jeden Schnitt und jede Abschürfung. Aus seiner Tasche holte er eine Flasche Kochsalzlösung, mehrere sterile Kompressen, eine Tube antiseptische Salbe und eine Rolle selbstklebenden Verbandsmull hervor. Vorsichtig zog er ein Halfter über Joeys Kopf und befestigte einen ledernen Führstrick daran, den er Sarah in die Hand legte.

„Bitte halten Sie ihn gut fest", sagte er. „Er wird sich vermutlich wehren", fügte er mit einem Augenzwinkern hinzu. Seine ruhige Art half Sarah, sich zu entspannen. Dr. Gallagher kniete sich neben das Pferd und begann, seine Wunden zu reinigen. Er hatte recht gehabt – Joey reagierte, er hob die Beine, um fortzulaufen. Joeys plötzliche Bewegungen und die menschliche Aktivität auf seiner Koppel beunruhigten Speckles, der nun am östlichen Zaun hin und her lief. Sarah hielt Joeys Führstrick fest in der Hand.

„Ganz ruhig, Joey. Der Doktor will dir nur helfen", sagte sie sanft zu dem gestressten Pferd „Es ist bald vorbei."

Dr. Gallagher verband Joeys linkes Hinterbein mit dem Verbandsmull, was nicht ganz einfach war, da Joey weiter mit den Hufen stampfte. „Dieses Bein hat definitiv am meisten abbekommen. Keine zu tiefen Wunden, aber wir wollen jegliche Entzündung vermeiden." Als er damit fertig war, stand er auf und reinigte die große Wunde am rechten Oberschenkel ausgiebig mit der Salzlösung, bevor er eine dicke Schicht Wundsalbe darauf verteilte. „Die Wunde dürfte rasch verschorfen. Spülen Sie sie weiter mehrmals am Tag mit Salzlösung aus und geben Sie anschließend die Salbe darauf. Dann dürfte die Wunde problemlos verheilen."

Er bemerkte Kims besorgten Blick und tätschelte Joeys Hinterteil. „Er wird wieder gesund. Zum Glück sind die meisten Abschürfungen oberflächlich. Im Grunde hatte er Glück, es hätte viel schlimmer kommen können."

„Ich kann es einfach nicht fassen, dass ich nicht an den Draht gedacht habe", sagte Kim, die sich noch immer Vorwürfe machte. „Wir haben alle Hindernisse aus dem Weg geräumt, aber die Umzäunung kam mir gar nicht in den Sinn …"

„Wir haben darüber gesprochen, Kim, erinnerst du dich?", sagte der Tierarzt. „Du kannst nicht jedes Problem vorhersehen, das sich mit Joey ergeben wird. Seine Blindheit ist eben eine besondere Herausforderung. Manchmal wird es dir so vorkommen, als ob *ein*

Lahmer einen Blinden führt. Aber keine Angst, du wirst es nach und nach lernen."

Dr. Gallagher nahm Joey das Halfter ab und löste den Führstrick, dann legte er beides in seine Tasche. „Du hast meine Nummer, Kim. Du kannst mich jederzeit anrufen. Wenn ich nicht direkt antworten kann, dann hinterlass mir eine Nachricht und ich rufe später zurück. Aber glaub mir, es wird alles gut gehen."

„Ryan, ich – ich meine *wir*", stellte Kim klar und schaute auf das Team von Ehrenamtlichen, „wir können dir nicht genug danken, dass du heute Morgen gekommen bist und Joey versorgt hast. Und danke auch für deine Geduld mit all meinen Fragen in den letzten Wochen. Es bedeutet uns viel, dass du an uns und unsere Arbeit glaubst."

Sarah hörte, wie Kim fragte, wie viel sie ihm schulde, als sie gemeinsam mit dem Tierarzt von der Koppel ging. Sarah konnte die Antwort nicht hören, doch sein Kopfschütteln und die nachfolgende Umarmung vonseiten Kims waren Antwort genug.

Joeys leises Wiehern zog Sarahs Aufmerksamkeit auf sich. Er verlagerte sein Gewicht und stampfte mit dem Hinterbein. Dann ging er einen Schritt nach vorn und hob und senkte wiederholt den Kopf.

Auf der anderen Seite der Koppel machte sich Speckles nun deutlich bemerkbar, er wippte mit dem Kopf und stampfte mit den Hufen. *Ich habe Speckles komplett vergessen.* Joeys Ohren bewegten sich in Richtung seines Weidegefährten, der keine zehn Meter entfernt stand, und das blinde Pferd ging nach Gehör in seine Richtung. Speckles dunkle Augen folgten jeder seiner Bewegungen. Nach mehreren Schritten hielt Joey an und drehte seinen Kopf in Richtung des verletzten Beines, um die Wunde zu erreichen.

Speckles wieherte erneut und Joey wandte seine Aufmerksamkeit wieder seinem Gefährten zu. Sein Wiehern wies ihm den Weg. Joey stand nun wenige Meter vor Speckles. Sarah ballte die Hände in den

Jackentaschen zu Fäusten und wünschte, sie hätte noch den Führstrick in der Hand. *Was ist, wenn Speckles ihn zu beißen oder zu treten versucht?*

Joey ging noch einen Schritt weiter und stupste seinen Kopf in Speckles Nacken. Sarah folgte aus sicherer Entfernung und biss sich auf die Lippe. *Oh weh. Jetzt hat Joey Speckles' Privatsphäre verletzt.*

Doch zu ihrer Überraschung zeigte Speckles keine Reaktion. Kein wütendes Schnauben, kein Beißen, kein Treten. Stattdessen wich er einen Schritt zurück und blies heftig durch die Nüstern. Joey antwortete, indem er seinen Kopf hob und senkte, als würde er ganz und gar zustimmen.

Sarah stand da wie angewurzelt und beobachtete, wie Speckles ein paar Schritte fortging, bevor er anhielt und wieherte. Joeys Ohren flogen nach vorn und er antwortete mit einem tiefen Wiehern. Sarah wollte auf ihn zugehen, doch Speckles stampfte mit den Hufen und schnaubte erneut, sodass sie abrupt stehen blieb. Joey ging direkt zu Speckles hinüber und legte seinen Kopf auf Speckles Schulter. Speckles legte seinerseits seinen Kopf auf Joeys Schulter. Es war eine Pferde-Umarmung. Ein paar Minuten lang standen sie so innig da.

Sarah traute ihren Augen kaum. *Was passiert hier? Wer ist dieses sanfte, gefügige Pferd, das Joey liebkost?* Es sah fast so aus, als ob Speckles versuchte, Joey zu trösten – er lud ihn ein, näher zu kommen, als ob er begriffen hätte, dass Joey verletzt und blind war.

Von Natur aus sind Pferde Herdentiere, die von ihrem Instinkt geleitet werden und deren Handeln von ihrem Gespür für Hierarchie und Dominanz geprägt ist. Schwächere Mitglieder der Herde werden als solche behandelt; sie werden als Belastung empfunden und häufig angegriffen. Doch Speckles verhielt sich ganz anders. Tatsächlich streckte er im übertragenen Sinne seine Hand nach Joey aus. Es war absolut faszinierend. Sarah hatte das Gefühl, dass sie die beiden

Pferde nun gefahrlos allein lassen konnte, und ging zurück zum vorderen Teil der Koppel, wo PJ die Wassertröge mit frischem Wasser auffüllte.

Nach einigen Minuten friedlicher Gemeinschaft kam Speckles zur Heuraufe geschlendert und begann zu fressen. Wenig später schloss Joey zu seinem neuen Freund auf.

Doch als Joey seinen Kopf senkte und in die Heuraufe steckte, schlug Speckles in seine Richtung aus. Er streckte den Hals, knallte die Vorderhufe auf den Boden und stieß ein ohrenbetäubendes Wiehern aus. Joey ging nicht darauf ein, sondern ließ sofort von der Heuraufe ab und ging mit flach angelegten Ohren und hängendem Schweif an die Stelle zurück, wo Sarah ihn zuerst vorgefunden hatte. Jedes Mal, wenn Speckles den Kopf von der Heuraufe hob, blickte er Joey an. *Bleib ja weg!*

„Nun, da haben wir wohl ein Problem", sagte PJ zu Sarah.

Sarah nickte. Sie hatte das Bedürfnis, Joey nach dem seltsam ambivalenten Verhalten von Speckles Sicherheit und Geborgenheit zu vermitteln, und nahm eine großzügige Portion Heu aus einem Heuballen außerhalb der Koppel, mit dem sie auf das ruhig grasende Pferd zuging.

„Nun, Kumpel, sieht ganz so aus, als sei dein neuer Freund gut im Kuscheln, aber schlecht im Teilen, hm?" sagte sie, während sie sein Kinn streichelte. „Wir müssen eins nach dem andern angehen, in Ordnung? Immer schön eins nach dem anderen."

KAPITEL 5

Kim stand mit einer kleinen Gruppe von Pferdetrainern und Futterhelfern neben Koppel Nummer zwei. Sie presste die Finger gegen ihre Schläfen, um den Spannungskopfschmerz zu lindern. Er hatte begonnen, als sie am Telefon von Joeys Unfall gehört hatte. Sie schloss die Augen. Joeys erste Nacht auf *Hope Reins* war ein Desaster gewesen. Sie hatte versprochen, ihn zu beschützen, doch stattdessen hatte er ein traumatisches Erlebnis gehabt.

„Kim, geht es dir gut?" Die Besorgnis in Barbs Stimme ließ Kim die Augen öffnen.

„Ja, entschuldige", erwiderte Kim mit gezwungenem Lächeln. „Ich habe nur Kopfschmerzen." Sie fuhr sich mit den Fingern durch die Haare und fuhr fort: „Es lässt mir einfach keine Ruhe. Ich hätte an den elektrischen Zaun denken sollen. Gott sei Dank hatte ich vergessen, den Strom anzustellen", sagte sie, als ihr plötzlich klar wurde, wie viel schlimmer Joeys Verletzungen andernfalls gewesen wären.

„Kim, du *konntest* nicht wissen, dass das passieren würde", erwiderte Barb. „Es ist nicht deine Schuld. Du hast diesem Pferd ein neues Zuhause, eine zweite Chance gegeben. Und du stellst dich mutig den Herausforderungen, die seine Blindheit mit sich bringt."

Die Umstehenden nickten zustimmend. Kim war zu gerührt, um zu antworten, und hauchte nur ein leises „Danke".

Diese Menschen waren in kurzer Zeit wie eine Familie für sie geworden. Als sie Gottes Ruf gefolgt war und die Ranch aufgezogen hatte, war ihr bewusst gewesen, dass sie für Pferde sorgen und hoffentlich auch anderen Menschen helfen würde. Doch sie hatte keine Ahnung gehabt, dass sie selbst so viel bekommen würde – so viel Liebe, so viel Ermutigung.

Kim spähte über die Koppel und sah Sarah auf halbem Weg zwischen Joey und dem Gatter stehen. Sie winkte ihr zu.

Kim hatte erst zweimal mit Sarah gesprochen. Tatsächlich hatte sie sie zum ersten Mal an dem Tag getroffen, an dem Tom sie wegen Joey anrief. Sarah war an jenem Tag zur Ranch gekommen, um sich als freiwillige Hilfskraft anzubieten. Sie hatte sehr nervös gewirkt. Und Kim verstand wenig später den Grund dafür: Sarah hatte sich schon bei sechs anderen Ranches vorgestellt, war aber immer abgelehnt worden, weil angeblich schon genug Helfer vorhanden waren, oder sie hatte gar keinen Rückruf erhalten. Kim konnte sich überhaupt nicht vorstellen, freiwillige Hilfe abzulehnen. Sie hieß Sarah begeistert willkommen.

Kim zwang sich, ihre Aufmerksamkeit wieder auf das dringende Anliegen zu richten: Joeys Sicherheit.

„Barb hat recht", sagte Kim – entschlossen, die Führungskraft zu sein, die diese Gruppe verdiente. „Wir werden nicht länger Trübsal blasen, weil Joey verletzt wurde. Natürlich sind wir darüber schockiert. Und deshalb wollen wir nun all unsere Energie darauf verwenden, einen Plan zu entwerfen, um ihn künftig zu schützen."

Die kleine Rede galt sowohl ihr selbst als auch den anderen. Sofort kamen Vorschläge aus der Gruppe.

„Wir könnten einen geschlossenen Stall für Joey errichten", schlug Jo Anne vor.

„Vielleicht sollten wir ihn auf die große Weide bringen?", fragte Barb.

„Ich habe gehört, es könnte hilfreich sein, eine Ziege gemeinsam mit einem blinden Pferd zu halten", sagte Sarah.

„Oder", schlug Jo Anne vor, „wir entfernen den elektrischen Zaun."

„Wir könnten auch eine Barriere vor den elektrischen Zaun stellen", fügte Barb hinzu.

Lauter gute Ideen, doch keine davon konnte auf die drängende Frage antworten, wie Joeys Sicherheit hier und jetzt zu gewährleisten war. Und keiner der Vorschläge würde Joey dabei helfen, die Grenzen seiner Koppel für die Zukunft zu erlernen. Plötzlich erklang Sarahs Smartphone, auf dem eine E-Mail einging. Alle schauten in ihre Richtung.

„Entschuldigung", murmelte sie und griff in ihre Jackentasche, um den Ton abzustellen.

„Das ist es!", rief Barb aus. „Wie wäre es mit einer Art Klingelton? Wenn wir überall an der Umzäunung Windspiele anbringen, wird Joey vielleicht begreifen, dass es sich um eine Grenze handelt, von der er sich fernhalten muss."

Kim dachte einen Moment darüber nach. *Kann das wirklich funktionieren?* Es schien Sinn zu ergeben – zumindest in der Theorie. Joey musste seine Grenzen mit dem *Gehör* erspüren können. Und diese Idee wäre noch heute umsetzbar. Kim, die bereit war, alles zu versuchen, sagte: „In Ordnung, wir probieren es mit den Windspielen. Wie viele werden wir wohl brauchen?"

„So viele wie möglich", sagte Jo Anne. „Wir können sie an allen Zaunpfosten befestigen und vielleicht sogar einige in den Bäumen darüber anbringen." Sie zeigte auf den Baumbereich.

„Gute Idee", sagte Kim und lächelte zum ersten Mal an diesem Morgen ein echtes, frohes Lächeln. „Okay, Ladys – wir gehen einkaufen!"

Als Barb, Jo Anne und Sarah auf den Parkplatz zugingen, winkte

Kim Jo Annes Mann Hank herbei, der auf der Ranch zum „Mann für alles" geworden war. Sie nahm ihn zur Seite und bat ihn, den elektrischen Zaun zu reparieren, in dem sich Joey während der Nacht verfangen hatte.

„Zieh dir unbedingt Arbeitshandschuhe an", sagte sie und nickte in Joeys Richtung. „Die Dinger sind rasiermesserscharf."

Hank zwinkerte ihr zu und gab ihr damit zu verstehen, dass er mehr als fähig war, sich um diese Sache zu kümmern, doch er war zu sehr Gentleman, um es offen auszusprechen.

In Wahrheit wünschte Kim, sie könnten ganz auf den elektrischen Draht verzichten. Doch die flexiblen PVC-Latten, die sie aus Kostengründen gewählt hatten, waren nicht stark genug, um die Sicherheit der Pferde auf der Koppel zu garantieren. Und wer konnte es sich schon leisten, acht Hektar hügeliges Land mit Holz zu umzäunen?

Sorgen und Vertrauen. „Ich muss mehr vertrauen", sagte sich Kim, während sie zum Wagen lief.

* * *

Im Gartencenter entdeckten die vier Frauen, dass Mitte Februar nicht der beste Zeitpunkt war, um Windspiele zu kaufen. Also kauften sie den gesamten mageren Vorrat auf und klapperten alle Geschäfte im Umkreis von zehn Meilen ab, bevor Kims Kofferraum mit Windspielen angefüllt war. Die Heimfahrt war recht melodiös, da jede Kurve und jedes Schlagloch ein Konzert aus Klimpern und Klirren erzeugte.

Sie hatten ein buntes Gemisch aus traditionellen und eher skurrilen Designs erworben: Es gab runde Holzspiele mit langen Metallstäben; elegante Windspiele mit Schmetterlingen auf Drähten; andere waren aus umfunktionierten Küchenutensilien, ausgesägten Tierfiguren und sogar regenbogenfarbenen Strudeln gefertigt. Insgesamt waren es rund vierzig Windspiele.

Nach einem kurzen Imbiss unterwegs fuhren sie mit ihrer Beute zur Ranch zurück.

„Womit sollen wir die Windspiele befestigen?", fragte Jo Anne, als sie die einzelnen Stücke auf eine Schubkarre luden.

„Wir werden sie mit Kordel an den Zaunpfosten festbinden."

„Klingt gut."

Kim ging ins Büro, um die Kordel zu holen. Eine dicke Wolkendecke schob sich vor die Sonne und ließ den Himmel in kurzer Zeit grau werden. Sie sehnte sich nach dem Frühling. Nachdem sie sämtliche Behälter in dem kleinen Raum durchwühlt hatte, fand sie schließlich mehrere Rollen Jutegarn, die noch von der großen Eröffnungsfeier übrig waren, die sie vor mehr als sechs Monaten organisiert hatten.

An jenem Tag hatte auf der frisch hergerichteten Ranch eine wirklich festliche Atmosphäre geherrscht. Kim war überrascht, dass so viele Menschen gekommen waren. Allerdings war es ein kostenloses Event mit der offenen Einladung, die Pferde zu sehen und zu streicheln, und das war für Familien mit Kindern ein echter Magnet. Insgesamt war die Feier ein Erfolg gewesen und hatte mehrere Therapieüberweisungen und viele Spenden zur Folge gehabt.

Wir sollten demnächst noch einmal solch ein Event organisieren, dachte Kim, während sie die Garnrollen in einen alten Eimer warf. *Am besten bald.*

Als Kim auf Koppel Nummer zwei zuging, hörte sie ein leises, aber regelmäßiges Klopfen. Es klang, als ob in der Ferne jemand einen Holzlöffel gegen einen Topf schlug. *Woher kommt dieses Geräusch?* Sie rief Hank, der gerade den elektrischen Zaun reparierte.

Er legte sein Werkzeug beiseite und ging auf sie zu, dicht gefolgt von Joey. Je näher er kam, desto lauter wurde das Geräusch.

„Hank, ich glaube, deine Hose macht ein Klopfgeräusch", sagte Kim lachend.

Hank sah sie verlegen an. „Ja, das stimmt", sagte er und holte sein Smartphone aus der Gesäßtasche, um den Laut abzustellen. „Ich wollte verhindern, dass Joey in mich hineinläuft, während ich den Zaun repariere. Ich dachte, wenn er mich hören kann, dann weiß er, wo ich bin. Gleiche Idee wie die Windspiele, denke ich. Vor Kurzem hat meine Enkeltochter eine Metronom-App auf mein Smartphone geladen, die sie benutzt, wenn sie bei uns Klavier übt. Es macht ein gleichbleibendes Geräusch, also dachte ich, das könnte mit Joey funktionieren."

„Du bist ein Genie, Hank! Wir können uns glücklich schätzen, dich hier zu haben."

Hank tätschelte Joeys Nacken. „Das Metronom-Geräusch scheint Joey nicht zu stören, also können wir wohl davon ausgehen, dass er auch mit den Windspielen kein Problem haben wird."

„Danke, Hank." Kim lächelte den älteren Herrn an, der zum Büro zurückging. Eine Welle der Dankbarkeit durchflutete sie. *Ich habe absolut wundervolle Mitarbeiter.* „Seid ihr bereit, die Windspiele anzubringen, Ladys?"

Sobald Jo Anne die ersten Windspiele aus der Schubkarre nahm und an Sarah weitergab, wackelten Joeys Ohren neugierig hin und her.

Speckles stand in der Nähe des Gatters, als die Frauen auf die Koppel kamen. Er drehte ihnen und Joey den Rücken zu, so als sei er der klingenden Invasion gegenüber gleichgültig. Doch als die Frauen begannen, die Windspiele zu entwirren, wieherte Speckles nervös und wich ein paar Schritte zurück. Kim bemerkte, wie sich Sarah versteifte.

„Kennst du Speckles' Geschichte?", fragte Sarah und behielt das launenhafte Pferd im Auge, während sie weiter auf die Koppel vordrangen.

„Der Mann von der Pferderettungsgesellschaft erzählte uns, dass Speckles in Virginia von Züchtern gekauft wurde, die Appaloosas suchten. Er wurde in einem Stall gehalten und nur zu Zuchtzwecken herausgeholt. Er hatte keine Möglichkeit, im Freien herumzulaufen und einfach nur Pferd zu sein. Ich nehme an, die Eigentümer wollten kein Risiko eingehen und ihren Spitzenhengst schützen", antwortete Kim.

„Nach einer Weile verloren die Züchter Geld und ließen die Dinge schleifen. Offenbar machte sich jemand, der mit der Farm zu tun hatte, Sorgen um das Wohlergehen der Pferde und informierte die Tierrettung. Sie fanden mehrere vernachlässigte und halb verhungerte Pferde vor. Der arme Speckles wurde in einem dunklen Stall gefunden, bis zu den Knien in seinem eigenen Kot stehend. Seine Rippen stachen so sehr hervor, dass sie Angst hatten, sie könnten während des Transports brechen. Seine Hufe waren verfault, weil er so lange im Kot gestanden hatte."

Sarah zuckte bei dieser Beschreibung zusammen und stellte sich bildlich vor, wie viel Leid das Pferd ertragen hatte.

Kim fuhr fort. „Nachdem Speckles von der Tierrettung abgeholt worden war, brachten sie ihn zu einer Pflegeranch, wo seine Wunden versorgt und seine Hufe behandelt wurden. Sie sorgten auch dafür, dass er wieder Fleisch auf die Knochen bekam. Außerdem wurde er kastriert. Wir besuchten ihn zweimal, um sicherzugehen, dass er zu *Hope Reins* passen würde. Beide Male wirkte er ruhig und gefügig, obwohl man uns warnte, er sei nicht sonderlich intelligent und eher dickköpfig. Wir sahen nur ein Pferd, das ein Zuhause brauchte, sonst nichts – wir sahen nichts von dem, was hier in den letzten vierundzwanzig Stunden sichtbar war."

Kims Stimme wurde leiser. „Ich beginne mich zu fragen, ob ich nur das gesehen habe, was ich sehen wollte. Ich wollte ihm unbedingt eine zweite Chance, eine Zukunft geben. Ich wollte ihm zeigen, dass das Leben schön sein kann und dass es Menschen gibt, die Pferde gut behandeln."

„Armer Kerl", sagte Sarah und betrachtete das Tier mit anderen Augen als zuvor. „Das ist schrecklich. Ich verstehe, warum du ihn haben wolltest. Vielleicht braucht er einfach nur Zeit, um sich anzupassen."

Kim hoffte, dass Sarah recht hatte. Speckles *würde* Zeit brauchen, um sich anzupassen. Er hatte in den letzten sechs Monaten eine Menge durchgemacht. Vermutlich war er verwirrt und ängstlich.

Als ob er begriffen hätte, dass sie über ihn sprachen, stieß Speckles, der nur ein paar Meter von ihnen entfernt stand, ein hohes Wiehern aus. Joey machte kehrt und trottete auf ihn zu. Seine Ohren waren gespitzt und sein Kopf neigte sich dem nervösen Pferd zu.

Speckles stieß erneut ein ohrenbetäubendes Wiehern aus und wirkte, als ob er fliehen wolle. Instinktiv wich Kim zurück. Joey ging noch einen weiteren Schritt nach vorn.

„Alles gut, großer Junge", sagte Kim. „Niemand wird dir wehtun, ganz besonders nicht diese Windspiele. Du wirst nur ein wenig Zeit brauchen, um dich daran zu gewöhnen." Kim sah Sarah an und versuchte ihr beruhigend zuzulächeln.

„Genau", sagte Sarah. „Ich werde jetzt anfangen, sie an der hinteren Seite der Koppel anzubringen."

Kim wandte ihre Aufmerksamkeit Speckles zu. „Die Windspiele sollen Joey helfen, sich zu orientieren", sagte sie ruhig. „Willst du eines anschauen?" Sie streckte ihren Arm aus, von ihrer Hand baumelte ein drolliger Frosch mit einem lilienförmigen Glockenspiel. Speckles betrachtete das seltsame Instrument. Eine Zeit lang blieb er bewegungslos stehen, während Kim ihm weiter gut zuredete. Schließlich siegte seine Neugier. Er senkte den Kopf und stupste das Windspiel an, sodass die Stäbe klingelten. Sofort fuhr er mit dem Kopf zurück und stampfte mit den Vorderhufen.

„Schon gut, Junge." Kim sprach ihm ruhig zu, während sie ihm das Windspiel erneut hinhielt, damit er es weiter in Augenschein nehmen konnte. Speckles sah zwar recht einschüchternd aus, aber in Wahrheit brauchte dieses Pferd sie. Kim war entschlossen, ihm ein besseres Leben zu bieten.

„Alles gut, Speckles, komm her und …" Kim sprang zur Seite, als Joey plötzlich in ihrem Blickfeld erschien. Das Glockenspiel hatte ihn angezogen. Das blinde Pferd zeigte keinerlei Furcht, als es geradewegs auf Kim zugetrottet kam. Es stupste das Windspiel mit der Nase an, sodass erneut der klirrende Ton erklang. Speckles verlor das Interesse an dem neuen Objekt und wandte sich ab, um zu grasen.

„Danke für deine Unterstützung, Joey", gluckste Kim und streichelte das Pferd mit ihrer freien Hand.

Sarah, Barb, Jo Anne und Kim waren froh, dass die Pferde ruhig und zufrieden waren, und machten sich daran, an jedem Zaunpfosten und an den drei Bäumen in der Mitte der Koppel je ein Windspiel festzumachen. *Vermutlich würde Joey ohnehin nicht in einen Baum hineinlaufen, aber Vorsicht ist besser als Nachsicht.*

Rund eine Stunde später standen die vier Frauen da und bewunderten ihre Arbeit. Die Windspiele sahen überraschend schön aus und ihre vom Wind ausgelösten Melodien sorgten für eine fröhliche Atmosphäre an diesem eher trüben Tag. Ab und zu gab Joey ein neugieriges Schnauben und Speckles ein leises Wiehern von sich, ansonsten kümmerten sich die Pferde nicht um die Windspiele.

„Ladys, wir haben es geschafft", sagte Kim und legte Jo Anne und Barb je einen Arm um die Schultern. „Vielen Dank für eure Hilfe."

„Ich finde, es sieht klasse aus. Richtig schick!" Jo Anne nickte zustimmend.

Solange sie ihren Zweck erfüllen, dachte Kim. Die Windspiele ergaben nur Sinn, wenn sie Joey von den Zäunen fernhielten.

„Ich werde ein Halfter holen und Joey am Zaun entlangführen", sagte Kim. „Er muss verstehen, wofür die Windspiele da sind."

„Gute Idee", stimmte Sarah zu.

Kim hielt beim ersten Windspiel an und ermutigte Joey, es anzustupsen. Sie wiederholten das Ganze bei jedem Windspiel entlang des Zauns und auch an jedem Baum. Joeys Kopf wippte auf und ab, sein Schweif und seine Ohren waren entspannt. Hin und wieder wieherte er leise, und Speckles antwortete, fast als würden die beiden *Blindekuh* spielen.

Bei der zweiten Runde entlang der Umzäunung ließ Kim das Pferd an jedem dritten Windspiel anhalten, bevor sie mit ihm zu der Stelle ging, wo es sich seine Verletzungen zugezogen hatte. Bei der ersten Runde hatte sie diese Stelle gemieden.

Hank hatte den Zaun bereits vollständig repariert. Es sah so aus, als ob nie etwas passiert wäre. Doch ein kurzer Blick auf Joeys bandagierte Beine brachte die schmerzhafte Wirklichkeit in Erinnerung.

Als sie einen Moment anhielten, blies Joey wie im Stakkato Luft durch die Nüstern. Seine Ohren fuhren vor und zurück, als ob er etwas suchte. Dann erklang ein tiefer Seufzer von Speckles. Joey drehte seinen Kopf in seine Richtung und entspannte die Ohren.

„Na, redet ihr beide miteinander?", fragte Kim und sah von einem Pferd zum anderen.

Als sie erneut am Gatter ankamen, wollte Kim eine dritte Runde beginnen, doch Barb sagte: „Ich denke, Joey hat es begriffen. Lass ihm Zeit, sich auszuruhen und dann allein auf Erkundungstour zu gehen."

Hat er es wirklich begriffen? Vielleicht brauchte er doch noch eine Runde.

„Kim, meine Liebe, er ist müde, und du bist es auch. Übergib ihn jetzt einfach in Gottes Hände, okay? Es ist zwei Uhr nachmittags. Du kannst dich ins Büro setzen und ihn durchs Fenster beobachten."

Widerstrebend nahm Kim Joeys Halfter ab.

Sorgen und Vertrauen, dachte sie. Dann korrigierte sie sich. *Nein. Nur Vertrauen.*

KAPITEL 6

„Oh nein, Bursche!", rief Lauren, als sie sah, wie Speckles erneut Joey an der Heuraufe angriff. Sie war dabei gewesen, als Speckles ankam, und hatte gesehen, wie er Kim beinahe in die Hand gebissen hatte. Ohne nachzudenken, schlüpfte sie durch die Zaunlatten und rannte mit erhobenem Zeigefinger auf die Koppel.

Als sie so vor dem tyrannischen Pferd stand, dachte sie mit einem Mal: *Was mache ich hier eigentlich?*

Die beiden Appaloosas waren mittlerweile seit fast einer Woche auf *Hope Reins*. Die Windspiele hatten tatsächlich dafür gesorgt, dass Joey nicht mehr in den elektrischen Zaun hineinlief, doch sie schützten ihn nicht vor Speckles, der Joey nach wie vor bei jeder Futtergabe angriff und ihn daran hinderte, nahe an die Heuraufe zu kommen. Die Futterhelfer hatten begonnen, Joeys Heu nahe beim Gatter auf den Boden zu legen, doch Lauren war nicht zufrieden mit dieser Lösung. Sie konnte sich nicht vorstellen, eine ihrer beiden Töchter vom Boden essen zu lassen, weil die andere sie vom Tisch wegstieß.

Und so nahm Lauren jeden Tag vier kleinere Portionen Heu aus dem großen Ballen in der Futterscheune und trug sie zur Heuraufe in der Mitte der Koppel Nummer zwei. Dann schob sie die Schubkarre mit dem Rest des Heus durch das Gatter der Koppel und blieb außen vor dem Zaun stehen, um zu beobachten, was passieren würde.

Wie aufs Stichwort schlenderte Speckles zur Heuraufe. Zunächst schien Joey nicht sehr interessiert. Doch schon bald weckte das Kauen seines Weidegefährten seine Aufmerksamkeit und Joey begann, vorsichtig auf die Heuraufe zuzugehen. Sein Kopf wippte auf und ab und sein Maul bewegte sich, als ob er unsichtbares Heu kaute. Lauren bemerkte, wie Speckles ihn wütend anblitzte, wobei seine Ohren so weit zurückgelegt waren, dass sie seine braune Mähne berührten. Er war bereit zuzuschlagen. Der arme Joey, der die Warnsignale nicht sehen konnte, verhielt sich völlig ahnungslos. *Vielleicht denkt er, diesmal wird es anders sein,* überlegte Lauren. *Er verdient Bewunderung.*

Speckles dagegen war dabei, sich einen weniger guten Ruf auf *Hope Reins* zu erwerben. Seine Neigung zu beißen und zu treten, wenn er aufgebracht war, brachte ihm nicht viele Freunde auf der Ranch ein – weder unter den Menschen noch unter den Pferden.

Lauren hatte gehört, dass Speckles am ersten Tag, an dem Joeys Verletzungen entdeckt worden waren, freundlich zu ihm gewesen war, doch seitdem hatte das Team nur noch von seinem tyrannischen Verhalten berichtet. *Das ergibt einfach keinen Sinn.*

Am Tag zuvor hatte Anna, Barbs Teenager-Tochter, die sehr gut mit Pferden umgehen konnte, versucht, Speckles' Eignung als Reittier einzuschätzen – eine der wichtigsten Voraussetzungen für den Aufbau einer Beziehung zu einem Kind auf *Hope Reins*. Speckles hatte geschnaubt und mit den Hufen gestampft, als Anna sich auf seinen Rücken schwang, doch als sie sicher im Sattel saß, schien er sich zu beruhigen. Als sie die Zügel bewegte und mit der Zunge schnalzte, wurde Speckles zunehmend nervös. Anna wollte ihm ein paar Minuten Zeit lassen, um sich zu entspannen, und ließ ihn Schritt gehen, bis sie ihm schließlich bedeutete zu traben. Kurz darauf buckelte Speckles und warf Anna ab. Zum Glück war sie nicht ernsthaft verletzt worden, doch der Vorfall war ein weiterer Minuspunkt für seinen ohnehin schon angeschlagenen Ruf.

Als Lauren Speckles beobachtete, fragte sie sich, ob die Misshandlung, die er auf der Zuchtfarm erlitten hatte, ihn so geprägt hatte, dass er nicht mehr trainierbar war. Sie begann, Mitleid für das gerettete Pferd zu empfinden. Doch in dem Moment griff Speckles Joey ein weiteres Mal an, seine Zähne bissen in die Luft – ein Tyrann und sein Opfer.

Lauren hatte genug. Sie stemmte eine Hand in die Hüfte, stellte sich zwischen die beiden Pferde, wackelte mit dem Zeigefinger vor Speckles' Kopf und rief aus voller Kehle: „NEIN! So behandelt man keine Freunde. Du wirst Joey nicht mehr angreifen, ist das klar?"

Speckles' Nüstern blähten sich, während er seine Ohren anlegte.

Oh, oh, dachte Lauren, die im selben Moment ein wenig von ihrer Kühnheit verlor. Entschlossen, keine Furcht zu zeigen, machte sie einen Schritt nach vorn. Speckles blieb an seinem Platz und zeigte sein Missfallen mit heftigem Schnauben. Lauren sah ihm direkt in die Augen und ging, ohne mit der Wimper zu zucken, weiter auf ihn zu. Er stampfte mit dem rechten Vorderhuf, sodass Heu- und Grasfetzen durch die Luft wirbelten. Lauren machte einen weiteren Schritt. Speckles' Augen zuckten und seine Muskeln spannten sich an. Noch einen Schritt. Lauren holte tief Luft und stählte sich für das, was kommen würde. Sie hätte schon längst umkehren können, aber jetzt musste sie die Sache durchziehen. Sie würde …

Plötzlich ging Speckles einen Schritt zurück. Lauren war so überrascht, dass sie beinahe das Gleichgewicht verlor. Sie konnte kaum glauben, was da gerade passiert war. *Ich habe gewonnen.* Speckles hatte sich ihr unterworfen. Natürlich hatte sie darauf gehofft, aber sie hatte nicht wirklich damit gerechnet, dass es klappen würde. Erneut sah sie ihm in die Augen. Sie schienen weniger Anspannung widerzuspiegeln als zuvor. Er stieß einen langen Seufzer aus, bevor er einen weiteren Schritt zurückwich. Dann legte er den Kopf auf die rechte Seite und beobachtete sie.

„Guter Junge", flüsterte Lauren. „Das war doch gar nicht so schwer, oder?"

Von ihrem Sieg beflügelt streckte sie ihren Arm aus und hielt Speckles ihre geschlossene Faust hin. Es dauerte einige Sekunden, doch dann stupste Speckles ihre Hand mit der Nase an und blies warme Luft darauf. Sie sahen einander in die Augen. Und dann sah sie es – da war ein intelligentes Funkeln. Ein Flimmern des Verstehens. Dieses Pferd war nicht dumm. Im Gegenteil, es war klug, sehr klug sogar.

Laurens Erfahrung mit Pferden war zwar relativ begrenzt, aber sie war mit Hunden aufgewachsen und hatte mit ihnen an Agility-Wettkämpfen teilgenommen, bei denen sie ihre vierbeinigen Freunde durch einen Hindernisparkour führen musste. Sie wusste, was es bedeutete, ein Tier zu trainieren. Sie kannte diesen Blick, der besagte: „Bring mir etwas bei, ich will lernen." Speckles' Verhalten war eine Herausforderung, ein Rätsel, das sie lösen wollte.

Lauren ging zwei weitere, lässige Schritte auf Speckles zu und befand sich nun nur noch Zentimeter von ihm entfernt. Sanft berührte sie einen weißen Fleck auf seiner Backe und kraulte ihn hinter dem Ohr.

„Speckles, wer bist du *wirklich*?", fragte sie.

Joey spürte, dass Speckles nicht mehr an der Heuraufe fraß, und beschloss, sich jetzt sein Frühstück zu holen. Doch sobald Speckles hörte, wie Joey Heu aus der Raufe zog, schnellte sein Kopf herum. Lauren konnte spüren, wie er sich anspannte – er war erneut zum Angriff bereit.

„Oh nein, das wirst du nicht tun", sagte Lauren und griff in die kurze braune Mähne des Pferdes. „Du wirst Joey jetzt in Ruhe fressen lassen."

Lauren stellte sich direkt vor Speckles hin. Jedes Mal, wenn er sich bewegte, tat sie es ihm gleich und versperrte ihm so den Weg. Speckles scharrte mit den Hufen und grub kleine Löcher in das spärliche Gras. Lauren wusste, dass er sich darauf vorbereitete anzugreifen.

Erneut wackelte sie mit dem Zeigefinger vor seinem Kopf: „NEIN, mein Freund", sagte sie bestimmt und streckte den Arm aus. „Du bleibst hier."

Lauren begann, Speckles' Nacken zu streicheln, und gab Joey damit noch mehr Zeit, sein Frühstück zu beenden.

„Alles gut, Joey", versicherte Lauren. „Speckles wird heute das Heu mit dir teilen."

Joey fraß behutsam drei weitere Mäuler voll Heu, bevor er sich rasch zurückzog. Offenbar wollte er nicht zu hoch pokern.

„Das ist wenigstens ein Anfang", murmelte Lauren und versuchte sich selbst davon zu überzeugen, dass Speckles ein guter Weidegefährte für Joey sein könnte – eines Tages.

Lauren senkte ihren Arm, um Speckles wieder Freiraum zu geben. Sie tätschelte das Pferd ein letztes Mal, bevor sie zu Joey hinüberging und ihm über das Hinterteil strich.

„Lass dich nicht von ihm herumschubsen!"

Zufrieden verließ Lauren die Koppel und hielt an, um ihr rechtes Knie zu massieren. Seit einiger Zeit schien es ihr, als ob der kontinuierliche, dumpfe Schmerz schlimmer geworden sei. Sie lehnte sich gegen einen verwitterten Picknicktisch und bemerkte, dass sie zitterte – sowohl vor Schmerz als auch aufgrund der Erkenntnis, dass Speckles sie hätte ernsthaft verletzen können. *Was habe ich mir nur dabei gedacht?*

Sarah unterbrach Laurens Gedanken. „Das war ganz schön beeindruckend – riskant und unglaublich gefährlich, aber beeindruckend. Ich habe diese Technik noch nie gesehen, aber es scheint funktioniert zu haben, auch wenn Kim wahrscheinlich kein grünes Licht dafür gegeben hätte."

„Ja, ich glaube kaum, dass in irgendeinem Buch über Pferdetraining steht, dass man mit dem Zeigefinger vor dem Gesicht eines wütenden Pferdes herumwackeln sollte", scherzte Lauren. „Aber manchmal brechen meine Mutterinstinkte durch. Ehrlich, ich glaube, Speckles muss nur wissen, was wir von ihm erwarten. Er muss seine Grenzen kennen – genau wie Joey."

Sarah nickte. Die Appaloosas grasten friedlich einige Meter von der Heuraufe entfernt, wo sich vor wenigen Minuten das Drama abgespielt hatte.

„Tatsache ist", sagte Lauren, „ich habe etwas bei Speckles entdeckt – einen Funken des Verstehens. Ich glaube, er braucht das Gefühl, dass wir ihn verstehen. Ergibt das Sinn?" Lauren rieb sich weiter über ihr Knie.

Sarah konnte die Traurigkeit, die sie plötzlich überfiel, nicht verbergen. „Ja, ich glaube schon."

Die beiden Frauen blieben eine Weile schweigend stehen, bis Sarah hinzufügte: „Vielleicht will Speckles, dass wir verstehen, inwiefern seine Vergangenheit sein gegenwärtiges Verhalten beeinflusst."

Natürlich! Lauren sah Sarah mit neuem Respekt an – sie war weiser, als ihr Alter vermuten ließ. Als sie sich kennengelernt hatten, hatte Lauren Sarah als etwas distanziert empfunden. Lauren war fünfzehn Jahre älter als Sarah und wurde von ihren zwei Kindern fit gehalten. Sie hatte nicht viele Gemeinsamkeiten mit der jüngeren Hilfskraft gefunden. Nun begann sie, sich zu fragen, ob sie Sarah zu voreilig in eine Schublade gesteckt hatte.

„Genau das meine ich", antwortete Lauren und dachte wieder an Speckles. „Er verteidigt sein Futter, weil er nicht wissen kann, ob er täglich genug bekommen wird. Auf der früheren Farm musste er so lange hungern. Es ist also ganz normal, dass er sein Futter verteidigt und jedes andere Pferd als Bedrohung empfindet."

Ja, Speckles musste lernen, ihnen zu vertrauen, und wissen, dass er sich auf sie verlassen konnte.

Die beiden Frauen beobachteten die Pferde, während die Windspiele in der leichten Brise ihre Melodien spielten.

Schließlich beschloss Sarah, dass es Zeit war, Feierabend zu machen. „Ich werde dann mal zur Futterscheune zurückgehen und dafür sorgen, dass alles ordentlich verstaut ist."

„Ich komme mit."

„Oh nein", sagte Sarah augenzwinkernd, „wer ein tyrannisches Pferd zähmt, wird automatisch von den Aufräumarbeiten befreit."

Lauren lächelte. „Einverstanden", sagte sie. Tatsächlich war sie froh über die Pause. Der Schmerz in ihrem Knie wurde immer schlimmer. Sie zuckte zusammen, als sie das Gewicht verlagerte, und zwang sich, ein paar Schritte zu humpeln, um die Gelenke zu lockern. Sie hielt an, um das Knie noch einmal zu massieren, und war frustriert, als sie auch in der Hand Schmerzen spürte. Jeder neue Tag schien neue Schmerzen in anderen Gelenken mit sich zu bringen, und die zahllosen Arztbesuche hatten nur neue Fragen aufgeworfen, statt Antworten zu geben. War es Fibromyalgie? Arthritis? Bursitis? Niemand konnte eine eindeutige Diagnose stellen.

Zögerlich ging sie ein paar weitere Schritte. Der Schmerz ließ schließlich nach. Sie sah über die Koppel und hörte Speckles wiehern und schnauben und mit dem Kopf wippen. Ja, Speckles hatte Probleme, aber Lauren fühlte sich zu ihm hingezogen, als habe Gott sie und ihn aus einem bestimmten Grund zusammengebracht.

Als Lauren weiterging, stieß Joey ein leises Seufzen aus. Sofort machte Speckles ein Geräusch, das wie ein Lachen klang und Joey den Weg zu ihm wies.

In einem Moment Tyrann, im nächsten der beste Freund. „Du bist ein kompliziertes Pferd, Mr Speckles."

* * *

Lauren stand nicht im Einsatzplan für den nächsten Morgen, doch sie kam trotzdem, um die Heufütterung für Speckles und Joey abzupassen. Sie schob sich mit dem Heu durch das Gatter und lud ihre Last in der Heuraufe ab. Wie erwartet kam Speckles als Erster heran. Er sah Lauren aus den Augenwinkeln an, während er den Kopf senkte und in sein Frühstück eintauchte. Als Joey begann, auf die Raufe zuzugehen, hob Speckles sofort den Kopf und stieß ein warnendes Schnauben aus.

„Oh nein, so läuft das nicht", sagte Lauren prompt und breitete die Arme aus, um ihn einzuschüchtern.

Speckles beäugte sie und schien seine Optionen abzuschätzen. Als Joey noch näher kam, begann Speckles auszuschlagen.

„NEIN!", rief Lauren streng und hielt ihren linken Arm vor seinen Körper.

Sie wollte ihm beibringen, dass er nicht um sein Futter kämpfen musste und dass er alles bekam, was er brauchte. Sie kam näher, und er schnaubte und schüttelte heftig den Kopf. Dann wich er einen Schritt zurück.

„Guter Junge!", lobte sie und lächelte ihn an. „Ja! So ist es gut, Speckles!"

Speckles Ohren schnellten nach vorn, sein Schweif bewegte sich. *Er weiß, dass ich ihn gelobt habe. Er hat verstanden, dass er es richtig gemacht hat.* Doch nun kam der eigentliche Test. Nach ein paar Minuten, in denen Joey aus der Raufe fraß und Speckles wartete, senkte Lauren den Arm und sagte: „Okay, Speckles, komm und friss gemeinsam mit Joey."

Speckles beäugte Lauren kurz, dann senkte er den Kopf. Sein brauner Kopf stupste Joeys Kopf an und Joey hielt mitten im Kauen inne. Doch nichts weiter geschah. Speckles ignorierte Joey und beide fraßen einträchtig nebeneinander.

Lauren wiederholte die Prozedur an den restlichen Tagen der Woche. In nur fünf Tagen wurde Speckles von einem tyrannischen Pferd zu einem friedfertigen Frühstückspartner. Diese Veränderung war den anderen auf der Ranch keineswegs verborgen geblieben, darunter auch Kim.

„Es ist ganz erstaunlich, was du da mit Speckles geleistet hast", lobte Kim Lauren eines Morgens, während sie in einem Café einen Milchkaffee tranken.

„Danke", sagte Lauren, die noch immer ein wenig überrascht war, dass Kim sie nach der Fütterung der Pferde auf einen Kaffee eingeladen hatte. Noch überraschter war sie darüber, dass Kim über ihre Arbeit mit Speckles Bescheid wusste. Immerhin hatte sie mit der Leitung der Ranch mehr als genug zu tun.

„Lauren, ich bin froh, dich auf diese Weise besser kennenzulernen", begann Kim und lächelte. „Und deine beiden Mädchen ebenfalls." Laurens Töchter, die siebenjährige Harper und die zehnjährige Kate, sahen schüchtern von ihren Hausaufgaben hoch. „Du bist nun schon seit ein paar Monaten bei uns, nicht wahr? Wie kam es eigentlich, dass du dich entschlossen hast, auf *Hope Reins* mitzuhelfen?"

„Nun, ich habe das Schild der Ranch gesehen, als mein Mann und ich von einer Geburtstagsfeier nach Hause fuhren. Am nächsten Tag entdeckte Harper ein Pferd nahe der Straße und bat mich anzuhalten, damit sie es streicheln konnte." Lauren gluckste, als sie sich erinnerte, wie Harper gesagt hatte: „Mami, ich glaube, das Pferd ist einsam. Lass uns zu ihm gehen."

„Ich habe mich im Internet schlaugemacht und entdeckt, dass *Hope Reins* eine große Eröffnungsfeier plante, und wir beschlossen hinzufahren und uns alles anzusehen. Als die Mädchen hörten, dass Freiwillige für die Futterteams gesucht wurden, haben sie mich bestürmt, mich zu melden. Sie lieben es, auf der Ranch herumzutollen, während ich mich um die Pferde kümmere, und …", sie machte eine Pause und zwinkerte den Mädchen zu, „… die Zeit auf der Ranch wird auf unser Heimunterricht-Programm angerechnet."

Kim lachte, lehnte sich zu den Mädchen und klatschte sie ab. „Sehr clever." Dann wandte sie sich wieder Lauren zu. „Seit wann unterrichtest du die Mädchen zu Hause?"

Lauren nahm einen großen Schluck von ihrem Kaffee, bevor sie antwortete: „Seit Kate in den Kindergarten geht." Sie sah ihre ältere Tochter an und lächelte. „Mir hat die Idee, meine Kinder zu Hause zu unterrichten, schon immer gefallen – vor allem wegen der damit einhergehenden Freiheit. Als Kate fünf wurde", sagte sie traurig, „wurde der Heimunterricht dann zu einer Notwendigkeit."

Lauren machte eine Pause und überlegte, wie sie das Folgende sagen sollte.

„Ich bekam damals plötzlich Schmerzen im Knie, sehr starke Schmerzen sogar", erklärte sie. „Ich hielt es anfangs für die Folgen einer Knieverrenkung, doch seitdem sind fünf Jahre voller Arztbesuche und Untersuchungen vergangen, ohne dass eine klare Diagnose gestellt werden konnte. An manchen Tagen komme ich kaum aus dem Bett, und damit ist der Heimunterricht wegen der Flexibilität notwendig geworden." Lauren warf einen Blick auf ein Arbeitsblatt, das Harper gerade ausgefüllt hatte, und streckte anerkennend den Daumen hoch. „Ich weiß gar nicht mehr, wie oft wir in der Arztpraxis Hausaufgaben gemacht haben."

„Ich mag es, auf *Hope Reins* unterrichtet zu werden", warf Kate ein und gab ihrer Mutter ihr Blatt. Sie sah darüber und nickte lächelnd.

„Oh, Lauren, ich hatte ja keine Ahnung, dass du mit solchen Schmerzen kämpfst", sagte Kim mit Tränen in den Augen. „Das tut mir so leid. Ich werde dafür beten, dass du endlich klare Antworten bekommst."

Es gab eine Zeit, da hätte Lauren bei der Erwähnung von Gebet gespottet. Doch inzwischen hatte sie eine Liebe kennengelernt, die alles in den Schatten stellte, was sie je gekannt hatte. Diese Entdeckung war noch so frisch, dass sie völlig davon überwältigt und von Dankbarkeit und Freude erfüllt war.

„Das bedeutet mir ganz, ganz viel. Danke, Kim."

„Nun, ich möchte dich noch etwas fragen. Du musst nicht sofort antworten, aber ich möchte dich bitten, über etwas nachzudenken."

Lauren war neugierig und auch ein wenig nervös. „In Ordnung."

„Sieh mal, die ganze letzte Woche über habe ich immer wieder gehört, wie erstaunlich gut du mit Speckles zurechtkommst und wie sehr er sich verändert hat. Das Team und ich sind uns einig, dass du Speckles Pferdetrainerin sein solltest."

Als sie sah, wie Laurens Augenbrauen in die Höhe schossen, fuhr Kim schnell fort: „Speckles hat keinen Trainer, weil die meisten Angst vor ihm haben. Aber er braucht jemanden, der mit ihm arbeitet und ihn trainiert. Jemanden, dem er vertrauen kann."

Lauren wusste, dass Kim nur das Beste für die Pferde und die Menschen auf *Hope Reins* im Sinn hatte. Wenn es den Pferden und den freiwilligen Helfern gut ging, dann profitierten auch die Kinder davon, die zur Therapie kamen. Das gehörte zu den Dingen, die Lauren an Kim bewunderte.

„Speckles braucht eine Bezugsperson, die ihm Sicherheit gibt, Lauren. Das wünschen wir uns von allen unseren Trainern: dass sie unseren Pferden Sicherheit vermitteln. Sie brauchen jemanden, der sie versteht, mit ihnen umgehen kann und den übrigen Mitarbeitern sagt, was sie brauchen." Kim machte eine Pause, dann fragte sie: „Nun, was meinst du?"

Laurens Gedanken überschlugen sich. *Ich, eine Trainerin? Für das schwierigste Pferd auf Hope Reins?* Ja, sie hatte Interesse gezeigt und sogar ein paar Stunden lang einen Trainer begleitet. Doch sie war davon ausgegangen, dass ihr erstes Pferd ein einfaches, entspanntes Wesen haben würde. Sie hatte keinerlei Qualifikation für diese Aufgabe. Kim wartete auf eine Antwort. Lauren musste etwas sagen.

„Ich?" war alles, was sie herausbrachte.

„Ja, du. Du kommst wirklich gut mit ihm zurecht, und was noch wichtiger ist, er vertraut dir bereits und respektiert dich. Ich weiß, dass du es schaffen kannst. Es sei denn, es wäre zu viel für dich ... Ich will nicht, dass du noch mehr Schmerzen hast. Vielleicht kannst du über die Sache beten?"

Kims Augen spiegelten ihre Hoffnung wider. Lauren sah auf ihre Töchter, deren flehender Blick sie tief in ihrem Inneren berührte. Wie konnte sie dieses Angebot ablehnen?

KAPITEL 7

Sarah hielt an, schloss die Augen und ließ einen Moment lang ihr Gesicht von der Sonne wärmen, bevor sie Koppel Nummer zwei betrat. Das Frühlingsgras bedeckte das Feld wie ein leuchtender Flickenteppich und die Bäume trieben bereits Knospen. *Kaum zu glauben, dass es zwei Monate her ist, seit ich Joey zum ersten Mal gesehen habe.* Sie schob den Riegel zurück und öffnete mit einem lauten Quietschen das Gatter. Die beiden Appaloosas drehten sich nach dem Geräusch um.

Sarah hielt ein Halfter in den Händen, als sie auf Joey zuging. Kim hatte auf dem Whiteboard in der Futterscheune eine Nachricht für Sarah hinterlassen – sie bat sie, nach Joey zu sehen, nachdem sie mit dem Füttern der Tiere fertig war.

Seit Kim herausgefunden hatte, dass Sarah auf einer Pferderanch in Minnesota im Pflege- und Wellness-Team mitgearbeitet hatte, übertrug sie ihr mehr und mehr Verantwortung für die Versorgung der Tiere. Sarah freute sich darüber und ergriff die Chance, ihre Kompetenz unter Beweis zu stellen, insbesondere, nachdem sie nach jenem ersten Morgen mit Joey so ratlos gewesen war.

In ihrer Nachricht bat Kim Sarah außerdem, Joeys Beine nach Anzeichen auf Mauke abzusuchen – einer bakteriellen Hautinfektion, die häufig bei Pferden mit hellem Fell vorkommt, besonders in den feuchten Monaten.

Sie machte einen großen Bogen um Speckles. „Ich bin nur hier, um nach Joey zu sehen", sagte sie. „Achte einfach nicht auf mich und ich lasse dich auch in Ruhe."

Speckles legte seine Ohren in ihre Richtung, gähnte und graste weiter.

Joey ruhte sich in der Nähe einer Eiche aus. Sarah zog ihm das Halfter mit dem Führstrick über den Kopf. „Hallo, großer Junge." Sie strich ihm über die Flanke. „Gut siehst du aus heute Morgen."

Das Pferd legte wie üblich vertrauensvoll den Kopf auf ihre Schulter.

Sarah schnalzte mit der Zunge und ging los, Joey folgte ihr am Führstrick. Und dann folgte – sehr zu Sarahs Überraschung – auch Speckles, der sich rund fünf Meter hinter ihnen befand. Als sich das braun-weiße Pferd näherte, versteiften sich Sarahs Schultern. Sie betrachtete seinen schwerfälligen Gang und seine kontrollierenden Augen. Er war das genaue Gegenteil von Joey.

Ohne nachzudenken, ließ Sarah Joeys Führstrick los und ging langsam auf Speckles zu. Anderthalb Meter vor ihm blieb sie stehen und sah ihn an. Dann streckte sie vorsichtig die Hand aus. Seine Nase senkte sich auf ihre Hand und schnupperte daran. Als sich seine Lippen teilten, wollte Sarah ihre Hand zurückziehen. Doch Speckles schnappte nicht nach ihr. Also entspannte sie ihren Arm und hielt ihm weiter die Hand unter das Maul. Weiche Lippen legten sich um ihre Hand, seine Tasthaare kitzelten sie.

„Vielleicht bist du gar nicht so furchterregend", flüsterte sie.

In dem Moment stampfte Joey, der ruhig hinter Sarah hergelaufen war, ungeduldig mit dem Vorderhuf und erschreckte sie.

„Schsch, Joey, es geht gleich weiter", sagte sie und nahm den Führstrick wieder in die Hand. Sie führte ihn zum Gatter und verließ mit ihm die Koppel. Speckles blieb allein zurück und graste vor sich hin.

Sarah führte Joey zu einem der vielen hölzernen Anbindepfosten, die überall auf *Hope Reins* verteilt waren. Als sie anhielt, um ihn anzubinden, ging er weiter – und prallte gegen den Pfosten. Er blieb abrupt stehen, als seine Brust die Barriere berührte. *Hoffentlich hat das niemand gesehen*, dachte Sarah und blickte rasch umher. Zum Glück waren alle beschäftigt – sie bereiteten ein großes Gruppenevent mit Kindern aus einer regionalen Pflegeeinrichtung vor.

In der kurzen Zeit, seit Sarah als ehrenamtliche Helferin auf *Hope Reins* arbeitete, hatte sie eine Menge über die Therapiesitzungen gelernt – wie es ablief, wenn ein Kind mit einem Pferd arbeitete. Sie war sogar gefragt worden, ob sie selbst solche Sitzungen leiten wolle. „Du würdest das bestimmt gut machen, wenn man bedenkt, wie viel Erfahrung du mit Pferden hast", hatte Kim gesagt und sie dazu ermutigt, diese Verantwortung zu übernehmen.

Sarah war jedoch nicht so zuversichtlich. Sie liebte es, mit Tieren zu arbeiten, aber mit Menschen fühlte sie sich nicht immer wohl. Tiere waren nicht so anspruchsvoll – sie liebten einen bedingungslos. Vonseiten der Menschen dagegen hatte Sarah in ihrer Kindheit Verletzungen und Treuebrüche erlebt, deshalb war sie vor Menschen auf der Hut.

„Es tut mir leid, dass du in den Pfosten gelaufen bist, Joey", sagte Sarah, während sie den Führstrick darumwickelte. „Ich versichere dir, dass ich tatsächlich Erfahrung mit Pferden habe."

Joey schüttelte ein paar Fliegen ab.

„Aber leider habe ich halt gar keine Erfahrung mit blinden Pferden", räumte Sarah ein.

Joey warf seinen Kopf zurück, dann beugte er sich hinunter, um an einer Stelle an seinem Vorderbein zu knabbern, die ihn juckte.

Sarah streichelte seine Flanke und tastete mit der Hand über jedes Bein. Sämtliche Wunden waren gut verheilt. Nur ein paar Narben waren zurückgeblieben, wo tiefere Einschnitte gewesen waren. Auch die große Wunde an seinem Oberschenkel war verheilt und es wuchsen allmählich wieder Haare darüber.

„Du bist schnell gesund geworden, Joey." Sarah überprüfte ein zweites Mal jedes Bein auf der Suche nach möglichen Krusten rund um die Fesseln oder an den Röhrbeinen, die auf Mauke hinweisen könnten. Doch alle vier Beine sahen gut aus.

„Ich bin gleich zurück, Joey", sagte sie und strich über seine Nase. Dann eilte sie in die nahe gelegene Sattelkammer, um ein paar Pflegeprodukte zu holen. Als sie zurückkam, war keine Spur von Joey zu sehen. *Wie hat er sich losgemacht? Wie kann er so schnell verschwunden sein? Und wohin ist er gegangen?* Ihr Puls beschleunigte sich, als sie über das leere Gelände schaute.

Der Wald! „Joey! Bitte sei nicht im Wald!", sagte sie laut. Dort gab es zu viele Wurzeln, Löcher und niedrig hängende Zweige – lauter Gefahren für ein blindes Pferd. Sarah rannte zum Waldrand und lauschte auf mögliche raschelnde Geräusche. Zum Glück gab es kein Anzeichen von der schwarz-weißen Schönheit, nur zwei Eichhörnchen, die durch die Blätter am Boden streunten. Sie spähte zum Parkplatz hinüber. Kein Pferd in Sicht. Sie drehte sich um, und dort war Joey – als würde er einer Spur von Brotkrumen folgen, stolzierte er sorglos auf seine Koppel zu. Sarah rannte, um ihn einzuholen.

„Hey, mein Freund", sagte sie und nahm den Führstrick in die Hand, der an seiner Seite baumelte. „Mach das nie wieder, einfach so fortlaufen, hörst du?" Sie wunderte sich, wie aufgewühlt sie war.

Sarah ließ Joey ein paar Minuten grasen, während sie selbst zur Ruhe kam. „Okay, wir versuchen es noch einmal", sagte sie und führte Joey zum Anbindepfosten zurück. Diesmal band sie den Strick noch fester um den Pfosten und begann, mit einer Bürste Schmutz und Blätter von seinem Rücken zu entfernen.

In dem Moment hörte Sarah, wie mehrere große Fahrzeuge auf den Kiesparkplatz einbogen. Dann waren die Stimmen aufgeregter Kinder zu hören. Aus dem Augenwinkel sah sie, wie eine Gruppe von mindestens zwanzig Kindern von Kim über die Ranch zum Reitplatz geführt wurde, wo Gabe und Shiloh warteten.

Ich muss mich beeilen. Sie wollte Joeys Körperpflege zu Ende bringen und ihn zurück auf die Koppel führen, bevor die Vorführung auf dem Reitplatz zu Ende war und die Kinder sich über die ganze Ranch verteilten. Als sie einen von Joeys Hufen anhob, um ihn zu reinigen, bemerkte sie, wie ein Junge aus der Gruppe ausscherte, zu Kims Büro hinüberlief und sich auf einen der Schaukelstühle auf der kleinen Veranda fallen ließ. Sarah rechnete damit, dass jemand von der Einrichtung eingreifen würde, doch alle befanden sich auf dem Reitplatz.

Was macht er da?, fragte sich Sarah.

Der Junge war etwa zwölf Jahre alt und hatte hellbraunes ungekämmtes Haar. Er trug ein Paar ausgebeulte Jeans und ein verwaschenes *Star Wars*-T-Shirt.

Sarah sah, wie der Junge auf seine Schuhe und dann Richtung Parkplatz sah. *Ich muss etwas unternehmen.* Nachdem sie sich vergewissert hatte, dass Joey korrekt angebunden war, befahl sie ihm zu warten und ging zu dem Jungen hinüber.

Mit einem Mal wurde ihr bewusst, dass sie zwar wusste, dass sie etwas tun musste, allerdings keine Ahnung hatte, *was* genau zu tun war.

Der Junge sah noch immer zum Parkplatz hinüber, als Sarah näher kam.

„Hey", sagte sie etwas zaghaft. „Ich habe bemerkt, dass du hier ganz allein bist. Willst du nicht die Pferde sehen?"

Keine Antwort. Kein Augenkontakt. Nichts als Schweigen.

„Ich heiße Sarah. Ich gehöre zu den ehrenamtlichen Mitarbeitern der Ranch. Wie heißt du?"

Schweigen.

„Magst du Pferde?"

Ohrenbetäubende Stille.

Ich kann das einfach nicht. Sie spähte zu Joey hinüber, der ruhig am Anbindepfosten stand.

„Ethan."

Okay. Ein Fortschritt.

„Hey, Ethan, schön, dich kennenzulernen. Was tust du hier?"

Er zögerte einen Moment. Schließlich sagte er: „Ich musste herkommen. Wir dürfen nie unsere eigenen Entscheidungen treffen. Wir sind nur hier, weil die Mädchen alle darum gebettelt haben. Pferde sind was für Mädchen."

„Nun ja, das ist nicht ganz falsch", gab Sarah zu. „Ich bin ein Mädchen und ich liebe Pferde, aber ich kenne auch jede Menge Jungen, die Pferde mögen."

Sie setzte sich auf den anderen Schaukelstuhl.

„Denk nur an all die Cowboys im Wilden Westen", schlug sie vor. „Sie mochten Pferde. Und all die Soldaten, die auf dem Pferderücken Schlachten ausgefochten haben. Sie haben ihre Pferde bestimmt auch gemocht."

Er rollte mit den Augen. „Ja, wahrscheinlich."

Sarah zuckte zusammen, als er die Augen rollte. „Viele Tierärzte sind Männer …" Sie schwieg, um sich nicht zu wiederholen.

Du versuchst viel zu eifrig, deinen Standpunkt zu verteidigen, schalt sie sich selbst. Ethan zupfte an den Gummisohlen seiner abgetragenen *Sneakers*. Sarah bemerkte, dass seine Fingernägel ganz dringend geschnitten werden mussten.

„Wir sind früher mal mit meinem Hund zum Tierarzt gegangen", sagte Ethan ausdruckslos. „Er mochte den Kerl nicht besonders."

„Was für einen Hund hattest du?"

„Ich weiß nicht genau, irgendeine Promenadenmischung. Aber er war cool. Er hieß Bo."

„Bo ist ein cooler Name für einen Hund. Als Kind wollte ich immer einen Hund haben, aber meine Eltern waren nicht einverstanden. Sobald ich mir ein eigenes Haus leisten kann, werde ich mir einen Hund anschaffen."

Ethan starrte sie schweigend an.

Sarah spähte zu der Kindergruppe hinüber. „Willst du nicht doch zu den anderen gehen? Ich werde dich begleiten."

„Nein, ich bleibe hier, bis wir wieder zurückfahren." Er sah Sarah trotzig an und fügte hinzu: „Sie müssen nicht den Babysitter für mich spielen, wissen Sie."

Ich arbeite wirklich lieber mit Pferden als mit Menschen.

Als ob er ihre Gedanken gehört hätte, stieß Joey ein lautes Wiehern aus. Er bearbeitete den Boden mit seinen Hufen, und Sarah wusste, dass sie ihn nicht länger allein lassen konnte. Doch sie fühlte sich auch nicht wohl bei dem Gedanken, Ethan hier allein zu lassen.

„Sag mal, würdest du gern ein blindes Pferd kennenlernen?"

„Ein blindes Pferd?", fragte er skeptisch. „Fällt es nicht ständig hin und so?"

„Nein, gar nicht. Es heißt Joey", sagte Sarah und zeigte auf den Anbindepfosten.

Der Junge stand auf und ging zielstrebig los. Sarah musste laufen, um ihn einzuholen. Er war größer, als sie zunächst angenommen hatte. Er schien nur aus Armen und Beinen zu bestehen, wie ein Welpe einer großen Rasse, der noch in seine Gliedmaßen hineinwachsen muss.

Etwa drei Meter vor Joey blieb Ethan abrupt stehen und betrachtete ihn. „Man sieht ihm gar nicht an, dass er blind ist."

„Nein, das stimmt", sagte Sarah. „Wenn man ihn so ansieht, würde man nicht vermuten, dass etwas nicht stimmt. Ich muss noch seine Pflege beenden, danach könntest du mir helfen, ihn auf seine Koppel zurückzuführen."

„In Ordnung. Was soll ich machen?"

„Nun, zuerst muss ich ihm dieses Fliegenspray auftragen", sagte sie und besprühte Joey mit dem Spray, um die lästigen Insekten von seiner sensiblen Haut fernzuhalten. „Und dann das hier", fügte sie hinzu und schmierte Sonnencreme auf seine pink getüpfelte Nase. „Die Sonne wird langsam intensiver, und wir wollen nicht riskieren, dass Joey sich verbrennt."

Sarah band Joeys Führstrick los und legte Ethan das Ende des Stricks in die Hand. „Okay, folge mir."

„Wird er mich vielleicht beißen?", fragte Ethan.

Sarah tätschelte Joeys Nacken. „Nein, Joey ist ein freundliches Pferd, und außerdem bin ich direkt neben dir."

In dem Moment ging Barb an ihnen vorbei.

„Ethan, könntest du einen Moment bei Joey bleiben, während ich mit meiner Freundin Barb rede?"

„Na gut", murmelte er.

„Hey, Barb", begann Sarah, „ist es in Ordnung, wenn ich Ethan mit auf Koppel Nummer zwei nehme? Ich habe ihm versprochen, dass er mir mit Joey helfen kann."

„Wir haben gesehen, wie ihr beide euch unterhalten habt", sagte Barb lächelnd. „Die Gruppenbetreuer waren überrascht, dass du ihn zum Reden gebracht hast und dass er dir mit Joey hilft."

„Warum?"

„Nun, Ethan ist offenbar eine harte Nuss", antwortete Barb. „Einer der Betreuer hat mir erzählt, dass Ethan der Älteste von vier Geschwistern ist. Sie wurden alle in Pflege gegeben, nachdem ein Lehrer bemerkt hatte, dass sie ständig mit Prellungen und Blutergüssen zur Schule kamen. Offenbar war die Pflegefamilie ganz hervorragend, aber sie wollten nur die drei jüngeren Kinder bei sich behalten."

„Autsch", sagte Sarah und sah zu Ethan hinüber, der ganz und gar mit Joey beschäftigt war.

„Seitdem hat er sich in sein Schneckenhaus zurückgezogen", fuhr Barb fort.

Sarah mochte sich kaum vorstellen, was Ethan durchmachte. Ihre eigene Kindheit war auch nicht gerade ideal verlaufen, aber wenigstens war sie bei Eltern aufgewachsen, die sie liebten. *Nun ja, jedenfalls bei einer liebevollen Mutter,* korrigierte sie sich.

„Wenn du ihn dazu bringst zu reden, ist das ein riesiger Fortschritt", fuhr Barb fort und holte Sarah in die Gegenwart zurück. „Geht ihr beiden zur Koppel. Ich sage den anderen Bescheid."

Ein wenig aufgewühlt durch die schmerzlichen Erinnerungen, die sie stets so verzweifelt zu verbergen suchte, bemühte Sarah sich zu lächeln, nickte Barb zu und ging zu Ethan und Joey zurück.

„Bin ich in Schwierigkeiten?", fragte Ethan.

„Was?", fragte Sarah zerstreut, bevor sie die Sorge des Jungen begriff. „Nein, überhaupt nicht. Ich habe Barb nur Bescheid gesagt, dass du mir mit Joey hilfst. Wir wollen ja kein Kind verlieren, das würde nicht so gut aussehen", sagte sie augenzwinkernd.

Ethan zuckte nur mit den Schultern.

Als sie beim Gatter ankamen, zog Sarah den Riegel zurück, nahm den Führstrick von Ethan entgegen und führte Joey auf die Koppel. Ethan stand neben dem Gatter, außerhalb der Koppel. *Wie seltsam,* dachte Sarah, als sie mehrere Windspiele auf dem Boden verstreut liegen sah. *Das ist nun schon das zweite Mal diese Woche.*

Sarah nahm Joey das Halfter ab, tätschelte seinen Kopf und rief nach Speckles. Vom Ende der Koppel her ertönte ein Wiehern.

Während Joey darüber nachzudenken schien, ob er seinen Freund begrüßen sollte, klärte Sarah Ethan über Joey auf.

„Als er jünger war, war Joey ein Champion, ein Turnierpferd, das an großen Wettkämpfen teilnahm – stimmt's, Junge?" Sie legte ihre Hand unter Joeys Kinn und gab ihm einen Kuss auf die Nase.

„Aber dann hat er sich verletzt und konnte nicht mehr an Turnieren teilnehmen. Seine Eigentümer konnten ihn daraufhin nicht mehr behalten und so wurde er verkauft. Wir vermuten, dass er mehrmals verkauft wurde."

Joey knabberte an Sarahs Schulter. „Und schließlich landete er bei jemandem, der sich nicht richtig um ihn kümmern konnte – oder wollte."

„Warum schafft sich jemand ein Pferd an, wenn er sich nicht darum kümmern kann?", fragte Ethan.

„Keine Ahnung", sagte Sarah und schüttelte den Kopf. „Jedenfalls hat Joeys letzter Eigentümer ihn einfach sich selbst überlassen. Dieses wunderschöne, liebenswürdige Tier lag ganz allein in seinem Stall, aussortiert und im Stich gelassen." Sarahs Stimme verweilte bei diesen letzten Worten. Bisher hatte sie die Parallelen zwischen ihrer eigenen Geschichte und Joeys Geschichte noch gar nicht gesehen. Ganz plötzlich wurde ihr dies alles schmerzlich bewusst. *Reiß dich zusammen, Sarah. Hier geht es um Joey und Ethan, nicht um dich.* Sie streichelte Joeys Flanke und schluckte mühsam den Kloß in ihrem Hals hinunter. Dann sah sie Ethan an.

Er sah aus, als würde er am liebsten wegrennen. Er sah ... wütend aus. Oder traurig. Sarah war sich nicht sicher.

„Möchtest du Joey begrüßen?"

Er zuckte mit den Schultern.

„Schau mal, streck einfach deine Hand aus – so." Sarah zeigte Ethan, wie er seine Hand mit der Handfläche nach unten ausstrecken und eine Faust machen sollte. „Halt ihm deine Faust unter die Nase, sodass er daran schnuppern kann. Für ein Pferd ist das wie eine Begrüßung mit Handschlag."

Ethan hielt seine Hand über den Zaun. Sofort senkte Joey den Kopf und atmete auf die ausgestreckte Hand.

Ethan war wie verwandelt. „Cool. Kann ich ihn streicheln?"

„Sicher", sagte Sarah und schritt zur Seite.

„Wie ist Joey hergekommen?", fragte Ethan, während er sanft über Joeys Rücken strich.

„Glücklicherweise bemerkte eine Nachbarin, dass etwas nicht stimmte, und informierte den Sheriff. Joey wurde gerettet und in einer Pflegefamilie untergebracht."

Der Kopf des Jungen schoss nach oben.

„Es gibt Pflegefamilien für Pferde?", fragte er mit großen Augen.

„Oh, so habe ich das bisher gar nicht gesehen", sagte Sarah glucksend, „aber ja, es stimmt, Joey war in einer Pflegefamilie, bis er hierherkam."

„Ist er glücklich hier?", fragte Ethan, die Augen auf Joey gerichtet.

Ein Windstoß zerzauste die Haare des Jungen und strich sie ihm aus der Stirn. Sarah fand, dass er auf einmal viel jünger aussah.

„Ich glaube, ja", antwortete sie. „Ich hoffe es. Alle hier mögen ihn. Er passt sich gut an und hat sogar ein wenig zugenommen. Daher …", sagte sie mit größerer Überzeugung, „… glaube ich, dass er hier glücklich ist."

Ethan betrachtete Joey eine Weile, bevor er sagte: „Ich frage mich, ob er seine erste Familie vermisst."

Sarah wusste nicht, was sie antworten sollte. Konnte ein Pferd jemanden vermissen? Hatte Joey Erinnerungen an sein vorheriges Leben? Sie sah den Jungen nachdenklich an, während er das Pferd betrachtete.

„Hm ...", sagte Ethan und zeigte auf den Zaun. „Ist es in Ordnung, wenn ich auf die Koppel gehe?"

„Klar", sagte Sarah und öffnete das Gatter. *Moment! Vielleicht sollte ich erst jemanden fragen.* Aber es war niemand in der Nähe. *Bleib einfach nahe beim Gatter stehen und alles wird gut gehen,* beschloss Sarah schließlich – in der Hoffnung, dass Barb einverstanden sein würde.

Als Ethan die Koppel betrat, spähte Sarah rasch zu Speckles hinüber. Er hob den Kopf und schätzte den Eindringling ab, blieb jedoch im hinteren Teil der Koppel und zeigte deutlich, dass er nicht gestört werden wollte.

Ethan sah Joey an, dann hob er fragend die Augenbrauen.

„Trau dich ruhig. Streichle ihn einfach. Er mag das", ermutigte Sarah ihn.

Die Finger des Jungen breiten sich auf Joeys Rücken aus, wobei der Schmutz unter seinen Fingernägeln mit der Farbe von Joeys Sprenkeln verschmolz.

„Wird er für immer hierbleiben?"

„Ja. Das ist jetzt sein Zuhause."

„Das ist gut", murmelte er.

Fröhliches Lachen erscholl vom Reitplatz, wo Gabe seine Mätzchen machte. Das ehemalige Partypony blühte bei Gelächter richtig auf. Je lauter die Zuschauer lachten, desto mehr Mätzchen machte er. Er zog die Lippen zurück und zeigte ein übertriebenes Grinsen und ignorierte bewusst die Befehle seines Trainers. Sarah sah Ethan an. Er hatte den Kopf gesenkt, seine Schultern hingen herab. Er sah niedergeschlagen aus.

Joey reckte den Hals, um Ethan zu beschnuppern.

Ethan wurde ganz starr. „Was macht er da?"

„Er will dich nur begrüßen."

Ethan stellte sich vor Joey hin und streckte den Zeigefinger in Richtung des Pferdekopfes aus. Ein paar Sekunden lang verharrte sein Finger über dem gesprenkelten Fell des Tiers, dann berührte er ganz behutsam sein Gesicht. Ein Finger nach dem anderen berührte das Fell, bis schließlich die gesamte Hand flach auf Joeys Stirn lag.

„Sind Sie sicher, dass er blind ist?"

„Ja, ganz sicher."

Ethan starrte in Joeys schwarze Augen, dann nahm er die Hand zurück und wedelte damit vor den Augen des Tiers.

„Kannst du mich sehen?", flüsterte er.

Joey blies durch die Nüstern.

Ethan stellte sich neben ihn und lehnte seinen Kopf an Joeys Nacken. Joey rührte sich nicht. Sarah sah wie hypnotisiert auf den Jungen und das Pferd. Das Bild weckte eine verborgene Sehnsucht in ihr.

Joey bewegte ein Ohr in ihre Richtung, und dann hörte Sarah ein gedämpftes Weinen.

Ethan hatte den Kopf gesenkt, seine Haare verbargen seine Augen, seine Stirn war gegen Joeys Nacken gepresst.

Plötzlich versteifte sich Ethan, als der Lärm herannahender Kinder zu hören war. Sarah wollte nicht, dass Ethan gestört wurde, und bedeutete Barb, mit der Gruppe zu einer anderen Weide zu gehen. Barb warf einen Blick auf Ethan, nickte und führte die Kinder fort. Ein paar Kinder trödelten hinter der Gruppe her und beschwerten sich, dass sie die gepunkteten Pferde nicht anschauen durften. Sarah ging einen Schritt nach vorn, um Ethan zu fragen, ob er weiter auf die Koppel hinausgehen wollte. Joey wandte seinen breiten Kopf und verbarg so den Kopf des Jungen.

Sarah konnte kaum glauben, was sie da sah. *Joey bildet einen Schutzschild um Ethan.* Die starke, beschützende Umarmung des

Pferdes ließ jeden Widerstand des Jungen schmelzen. Er schlang seine Arme um Joeys Nacken und schluchzte, bis sein ganz Körper zitterte. Joey blieb ganz ruhig stehen. Stark und fest stand er da und bot dem weinenden Jungen Zuflucht. Zwei tief verletzte Kreaturen gaben einander Trost. Sarah sehnte sich danach, sich ihnen anzuschließen.

Schließlich versiegten Ethans Tränen und er rieb sich die Augen mit dem Ärmel. Sarah wollte dem Jungen Zeit lassen, sich zu sammeln, bevor er wieder zu den anderen Kindern stoßen würde. *Natürlich, die Windspiele!*

„Hey, Ethan", rief sie, „bevor wir zur Gruppe zurückgehen, könntest du mir helfen, ein paar Windspiele neu zu befestigen?"

„Klar", sagte er mit abgewandtem Blick.

„Danke. Es wird nicht lange dauern." Sie begann, die Windspiele vom Boden aufzusammeln.

„Warum sind hier so viele Windspiele?"

Sarah erzählte von Joeys Unfall und erklärte, wie die Windspiele ihm geholfen hatten zu lernen, wo die Grenzen der Koppel waren, und damit weitere Verletzungen zu vermeiden.

„Ich glaube, die Helfer, die heute Morgen das Futter mit der Schubkarre gebracht haben, haben die Windspiele versehentlich abgerissen." Sie zeigte auf den Zaunpfosten. Ethan band die Windspiele mit dem noch immer am Pfosten hängenden Bindfaden fest und fuhr dann mit den Fingern hindurch.

Sie hängten noch zwei weitere Windspiele auf, bevor sie zum Gatter zurückgingen.

Während sie nebeneinanderher gingen, kickte Ethan Steine und kaute auf seiner Unterlippe. Sarah spürte, wie sich wieder Spannung in ihm aufbaute.

„Alles in Ordnung mit dir?", fragte sie in munterem Ton.

„Ja, alles gut", sagte er kurz angebunden. Sarah hörte, wie er tief einatmete. „Sagen Sie ...", begann er, dann schwieg er plötzlich. „Sagen Sie ... oh, egal. Das ist albern."

Sarah blieb am Gatter stehen. „Hey, sieh mich an", sagte sie sanft. „Nichts, was du mir sagen oder was du mich fragen könntest, ist albern. Du kannst mir vertrauen."

Sie sah, wie er mit sich kämpfte. Dann sah er auf das große weiße Holzkreuz am anderen Ende der Ranch. Es verging eine volle Minute, bevor er sprach.

„Glauben Sie an Gott?", murmelte er, wobei er auf seine Schuhspitzen starrte.

Wow. Damit hatte sie nicht gerechnet. *Von allen möglichen Fragen musste er ausgerechnet diese stellen.* Wie sollte sie darauf antworten? Wie sollte sie einem seelisch verletzten Kind erklären, dass sie nicht wirklich wusste, woran sie noch glaubte? Dass sie ziemlich viel Mist erlebt hatte und nicht mehr mit Gott sprach? Dass er sie im Stich gelassen hatte?

Es gab keinen Zweifel daran, dass *Hope Reins* auf christlichen Grundsätzen aufbaute. Kim sprach oft über Gott und Jesus und Hoffnung. Sarah wusste, dass sie antworten *musste*. Sie wusste, wie sie früher geantwortet hätte. Aber jetzt? Sie kaute auf der Lippe, während sie über Ethans ehrliche Frage nachdachte. *Sag etwas,* befahl sie sich selbst.

„Weißt du ... Ich denke schon, dass ich an ihn glaube." Als sie die Worte aus ihrem eigenen Mund hörte, wurde sie kühner. Sie nickte zur Bekräftigung. „Ja, ich glaube an Gott."

Sie verabschiedeten sich von Joey und gingen von der Koppel. Sarah wollte das gerade erst begonnene Gespräch nicht einfach abbrechen lassen, führte Ethan zu einem in der Nähe stehenden Picknicktisch und bedeutete ihm, sich neben sie zu setzen. Um ehrlich zu sein – sie war böse auf Gott. Jahrelang hatte sie mit dem Problem des Verlassenwerdens gekämpft und war von den beiden Männern betrogen worden, die sie eigentlich niemals hätten im Stich lassen dürfen. Sie zweifelte nicht wirklich an der Existenz Gottes. Es war eher so, dass sie nicht den Eindruck hatte, dass er sich um sie kümmerte.

Nun war es an ihr, ihm die Frage zu stellen. „Glaubst *du* an Gott?"

„Ich weiß nicht", sagte Ethan. „Ich glaube, als ich klein war, da habe ich an ihn geglaubt. Meine leiblichen Eltern haben uns manchmal mit zur Kirche genommen und ich mochte das ganz gern. Da gab es Snacks und Spiele und so. Aber jetzt weiß ich nicht mehr so recht. Ich denke, es gibt Gott wirklich, aber er ist nicht so, wie ich dachte."

„Inwiefern ist er anders?"

Ethan nahm einen Heuhalm von der Bank und band ihn zu einem Knoten zusammen. „Als ich klein war, dachte ich, Gott wäre gut und wollte uns helfen und so, aber ..."

Er beendete den Satz nicht. Das war auch nicht nötig. Wie oft hatte Sarah Gott gefragt, warum er den Unfall ihres Vaters nicht verhindert hatte? Oder seinen Verrat? Wie oft hatte sie Gott angefleht, ihre Ehe zu retten? Ihr Magen krampfte sich vor Schmerz und Furcht zusammen. Wenn nun Kim und die anderen etwas über ihre Vergangenheit erfuhren? Über die Dinge, die sie getan hatte, um den Schmerz zu betäuben und die zu verletzen, die sie verletzt hatten? Wenn sie herausfanden, dass sie nicht wirklich glaubte? Dass sie das nur vortäuschte? Würden sie sie verurteilen? Würden sie sie bitten zu gehen? Sie konnte sich nicht vorstellen, diesen Ort zu verlassen. *Ich darf ihnen nichts von meiner Vergangenheit erzählen. Ich muss mich zusammenreißen und die Rolle der guten Christin mit dem starken Glauben spielen.*

Plötzlich wünschte sie sich, tatsächlich einen starken Glauben zu haben, um dem Jungen ein wenig Hoffnung zusprechen zu können.

„Ganz ehrlich, Ethan, ich weiß nicht, warum Gott manche Dinge zulässt. Ich habe mir diese Frage schon ganz oft gestellt." Sie stockte und wusste nicht, wie sie fortfahren sollte. Obwohl sie seit Jahren nicht mehr gebetet hatte, begann sie im Stillen zu beten: *Gott, dieser Junge braucht dich. Ich weiß, ich habe schon lange nicht mehr mit dir gesprochen und das tut mir leid, aber ...* Sie schaute zu Ethan hinüber. Seine Schultern hingen herab, sein Kopf war gesenkt. *Gott, würdest du mir bitte helfen, etwas zu sagen, das ihm Mut macht? Amen.*

Sie wartete auf eine Antwort, ein Zeichen ... irgendetwas.

Ein Habicht schwang sich hoch über den Bäumen in die Luft. Eichhörnchen huschten über einen Ast. Ein Pferd wieherte von einer der entfernteren Weiden. Aber keine Worte von oben waren zu hören. Sarah kam sich auf einmal töricht vor.

„Danke."

„Danke? Wofür?", fragte Sarah erstaunt.

„Dafür, dass Sie ehrlich waren", erwiderte Ethan. „Die meisten Erwachsenen sagen uns nur, was wir ihrer Meinung nach hören sollen. Mir gefällt es, dass Sie ehrlich waren und gesagt haben, dass Sie keine Antwort haben."

Sarah war völlig perplex.

Als sie zum Büro von *Hope Reins* zurückgingen, wo sie sich eine Stunde zuvor kennengelernt hatten, schob Ethan die Hände in die Taschen seiner Jeans. „Ich hoffe, ich kann mal wieder hierherkommen."

„Was?", rief Sarah gespielt dramatisch aus. „Zurück zur Pferderanch? Ich dachte, Pferde sind nur was für Mädchen."

Ihre Worte wurden mit einem schiefen Grinsen beantwortet. „Na ja, für die meisten Pferde stimmt das." Er zuckte mit den Schultern. „Aber Joey ... Der ist wirklich cool."

In dem Moment läutete Kim eine große Kuhglocke, das vereinbarte Zeichen für die Gruppe, sich um die Feuerstelle herum zu sammeln. Sarah zeigte dorthin und flüsterte: „Geh zu den anderen."

Zu ihrer Überraschung fügte sich der Junge sofort.

Etwas Besonderes war geschehen. War es möglich, dass Gott ein blindes Pferd benutzt hatte, um das Herz eines seelisch verletzten Jungen zu berühren? Kümmerte Gott sich um solche Dinge? *Vielleicht hat er dann auch mich nicht vergessen?*

Sarah sah sich um und schaute über die Felder mit den grasenden Pferden. *Ich liebe diesen Ort.* Den Frieden. Die Hoffnung. Die ... Heilung. All das hielt dieser Ort bereit.

KAPITEL 8

Vier Wochen nach ihrer Kaffee-Verabredung mit Kim saß Lauren auf einem Aufsitzbock auf dem Reitplatz. Sie hielt den Kopf in den Händen verborgen, ihr schmerzender Körper wurde von stummen Schluchzern geschüttelt. Ein frustrierter Speckles stand auf der anderen Seite des Platzes. Er schnaubte und scharrte mit den Hufen.

Sie hatte versucht, das Pferd zu longieren – eine grundlegende Trainingskomponente, bei der das Pferd an einer langen Leine im Kreis um den Trainer herumläuft. Diese Übung ist wichtig, damit das Pferd ohne Reitergewicht trainiert werden kann. Sie hatte diese Prozedur schon viele Male auf *Hope Reins* beobachtet. Sie hatte sogar einige der Pferde selbst an der Longe geführt. Doch mit Speckles klappte es einfach nicht – wenn sie versuchte, ihn zu longieren, bäumte er sich auf und schlug mit den Hinterbeinen nach ihr aus.

Seit Wochen bemühte sie sich, ohne den geringsten Fortschritt zu erzielen. Tatsächlich schien es immer schlimmer zu werden. Je mehr sie ihn antrieb, desto heftiger wehrte er sich.

Vielleicht ist er nicht trainierbar. Oder aber ich bin nicht die richtige Trainerin für ihn.

Lauren massierte ihre Schläfen, um die sich anbahnenden Kopfschmerzen zu vertreiben, als ein breites braunes Kinn gegen ihren

Ellbogen stieß. Laurens Körper versteifte sich. Und dann senkte sich Speckles' Kopf schnaufend auf ihren Schoß.

Ein paar Sekunden verharrte Speckles mit seinem Kopf auf ihrem Schoß, bevor er sein Gewicht verlagerte und eines seiner Hinterbeine behutsam anhob. Während er sein Bein bewegte, hörte Lauren ganz deutlich ein knackendes Geräusch. Es klang wie das Krachen eines Gelenks und löste Gänsehaut bei ihr aus.

Vorsichtig nahm Lauren die Hände herunter, um das Pferd anzusehen. Sie bewegte sich nicht, sie sprach nicht – sie beobachtete nur. Speckles verlagerte erneut sein Gewicht, wobei er wieder eines seiner Hinterbeine vorsichtig anhob. Sein Kopf blieb die ganze Zeit über in ihrem Schoß.

Nach einer Weile begann es in Laurens Knie zu pochen, und obwohl sie es hasste, Speckles' Position zu verändern, musste sie ihr Bein ausstrecken, sonst wäre das Knie später völlig blockiert.

„Armer Junge", keuchte sie und sah Speckles in die Augen. „Deine Beine schmerzen, stimmt's?"

Zögernd streckte sie die Hand aus und berührte mit den Fingerspitzen das braune Maul, das so aussah, als ob es in der Mitte mit weißer Farbe gestrichen worden wäre.

„Du hast Schmerzen, habe ich recht?"

Lauren betrachtete Speckles, als ob sie ihn zum ersten Mal sähe. Erneut verlagerte er das Gewicht und wieder hörte sie das Knacken. Seine Vorderbeine waren angespannt, die Muskeln zuckten. Seine Lippen waren fest zusammengepresst.

Wieso hatte sie das nicht längst bemerkt? Das Stoßen, das Buckeln – das Abwerfen von Barbs Tochter. Wenn Speckles so schlimme Schmerzen hatte, dann war es ganz normal, dass er keine Last und vor allem keinen Reiter tragen wollte. Und dann war es auch völlig normal, dass er einer Frau, die täglich kam und ihn trainieren wollte, auszuweichen versuchte. *Ich dachte, du wärst widersetzlich. Und dabei hast du Schmerzen.*

In diesem Moment wurde ihr alles klar. Lauren hatte gehört, dass Speckles auf der Zuchtfarm keinen Auslauf gehabt hatte. Als die Pferderettung ihn fand, waren seine Füße in einer schlimmen Verfassung gewesen. Zwar hatte Lauren nur begrenzte Erfahrung mit Pferden, doch sie hatte einen Masterabschluss in Immunologie und eine Fortbildung in Biotechnologie absolviert. War es möglich, dass Speckles' Symptome einer degenerativen Gelenkerkrankung zeigte? Angestrengt versuchte sie sich an Details aus ihrem Studium zu erinnern, das schon so lange zurückzuliegen schien. Konnte eine solche Gelenkerkrankung nicht von einer bakteriellen Infektion herrühren – einer Infektion, die er sich zugezogen haben könnte, als er so lange bewegungslos und bis zu den Knien in seinem eigenen Kot gestanden hatte?

Lauren stöhnte und machte sich Vorwürfe, nicht längst auf diese Idee gekommen zu sein. Ja, sie war damit beschäftigt gewesen, alles Mögliche über das Training von Pferden zu lernen – sie hatte anderen Trainern zugesehen, Bücher gelesen und sogar ein Trainingsseminar in *Rocky Mount* besucht.

Sie war so sehr damit beschäftigt gewesen zu lernen, wie man ein Pferd trainiert, statt *ihr* Pferd genau unter die Lupe zu nehmen. Langsam stand sie auf, um ihr Knie zu beugen und zu dehnen. Der Schmerz war fast unerträglich geworden. Und wieder fragte sie sich, warum sie diese Sache nicht längst entdeckt hatte. Wie oft war sie auf andere losgegangen, weil ihre Schmerzen ihr keine Ruhe ließen? Und wenn sie nicht auf andere losging, dann zog sie sich zurück, um ihren Schmerz zu verbergen.

„Speckles, du großes, liebes Monster", sagte Lauren und spürte den starken Drang, dieses Pferd zu beschützen. „Du bist kein schlechtes Pferd. Du hast nur furchtbare Schmerzen." Sie streichelte seinen weiß gesprenkelten Rücken. „Es tut mir so leid, dass ich das erst jetzt begreife. Kannst du mir vergeben?"

Das Pferd blies sanft durch die Nüstern.

„Mach dir keine Sorgen", sagte Lauren und umrahmte Speckles' Gesicht mit ihren Händen wie eine Mutter, die ihr ängstliches Kind beruhigt. „Wir werden eine Lösung finden. Das verspreche ich dir." Sie ging zum Gatter, wo sie zuvor die Longe hingeworfen hatte, nachdem Speckles gestiegen war und nach ihr getreten hatte. Als sie zu ihm zurückging, sah sie erstaunt, wie er auf sie zukam. Sie spürte einen Kloß im Hals.

„Ich weiß, mein Junge", sagte sie, schmiegte sich an ihn und streichelte seinen Nacken.

„Vertrau mir. Ich weiß jetzt Bescheid."

Später am Nachmittag sprach Lauren mit Kim über ihren Verdacht. Kim war genauso erschüttert, dass sie nicht zwei und zwei zusammengezählt hatte. Am nächsten Tag rief Kim Dr. Gallagher an, der sie bat, Speckles zum Pferdezentrum der Veterinärklinik zu bringen. Lauren, die dankbar war, dass es ihrem Knie ein wenig besser ging, begleitete Kim und Speckles zu dem Termin. Wie erwartet war er nicht begeistert darüber, in den Pferdeanhänger gehen zu müssen. Doch ein ganzer Sack Möhren half schließlich, ihn in den Anhänger und auch wieder hinauszubekommen. In der Pferdeklinik angekommen sahen die beiden Frauen zu, wie Dr. Gallagher und seine Assistenten eine Reihe von Untersuchungen an Speckles durchführten. Lauren konnte am Gesicht der Tierärzte ablesen, dass es keine guten Neuigkeiten geben würde.

„Nun, wir haben einige Ergebnisse für euch", sagte Dr. Gallagher, der von Speckles' letztem Röntgenbild hochsah. „Speckles leidet an fortgeschrittener Arthritis und einer chronischen Blockade des Kniegelenks." Als er Laurens verwirrten Gesichtsausdruck sah, erklärte er: „Seine Knie sind in einer Fehlstellung fixiert, sodass er ständig versucht, sie wieder in ihre ursprüngliche Position zurückzuschieben."

„Dann tritt er also nicht nach uns, sondern er tritt gegen den Schmerz an?", fragte Lauren hoffnungsvoll.

Dr. Gallagher dachte einen Moment darüber nach. „Nun, ich denke, dass beides zutrifft", sagte er mit einem Augenzwinkern.

„Wir dürfen nicht vergessen", fuhr er fort, „dass Speckles in seiner früheren Umgebung vermutlich schlechte Gewohnheiten angenommen hat. Wenn man Angst und starke Schmerzen hinzurechnet, dann führt das alles zusammengenommen zu einem sehr schwierigen Pferd."

Der Untersuchungsraum fühlte sich plötzlich kalt an. *Ein sehr schwieriges Pferd.* Die Worte hallten in Laurens Kopf wider. Und doch verstärkte die Diagnose die Verbindung, die Lauren zu dem Pferd spürte.

Dr. Gallagher führte sie zu dem kleinen Paddock, in dem Speckles auf sie wartete. Er machte einen erstaunlich ruhigen Eindruck.

„Wir haben ihm starke Schmerzmittel verabreicht, damit dürfte er auf der Rückfahrt keine Schwierigkeiten bereiten. Ich gebe euch zwei verschiedene Medikamente mit. Das eine ist ein Entzündungshemmer, den er mehrere Wochen lang täglich einnehmen muss, bis ich ihn erneut untersuche. Das andere ist ein Schmerzmittel, das bei Bedarf zu geben ist."

Warum macht es die Dinge immer leichter, wenn man einen Plan hat?, wunderte sich Lauren, die sich zum ersten Mal an diesem Tag ermutigt fühlte.

„Oh, und vor allem darf er nicht geritten werden, dafür sind seine

Knie zu angeschlagen. Leichte Bewegung sollte ausreichen, um die fixierte Fehlstellung des Kniegelenks zu lockern, doch die Kombination aus Fehlstellung und Arthritis würde das Reiten für ihn zur Qual machen."

Lauren warf einen Blick auf Kim. Kein Reiten? Auch wenn das Reiten nicht absolut im Mittelpunkt von *Hope Reins* stand, so war es doch das Ziel der Ranch, Kindern durch den Aufbau einer Beziehung zu einem Pferd zu helfen, und Reiten war ein Aspekt dieser Beziehung. Was würde diese Einschränkung für Speckles bedeuten? Würde er weiterhin seinen Platz auf *Hope Reins* haben?

Ich hoffe es sehr, dachte Lauren. Denn sie wollte alles in ihrer Macht Stehende tun, um dem gesprenkelten Pferd zu helfen.

„Natürlich behalten wir ihn", versicherte Kim auf dem Heimweg. „Er kann nichts dafür, dass er in so einer schlechten Verfassung ist. Aber wir müssen herausfinden, wie wir ihm helfen können, wie wir mit ihm arbeiten können und inwiefern er in der Lage ist, mit Kindern zu arbeiten – wenn überhaupt."

Lauren fasste Kims Worte als Herausforderung auf. In den zwei darauffolgenden Wochen ging sie in die Bibliothek, sah sich zahllose YouTube-Videos an und las etliche Internet-Artikel, um einen Plan aufzustellen. Ein Plan war ein erster Schritt. Der schwierigste Teil würde das Überwinden ihrer Angst sein. Während der letzten Trainingseinheit hatte sie vor Angst gezittert, als Speckles' Hufe nur Zentimeter von ihrem Gesicht entfernt gewesen waren. Und nachdem Dr. Gallagher Speckles' Leiden beschrieben hatte, fürchtete sie sich davor, ihm während des Trainings wehzutun. Sie wollte Speckles so verzweifelt helfen. Aber wie?

Sie fand die Antwort in einem Video über das Longieren von Pferden. Darin wurden Elemente des *Horsemanship,* des natürlichen

Umgangs mit Pferden, verwendet. Lauren hatte nie zuvor von diesem Ansatz gehört, aber sie war sofort von seiner Relevanz überzeugt. Anstatt Schmerz oder Gewalt auszuüben, werden dabei die natürlichen Instinkte des Pferdes mit Kommunikation in Form von Ausübung und Wegnahme von Druck gekoppelt – durch die Körpersprache des Trainers und mithilfe eines leichten Glasfaser-Trainingsstabs.

Hinter dieser Methode steht der Gedanke, das Training auf sanfte Weise anzugehen, indem man behutsam in den persönlichen Bereich des Pferdes eindringt und sich dann wieder zurückzieht, wobei die Toleranz des Pferdes allmählich gesteigert wird. Für Lauren schien dies die geeignetste Methode für Speckles zu sein. Sie sammelte so viele Informationen darüber, wie sie finden konnte.

Doch bevor sie Speckles dem neuen Training unterziehen würde, wollte sie die Techniken des *Horsemanship* an ihren Hunden, zwei Welsh Corgis, ausprobieren – sehr zum Erstaunen ihres Mannes Rick.

„Was um alles in der Welt machst du denn da?", fragte er eines Nachmittags, als sie mit drei aneinandergebundenen Leinen im Garten stand, während einer der Hunde, Dunie, in großen Kreisen um sie herumlief.

Lauren lächelte verlegen. „Sieht man das nicht? Ich longiere den Hund. Ich muss für Speckles bereit sein, morgen geht's los."

Rick, der seine Frau nach fünfzehn Ehejahren gut genug kannte, wusste, dass sie sich einem Projekt stets mit ganzer Hingabe widmete. Er schüttelte den Kopf, brachte den Müllbeutel, den er in der Hand hielt, zur Abfalltonne und kehrte ins Haus zurück. Lauren ließ Dunie langsamer gehen. Ihre Hunde hatten ihre Sache sehr gut gemacht, aber sie waren nicht wie Speckles. Würde es wirklich funktionieren mit der neuen Technik? Würden ein langsamerer Rhythmus und die

Anwendung und Wegnahme von Druck wirklich einen Unterschied bei dem schwierigen Pferd bewirken?

Die Zeit würde es zeigen.

* * *

Am nächsten Tag traf Lauren am späten Nachmittag auf *Hope Reins* ein, um mit Speckles' neuem Training zu beginnen. Sie holte Halfter und Führstrick, eine Longe und einen Trainingsstab und führte Speckles zum Reitplatz. Eine neue Trainingsmethode erforderte eine neue Trainingsatmosphäre. Das Pferd ging bereitwillig neben ihr her. Joey war offenbar nicht sehr glücklich über die Abwesenheit seines Gefährten, er wieherte mehrmals laut, als sie am Zaun entlanggingen. Das Geräusch brach Lauren fast das Herz.

„Ich borge ihn nur für eine Weile aus, Joe-Joe. Ich verspreche dir, dass ich ihn wieder zurückbringe."

Die beiden Appaloosas hatten in den letzten Wochen eine starke Beziehung zueinander entwickelt. Seit Speckles aufgehört hatte, Joey von der Heuraufe wegzustoßen, waren die beiden unzertrennlich geworden. Sie grasten, rannten und kuschelten miteinander. Jedes Mal, wenn Joey Speckles' Spur verlor, wieherten sie einander so lange zu, bis sie wieder zueinanderfanden. Lauren hatte sogar beobachtet, wie Speckles Joey über die Weide geführt hatte, indem er an seinem Hinterteil knabberte und ihn in die Richtung dirigierte, wo er ihn haben wollte. Tatsächlich war Speckles Joeys Blindenführer geworden. Lauren fragte sich, ob die Windspiele noch notwendig waren. Joey wusste inzwischen genau, wo die Zäune und die Bäume waren.

Joeys Wiehern wurde noch lauter, als Lauren Speckles auf den Reitplatz führte. Als sie anhielt, ließ Speckles ein ohrenbetäubendes Wiehern hören. Lauren rieb sich die Ohren.

„Was um alles in der Welt war das denn?"

Speckles wippte mit dem Kopf auf und ab, als Antwort auf ein leises Wiehern von Koppel Nummer zwei. Und dann ... Stille. Lauren spähte durch das Gatter nach Joey, der in der Ecke der Koppel so nah wie möglich am Reitplatz stand.

„Hast du deinem Freund gesagt, wo du bist?", fragte Lauren, verblüfft über die Art und Weise, wie die beiden Pferde miteinander zu kommunizieren gelernt hatten. „Ihr zwei seid einfach unglaublich, wisst ihr das? Okay", sagte sie und wich einen Schritt zurück, „dann lass uns deinem Freund zeigen, was du kannst."

Lauren war entschlossen, den ersten Teil der Trainingseinheit damit zu verbringen, Speckles nur zu beobachten. Sollte sie feststellen, dass er Schmerzen hatte, würde sie nichts von ihm fordern. Zunächst ließ sie ihn ein paar Schritte vorwärtsgehen. Seine Beine schienen heute entspannter zu sein. Seine Lippen waren locker und geschmeidig und seine Ohren nach vorn aufgerichtet. Sie hoffte, dass die Medikamente ihm Erleichterung verschafften.

Lauren hakte die Longe fest und berührte mit dem Trainingsstab sachte Speckles' Schulter. Sie musste sich erst noch daran gewöhnen, den Stab zu benutzen, statt die Leine des Trainingsstabs in Richtung seiner Hinterbeine zu schwingen, um ihn zum Gehen zu bewegen. Diese Methode funktionierte gut bei vielen anderen Pferden, aber offenbar nicht bei Speckles.

„Wir wollen ganz langsam gehen, in Ordnung, großer Junge?"

Sie stählte sich für eine mögliche Abwehrreaktion. Speckles begann zu gehen. Es war ein langsames, vorsichtiges Gehen, aber er ging. Sie wollte ihr Glück nicht herausfordern und hielt nach zwei Runden an. So kompliziert war es gar nicht. Sie benutzte den Trainingsstab einfach anders als zuvor und lud ihn mehr zum Gehen ein, als dass sie ihn dazu zwang.

„Gut gemacht, Kumpel! Prima!" Lauren gab ihm eine Möhre, die sie in ihrer Jackentasche versteckt hatte.

Eifrig nahm Speckles die Belohnung aus ihrer Hand. Lauren nahm den Strick ab, damit er eine Weile frei herumlaufen konnte. *Ich darf ihn nicht zu hart rannehmen.* Als sie zum Gatter ging, stellte sie überrascht fest, dass Speckles ihr folgte. Sie wollte sehen, ob es Absicht war oder nicht, änderte die Richtung und ging zum anderen Ende des Reitplatzes. Kurz darauf berührte ein feuchtes Kinn ihre Schulter. Ohne nachzudenken, hob sie die Arme und umarmte das Pferd.

Erschrocken warf Speckles den Kopf zurück.

„Oh, Kumpel, es tut mir leid. Ich habe nicht nachgedacht." Sie hatte zu früh zu viel körperliche Zuneigung gezeigt.

Doch sie war froh, eine eher spielerische und vertrauensvolle Seite an ihm zu entdecken. Erneut überquerte sie den Reitplatz. Speckles brauchte ein paar Minuten, doch schließlich folgte er ihr. Diesmal streckte sie langsam eine Hand aus und streichelte seinen Nacken. Speckles drehte seinen Kopf zu ihr und gab ihr eine wundervolle Pferdeumarmung.

„Ich liebe dich, du süßer Rabauke", flüsterte Lauren.

Sie führte Speckles auf die Koppel zurück, wo Joey schon ungeduldig wartete. Die beiden begrüßten einander, als wären sie Jahre statt Minuten voneinander getrennt gewesen. Joey begann, Speckles' Rücken von oben nach unten abzuknabbern, als wolle er ihn nach seiner Anstrengung abrubbeln. Lauren lachte laut auf.

Speckles' Verhalten hatte sich auf bemerkenswerte Weise verändert. Nachdem er medizinisch versorgt worden war und es ihm besser ging, war er zu einem immer warmherzigeren Freund für Joey geworden. Tatsächlich hatte Lauren den Eindruck, dass Speckles begann, sich um Joey zu kümmern.

„Weißt du, Speckles, du wirst vielleicht nie ein Reitpferd sein", sagte sie laut, „aber eines steht fest: Du hast hier eine Aufgabe, genauso wie die anderen Pferde."

Als ob er sie verstanden hätte, wieherte Speckles leise. Lauren lachte.

„Vielleicht hast du sogar mehr als eine Aufgabe."

Und dann warf sie dem Pferd eine Kusshand zu.

KAPITEL 9

Im Spätfrühling waren die Therapiesitzungen in vollem Gange. Die milden Temperaturen, die längeren Tage und die weniger vollen Schulstundenpläne machten es einfacher, am Spätnachmittag und am frühen Abend Sitzungen anzubieten. Diese Flexibilität passte auch Sarah sehr gut.

Am Tag nach dem großen Event mit den Pflegekindern war Sarah im Büro von *Hope Reins* vorbeigekommen. Sie hatte am Tag zuvor vergessen, ihr Team-T-Shirt mitzunehmen. Sarah rechnete damit, niemanden anzutreffen, und war erschrocken, als sie Kim im Büro sitzen sah. „Oh, entschuldige die Störung", sagte Sarah und wollte sich umdrehen.

„Nein, kein Problem. Komm doch ein paar Minuten herein", sagte Kim. Am Tag zuvor war Kim pausenlos beschäftigt gewesen und hatte kaum Zeit gehabt, Atem zu holen, geschweige denn, sich mit Sarah zu besprechen. Doch sie hatte von der Interaktion zwischen ihr und Ethan gehört.

„Du bist ein Naturtalent, Sarah. Ich weiß nicht, wie du das Eis gebrochen hast, aber alle waren beeindruckt – mich eingeschlossen."

Sarah fühlte sich mit diesem unerwarteten Lob etwas unbehaglich, doch gleichzeitig hungerte sie nach mehr. „Ethan ist ein prima Junge und brauchte einfach nur jemanden, der ihm zuhört."

Kim sah Sarah direkt in die Augen. „Könntest du dir vorstellen, selbst eine Therapiesitzung zu leiten? Oder wenigstens einmal bei einer solchen Sitzung zu assistieren? Wir brauchen unbedingt neue Sitzungsleiter, und ich habe den Eindruck, dass Gott dich bewusst hierhergeschickt hat."

Sarahs Magen zog sich zusammen. *Oh nein, warum muss sie Gott ins Spiel bringen? Was würde sie denken, wenn sie die Wahrheit erführe? Wenn sie wüsste, wer ich wirklich bin? Würde sie ihr Angebot dann zurückziehen?*

„Nun?", fragte Kim, deren Augen vor Erwartung funkelten. „Was meinst du?"

Ob es an Kims Freundlichkeit, ihren bittenden Augen oder ihrer eigenen Verwundbarkeit lag – Sarah wusste es nicht. Doch sie sagte Ja.

Mittlerweile hatte sie Barb bei fünf Sitzungen beobachtet. Barb war davon überzeugt, dass Sarah nun bereit war, ganz allein eine Sitzung zu leiten, doch Sarah hatte sich bisher gesträubt. Und dann wurde Barb krank.

Sarah und Barb waren beide mit Säuberungsarbeiten rund um die Ranch beschäftigt, als Barb zu husten anfing. „Sarah", sagte sie und räusperte sich. „Ich dachte, ich würde den Tag überstehen, aber dieser Husten wird immer schlimmer. Würdest du meine Sitzung für mich übernehmen? Die Akte des Mädchens ist im Büro. Sie kommt um 18 Uhr."

„Natürlich, gern", erwiderte Sarah und gab sich zuversichtlich. „Geh nur nach Hause und ruh dich aus."

Barb murmelte ein herzliches Dankeschön und ging zum Auto. Sarah warf einen Blick auf ihr Smartphone. Das Mädchen würde in zwanzig Minuten hier sein. Sarah spähte um die Futterscheune herum. Sie mochte den gemütlichen, kleinen Raum und wäre am liebsten dortgeblieben. *Ich könnte die Tür schließen und mich verstecken, bis alle fort sind.*

Tief durchatmen. Du schaffst das. Sarah schloss die Tür der Futterscheune, sicherte das Vorhängeschloss und ging auf das Büro zu. Die Akte lag auf dem Tisch, wie Barb gesagt hatte.

Sie zog das Überweisungsformular heraus und las es durch.

> Name: Aly
> Alter: fünf Jahre
> **Lebenssituation:** zuerst Pflegekind, im Alter von zwei Jahren dann Adoption durch Cindy, eine alleinerziehende Mutter, die in Durham lebt.
> **Anmerkungen:** Aly ist scheu und verschlossen. Sie spricht nicht viel. Sie geht nicht auf andere Kinder zu. In neuen Situationen ist sie zögerlich und zurückhaltend.

Da waren gewisse Ähnlichkeiten mit Ethan – „verschlossen", „spricht nicht viel", „geht nicht auf andere Kinder zu". Doch noch kannte sie das kleine Mädchen nicht. Was würde Barb tun, damit sich das Mädchen wohlfühlte? Ihre Gedanken wurden vom Geräusch zuschlagender Autotüren unterbrochen. *Da sind sie.* Sarah legte das Formular zurück in den Ordner, wischte die Hände an ihrer Jeans ab und ging hinaus, um die Leute zu begrüßen.

Sie schirmte ihre Augen mit der Hand vor der Sonne ab und sah eine schlanke, sportlich aussehende Frau mit einem kleinen Mädchen an der Hand, die auf das Büro von *Hope Reins* zukamen. Das Mädchen sah zerbrechlich aus, als ob der kleinste Windstoß sie umpusten könnte. Ihre dicken braunen Locken waren zu einem Pferdeschwanz zusammengebunden, der bei jedem Schritt auf und ab hüpfte. Ihre Augen fixierten den Stoffhasen, den sie umklammert hielt.

„Guten Tag", sagte Sarah und winkte. „Sind Sie Cindy und Aly?" Die Frau nickte. „Ja, das sind wir."

„Ich freue mich, Sie kennenzulernen", sagte Sarah und schüttelte Cindys Hand, bevor sie sie Aly entgegenstreckte.

Das Mädchen grub ihre Finger so heftig in den Stoffhasen, dass ihre Fingerknöchel weiß wurden.

„Ich mag deinen Hasen", sagte Sarah und tat so, als ob sie dem Hasen die Hand schüttelte. „Ich heiße Sarah und ich werde mich heute um dich kümmern."

Dunkelbraune Augen sahen kurz zu ihr hoch – Augen voller Angst und Misstrauen. Aly kaute auf ihrer Wange.

„Wir freuen uns, Sie kennenzulernen, Sarah. Stimmt's, Aly?" Cindy nickte, als ob sie ihre Tochter dazu bewegen wolle, ebenfalls zu nicken. Doch sie tat es nicht.

Sarah fragte sich, wie sie eine Verbindung zu diesem extrem in sich gekehrten Mädchen herstellen sollte. „Nun, Aly", sagte sie, „als Erstes darfst du dir ein Pferd aussuchen, mit dem du Zeit verbringen möchtest. Willst du die Pferde kennenlernen?"

Aly nickte ganz kurz und gab Sarah damit zu verstehen, dass sie ihre Frage gehört hatte – doch sie blieb regungslos stehen.

„Liebling, gib mir Mr Bunny, ich halte ihn für dich. Sonst denken die Pferde, es wäre ein Spielzeug und sie dürften darauf herumkauen", sagte Cindy sanft. Alys Augen wurden starr vor Schreck, dann hielt sie den sandfarbenen Stoffhasen schnell ihrer Mutter hin.

„Viel Spaß, mein Schatz", flüsterte Cindy Aly zu. „Hör auf Sarah und grüß die Pferde von mir, okay?"

Alys Blick war fest auf den Boden gerichtet. *Da waren's nur noch zwei*, dachte Sarah, während Cindy auf einen der Picknicktische zuging, wo PJ ein Gespräch mit ihr begann. *Hope Reins* hatte ehrenamtliche Mitarbeiter, die dafür ausgebildet waren, während der

Therapiesitzungen den Bezugspersonen der Kinder ein offenes Ohr zu schenken.

„Okay, Aly. Bist du bereit, ein Pferd auszusuchen?"

Sarah lächelte, als das Kind erneut nickte. Sarah ging los und dachte, Aly würde ihr folgen, doch sie blieb wie festgenagelt stehen. Spontan streckte Sarah die Hand nach dem Kind aus und war überrascht, als eine winzige Hand ihre Handfläche berührte. Sie schloss ihre Finger um Alys kalte Hand und führte sie zu der Koppel, auf der Shiloh nahe am Zaun stand.

„Das ist Shiloh", erklärte Sarah und hockte sich neben Aly. Das kleine Mädchen roch nach Erdnussbutter. „Shiloh ist ein süßes Pony. Eine Familie hat es uns gegeben, weil sie sich nicht länger darum kümmern konnte. Shiloh liebt Regen und wälzt sich gern in Schlammpfützen."

Aly starrte einfach auf den Boden. Sarah nahm einen neuen Anlauf.

„Shiloh ist auf dieser Koppel, weil es hier kein Gras, sondern nur Erde gibt. Sie fraß vorher zu viel Gras und hatte schlimme Bauchschmerzen. Jetzt bekommt sie Heu. Ich glaube, sie ist glücklich damit."

Keine Reaktion. *Okay*, dachte Sarah. *Zeit für eine neue Taktik.*

„Und da drüben", sagte sie und zeigte auf die braun-schwarze Stute in der Mitte der Koppel, „ist Cadence. Wir wissen nicht, woher sie kommt. Sie wurde von Leuten zu uns gebracht, die misshandelte Pferde retten."

Keine Reaktion.

Shiloh schob ihr Maul unter den Zaun hindurch, um an einen Grasbüschel direkt vor Alys Füßen zu gelangen.

Aly wich einen Schritt zurück, um mehr Abstand zu dem Pferd zu gewinnen.

Sarah redete weiter. „Shiloh und Cadence sind gute Freundinnen. Beide sind ein wenig scheu und nervös, wenn neue Leute um sie herum sind oder neue Dinge passieren. Sie helfen einander, mutig zu sein."

Aly schien von keinem der beiden Pferde beeindruckt oder an ihnen interessiert zu sein.

Okay, auf zum nächsten Versuch.

Sarah, die noch immer Alys Hand festhielt, ging mit ihr zur nächsten Koppel, auf der sich Essie befand – eine kastanienbraune Morgan-Stute mit einem weißen Streifen auf dem Maul, die der Ranch geschenkt worden war. Sie teilte sich die Weide mit Jesse, einer braunen Quarter-Horse-Stute, die von der Pferderettung aus sehr schlimmen Verhältnissen gerettet worden und gebrochen und bedürftig auf *Hope Reins* eingetroffen war. Ihre Retter hatten sie extrem untergewichtig, mit nur einer halben Zunge und völlig vor Menschen verängstigt vorgefunden. Kim und Barb hatten Jesse mehrfach auf der Pflegefarm besucht und sich verzweifelt bemüht, das Vertrauen des Pferdes zu gewinnen. Irgendwann hatte Jesse schließlich erste Signale des Zutrauens gesendet, und die beiden Frauen entdeckten eine große Willenskraft bei dem misshandelten Pferd, was sie tief berührte. Jesse hatte noch einen langen Heilungsweg vor sich, doch sie hatte auf *Hope Reins* ein Zuhause gefunden, und Kim war davon überzeugt, dass sie mit der Zeit zu einem der Lieblinge der Kinder werden würde.

Sarah stellte Aly die beiden Stuten vor und erzählte ihr ein wenig von ihrer Geschichte. Aly schien von Jesse fasziniert zu sein, doch als Sarah sie fragte, ob sie ein wenig Zeit mit den beiden Pferden verbringen wolle, erhielt sie keine Antwort.

Nächster Versuch.

Auf zu Koppel Nummer zwei.

„Diese beiden Jungs heißen Joey und Speckles", erklärte Sarah. „Joey ist das Pferd dort drüben neben der Heuraufe und Speckles ist weiter hinten auf der Weide."

Joey hob den Kopf, er hatte die Besucher gehört. „Joey ist blind, er kann dich also nicht sehen, aber er hört uns. Er weiß, dass wir hier sind." Aly riss die Augen auf.

Joey begann, in ihre Richtung zu schlendern, und hielt nahe beim Zaun an.

„Hi, Joey", sagte Sarah und streckte ihre Hand aus. „Das ist meine Freundin Aly."

Das kleine Mädchen hob den Kopf und legte ihn tief in den Nacken, um das große Pferd betrachten zu können, das vor ihr stand. *Er muss wie ein Riese auf sie wirken. Sie sieht neben ihm so winzig aus.*

Aly konnte die Augen nicht mehr von Joey abwenden.

Joeys Nüstern blähten sich und zuckten. Er senkte den Kopf und schien etwas zu suchen. Er schnupperte am Boden, steckte den Kopf unter den Zaun, nahm ihn wieder zurück. So ging das mehrere Male, bis er endlich auf das stieß, was er gesucht hatte – Aly.

Er stupste ihr Bein mit dem Kopf an.

Das Mädchen rührte sich nicht.

Joeys Lippen begannen sich in seiner typischen „Irgendwo hier gibt es ein Leckerli und ich werde es finden"-Art zu bewegen.

Die Erdnussbutter! Sarah hatte sie an Aly gerochen und Joey tat es mit Sicherheit auch. Sie wollte vermeiden, dass Joey dem kleinen Mädchen Angst machte, und zog ein Leckerli aus ihrer Jackentasche, schnalzte mit der Zunge, um Joeys Aufmerksamkeit zu gewinnen, und gab es ihm.

„Joey und sein Freund Speckles sind vor ein paar Monaten nach *Hope Reins* gekommen", erklärte Sarah und beobachtete, wie Aly aufmerksam jede von Joeys Bewegungen verfolgte.

Joey hatte das Leckerli rasch vertilgt und steckte erneute seinen Kopf durch den Zaun, um das köstlich duftende Mädchen zu finden. Alys Schultern zuckten zurück, doch dann lehnte sie sich ganz vorsichtig vor, immer noch vollkommen auf Joey fixiert. Sarah konnte es kaum glauben.

„Joey war früher ein erfolgreiches Springpferd", sagte Sarah und setzte sich neben das kleine Mädchen ins Gras. „Er hat jede Menge Medaillen gewonnen, aber dann hat er sich verletzt und konnte nicht mehr springen."

Aly setzte sich neben sie und sah Sarah an – direkt in die Augen. Es traf Sarah ganz überraschend.

„Joeys Eigentümer konnten ihn nicht mehr behalten und so wurde er mehrmals verkauft. Der letzte Besitzer kümmerte sich nicht um ihn und Joey wäre fast gestorben. Aber Kim, die Frau, die diese Ranch gegründet hat, glaubt, dass Gott einen Plan für Joeys Leben hat – und deshalb hat sie ihn hergebracht."

Aly hatte Sarah die ganze Zeit über angeschaut. Sarah hörte das Lachen von Kindern irgendwo auf der Ranch, die offenbar ihre Zeit mit den Pferden genossen. Würde Aly auch einmal an diesen Punkt kommen? Die ehrenamtliche Mitarbeiterin und das kleine Mädchen saßen schweigend vor dem Zaun. Als Aly die Augenbrauen in einer unausgesprochenen Frage hob, sagte Sarah instinktiv: „Möchtest du Joey streicheln?"

Aly nickte. Sie standen auf, und Sarah schnalzte erneut mit der Zunge, um Joeys Aufmerksamkeit zu wecken.

„Joey, komm und streck deinen Kopf über den Zaun, damit Aly dich begrüßen kann."

Joey reagierte, als ob er diesen Befehl bereits sein Leben lang kennen würde, und kam näher an den Zaun. Ruhig hielt er den Kopf hin. Sarah nahm Alys Hand und legte sie auf Joeys Schulter. Sie zeigte ihr, wie sie ihn sanft streicheln konnte. Aly setzte ihre Anweisungen perfekt um und Sarah belohnte Joey mit einem weiteren Leckerli.

„Prima, Aly. Gut gemacht. Joey mag dich", sagte Sarah. Sie machte eine Pause, dann fragte sie: „Würdest du gern noch ein paar andere Pferde kennenlernen?"

Aly schüttelte den Kopf. Es war ein leichtes, aber unmissverständliches Kopfschütteln. Sie hatte ihr Pferd gefunden.

Sarah lächelte. „Okay, möchtest du dann lernen, wie man Joey striegelt?"

Alys auf und ab wippender Pferdeschwanz sprach Bände. Sarah führte Aly zur Sattelkammer, wo sie mehrere Gegenstände holten – ein Halfter und einen Führstrick, einen Eimer voller Bürsten zum Striegeln und einen Hufkratzer. Dann gingen sie zu Joeys Koppel zurück.

„Bleib bitte vor dem Zaun stehen, Aly. Ich gehe Joey holen."

Als Sarah durch das geöffnete Gatter ging, blieb ihr Stiefel an irgendetwas hängen. *Eines von Joeys Windspielen.* „Wie ist das hierhergekommen?", murmelte sie, nahm das Windspiel und warf es über den Zaun. *Ich kümmere mich später darum.* Sarah sah, wie Aly sie aufmerksam beobachtete, während sie Joey das Halfter anlegte. Als sie außerhalb der Koppel waren, ließ Sarah Aly helfen, Joeys Führstrick zu halten.

Am Putzplatz nahm Sarah zwei Bürsten und gab Aly den Gummistriegel. „Zuerst nehmen wir diesen runden Striegel, um den Schmutz aus Joeys Fell zu lösen. Das Striegeln ist eines der Dinge, die zur Pflege der Pferde gehören. Sie haben immer viel Erde, Blätter und sogar Ungeziefer in ihrem Fell, und sie brauchen uns, um diesen Schmutz wieder loszuwerden."

Aly nickte, als Sarah ihr zeigte, wie man das Fell mit kreisenden Bewegungen striegelt.

„Weißt du, alle unsere Pferde brauchen Liebe und Fürsorge", sagte Sarah, die das Bedürfnis hatte, die Stille zu füllen. „Aber da Joey blind ist, braucht er besonders viel Liebe und Zuwendung." Sie nahm Alys Hand und führte sie ein wenig tiefer auf Joeys Flanke. „Siehst du, hier ist noch eine Menge Schmutz. Gut machst du das, Aly."

Das kleine Mädchen reagierte mit einem scheuen Blick auf das Kompliment und fuhr mit dem Striegeln fort.

„Jetzt können wir die Bürsten tauschen." Sarah gab Aly die Bürste mit den harten Borsten. „Mit dieser Bürste striegeln wir mit kurzen, geraden Strichen, um alles zu entfernen, was der Gummistriegel gelockert hat." Sarah zeigte die Technik an Joeys Rücken. Dann hielt sie inne. *Moment mal. Aly kann gar nicht so hoch hinaufreichen.*

„Ich habe eine Idee. Wir werden Joey näher an diesen Picknicktisch heranführen." Sarah lockerte Joeys Führstrick ein wenig und führte ihn ein paar Schritte weiter.

„Schau mal, Aly, wenn du dich auf den Tisch stellst, kannst du Joeys Rücken bürsten. Ich stehe direkt neben dir."

Aly konzentrierte sich auf ihre Aufgabe und Joeys Fell begann zu glänzen.

Sarah beendete das Striegeln mit einer weichen Bürste und säuberte noch rasch Joeys Hufe.

„Fertig. Danke, Aly. Du hast mir sehr geholfen. Willst du Joey mit mir gemeinsam zurück auf die Weide führen?"

Aly nickte, doch da war noch ein sehnsuchtsvoller Ausdruck in ihren Augen.

„Hast du gehofft, Joey heute schon zu reiten?"

Erneutes Nicken. Wow! Das schüchterne kleine Mädchen wollte auf dem blinden Pferd reiten. Nun, welches Mädchen wollte *nicht* reiten? Aly war noch klein genug, um nicht an Joeys körperliche

Verfassung zu denken. Die Erwachsenen auf *Hope Reins* konnten das offenbar nicht. Plötzlich dämmerte es Sarah, dass niemand Joey geritten hatte, seit er auf *Hope Reins* angekommen war – seit jenem Vorfall mit dem Zaun.

Offenbar wollte niemand riskieren, Joey erneut zu verletzen, und deshalb hatte man ihn in Ruhe gelassen. Sarah wusste nicht einmal, ob Joey einen eigenen Trainer hatte. Sicherlich arbeitete jemand mit ihm, denn sonst könnte man ihn ja nicht in Therapiesitzungen einbinden. Aber hatte ihn irgendjemand darauf vorbereitet, geritten zu werden? Sarah sah in Alys hoffnungsvolles kleines Gesicht und wusste, dass sie würde fragen müssen.

„Hör mal, Aly", sagte sie und bückte sich, um ihr Auge in Auge gegenüberzustehen. „Kann ich dir ein Geheimnis anvertrauen?"

Dunkelbraune Augen blinzelten sie an. Alys Blick war ernst.

Sarah flüsterte: „Dies ist das erste Mal, dass ich eine Sitzung leite, und ich weiß nicht, ob Joey schon Kinder auf seinen Rücken lässt. Er ist noch nicht sehr lange hier, und er muss sich noch besser an sein neues Zuhause, die neuen Menschen und die anderen Pferde gewöhnen."

Aly sah erst Joey, dann wieder Sarah an.

„Aber weißt du was? Vielleicht kannst du Joey helfen, sich hier noch wohler zu fühlen, sodass er bald so weit sein wird, dass man auf ihm reiten kann."

Aly neigte ihren Kopf auf eine Weise, wie Joey es oft tat.

Sarah lächelte angesichts dieser Ähnlichkeit.

„Ja", sagte sie und erwärmte sich immer mehr für ihre eigene Idee. „Vielleicht könntest du jedes Mal, wenn du nach *Hope Reins* kommst, Joey striegeln und mit ihm reden und seine Freundin sein, damit er lernt, uns Menschen zu vertrauen. Meinst du, das könntest du für Joey tun?"

Aly nickte – ein entschlossenes, kräftiges Nicken. Sarah hatte keinen Zweifel, dass Aly ihr Versprechen halten würde. Die beiden neuen Partner führten Joey zweimal um den großen Reitplatz, bevor sie ihn auf seine Koppel zurückbrachten.

Sarah hielt Joey vor dem Gatter an.

„Da du eine von Joeys besten Freundinnen sein wirst, will er dich bestimmt umarmen. Ist das in Ordnung?"

Alys Pferdeschwanz wippte heftig auf und ab.

Sarah lehnte Aly an Joey linke Schulter. Dann nahm sie einen Apfel-Haferkeks aus ihrer Jackentasche, den sie vor Joeys Nase hielt. Das Pferd folgte ihrer Hand, während sie sie zu seiner linken Schulter führte.

Als Joey die Leckerei aus Sarahs Hand nahm, hielt er Aly in einer Pferdeumarmung, so wie er es mit Ethan getan hatte. Joey blieb eine Weile so stehen und ließ den Kopf um die kleine Aly gelegt. Dann überraschte er beide, indem er die Zunge herausstreckte und damit über Alys Wange fuhr.

Alys Kopf schreckte zurück. Ihre Augen weiteten sich erschrocken. Doch dann erhellte ein strahlendes Lächeln ihr Gesicht und offenbarte ein wundervolles Grübchen auf ihrer linken Wange. *Joey, du alter Charmeur.*

Sarah lachte laut auf. „Joey hat dir gerade einen Kuss gegeben! Das bedeutet, dass er dich wirklich gern hat."

Alys Augen funkelten vor Freude, als Sarah das Gatter schloss. Joey hatte sein Tagewerk vollbracht und ging direkt auf Speckles zu. Die beiden knabberten und schmusten ein wenig, bevor Speckles begann, zum hinteren Ende der Koppel zu schlendern. Joey folgte ihm.

Sarah und Aly gingen Hand in Hand zum Büro zurück, wo Cindy auf sie wartete.

„Hallo, mein Schatz, wie ist es gelaufen?", fragte sie und nahm Alys Hände.

Sarah konnte Alys Gesicht nicht sehen, aber sie sah deutlich Cindys Gesicht, als Aly die Arme um ihre Mama schlang und sie fest drückte. Das Gesicht der jungen Mutter drückte so viel Liebe aus und in ihren Augen, die vor Tränen glitzerten, stand Hoffnung. Sarah spürte, wie sie selbst einen Kloß im Hals hatte.

Vielleicht hat Gott wirklich einen Plan für Joey. Und wenn ja, dann hat er vielleicht eines Tages auch einen Plan für mich.

Sarah begleitete Cindy und Aly zum Auto, dann kehrte sie ins Büro zurück, um ein paar Anmerkungen über die Sitzung aufzuschreiben:

> Aly hat eine starke Bindung zu Joey aufgebaut. Sie will die Beziehung und das Vertrauen stärken. Möchte gern reiten, wenn möglich. Sie mag die Pferdeumarmung. Hat die ganze Zeit kein Wort gesagt.

Sarah war sich nicht sicher, ob Barb Alys künftige Sitzungen übernehmen würde, aber sie hoffte, dass dem nicht so war. Vielleicht könnte sie Kim bitten, ihr die Sitzungen mit Aly zu überlassen. *Nur aus Gründen der Kontinuität,* sagte sie sich, während sie zu ihrem Wagen ging. Doch im Grunde wusste sie, dass ihr Wunsch, mit Aly zu arbeiten, aus etwas viel Tieferem in ihr herrührte.

KAPITEL 10

„Barb, wie sollen wir das bezahlen?", fragte Kim und hielt die Rechnung des Tierarztes hoch. „Wir haben kein Geld dafür."

Die beiden Frauen starrten auf die Rechnung – 1.700 Dollar für Essies jüngsten Besuch in der Tierklinik wegen erneuter schwerer Kolik. Die Untersuchungen und Behandlungen hatten sich schnell zu einer beträchtlichen Summe addiert.

„Monatelang war das Geld knapp, aber wir sind zurechtgekommen, weil wir regelmäßig Spenden bekamen und die Pferde insgesamt relativ gesund waren. Aber jetzt ..." Kim verstummte, als sie auf den Stapel Rechnungen blickte, der vor ihr auf dem Tisch lag. Neben der Rechnung des Tierarztes waren da noch eine Rechnung über 1.000 Dollar für Heu, 500 Dollar für Ergänzungsfuttermittel und Getreide, 800 Dollar für den Hufschmied, 300 Dollar für Traktorreparaturen und ... Kim brachte es nicht über sich, auch noch einen Blick auf die Rechnung der Versicherung zu werfen.

Sie sah Barb an. Die starke, ruhige, zuverlässige, von Glauben erfüllte Barb.

„Ich weiß, dass es schlimm aussieht, Kim", sagte Barb. „Aber Gott wird sich darum kümmern. Irgendwie, wie auch immer, wird er sich darum kümmern."

Wie schafft sie es, so voller Glauben zu bleiben?

„Aber Barb, es ist einfach nichts da", sagte Kim.

Barb sah auf die Rechnungen. „Ich weiß nur eines: Wir vertrauen demselben Gott, der 5.000 Menschen vom Mittagessen eines kleinen Jungen satt gemacht hat und der für ein ganzes Volk Manna vom Himmel hat fallen lassen. Er kann das tun, Kim."

Sie sprach mit solcher Zuversicht, dass Kim trotz allem neue Hoffnung spürte. Aber immerhin war sie die Leiterin dieser Ranch. Sie war diejenige, die einen Plan haben sollte. War dieses ganze Projekt vielleicht ein schrecklicher Fehler gewesen?

Zweifel begannen an ihr zu nagen. Gott hatte das Grundstück für *Hope Reins* auf so überraschende, wundervolle Weise zur Verfügung gestellt, dass sie einfach davon ausgegangen war, er würde jede Tür öffnen und jedes Hindernis auf die gleiche wunderbare Weise ausräumen. Er kümmerte sich, ja. Aber nicht so, wie er es mit dem Grundstück getan hatte. Alles andere war langsamer und schwieriger zustande gekommen.

Geld war das größte Problem. Für jemanden, dem finanzielle Sicherheit viel bedeutete und der Wert auf Sparguthaben legte, waren die Finanzen der Ranch ein wahrer Albtraum. Kim war entschlossen, die Ersparnisse der Familie nicht anzurühren, und hatte fast alles, was für die Ranch angeschafft werden musste, per Kredit bezahlt. Doch die Kredite waren ausgeschöpft. Nach und nach waren Spenden eingetroffen, doch es schien nie genug zu sein. Nie genug, damit sie beruhigt durchatmen und die Zukunft des Projekts planen konnte. Jeder einzelne Tag war ein Akt des Glaubens. *Und ich fürchte, mein Glaube ist nicht stark genug, um uns da hindurchzutragen,* dachte sie.

Anfangs, als alles so aufregend war, war es einfach gewesen, Glauben zu haben. Doch als die Pferde in der bitteren Januarkälte und der sengenden Hitze des Sommers Heu brauchten und die Instandhaltungskosten der Ranch kein Ende zu nehmen schienen, bekam die

Euphorie Risse. Kim konnte die selbst anklagenden Gedanken nicht mehr in Schach halten.

Eine tolle Führungspersönlichkeit bist du. Du wirst scheitern und alle anderen mit dir in den Abgrund ziehen. Die Gedanken hämmerten auf sie ein, bis Kim vor Angst wie gelähmt war. Mike versuchte, sie zu trösten und zu beschwichtigen, aber sie wollte vor allem *ihm* beweisen, dass sie es schaffen konnte. *Wenn ich nur so glauben könnte wie Barb.*

Sorgen und Vertrauen.

„Ich brauche frische Luft", sagte Kim plötzlich.

Barb nickte verständnisvoll. Kim wusste, dass Barb für sie beten würde, sobald sie den Raum verließ, und dieses Wissen tröstete sie.

Die Wärme der Sonne tat ihr gut. Sie atmete tief durch und sog den Duft der Juniblumen ein. Eine ehrenamtliche Mitarbeiterin hatte auf dem Grundstück Blumen gepflanzt und ein farbenfrohes Meisterwerk geschaffen. Gardenien, Hortensien, Rosen und Ringelblumen verschönerten die Landschaft, und blühende Ranken und Büsche verströmten berauschende Düfte.

So viel Schönheit. Und so viel Stress. Mike und Barb ermutigten sie ohne Unterlass und der Vorstand von *Hope Reins* arbeitete an möglichen Lösungen der Liquiditätsprobleme. Aber dies alles war ihre Idee gewesen. Ihre Berufung. Ihr Traum. Ihre Last. Ihr Problem.

Kim ging am Zaun entlang und begrüßte im Vorbeigehen jedes Pferd. Einige hoben den Kopf, andere ließen sich nicht stören, wieder andere waren zu weit entfernt, um sie zu hören. Kim spürte, wie sich ihre Schultern entspannten, eingelullt von der Melodie der Windspiele, dem leisen Wiehern der Pferde und dem Singen der Vögel.

Wenig später kam sie am Reitplatz an, wo Lauren mit Speckles trainiert hatte. Im Moment war keiner von ihnen zu sehen. *Sie hat wohl schon früh Schluss gemacht.* Kim war stolz auf Laurens

Fortschritte mit Speckles. Er war nun ein ganz anderes Pferd – das einstmals widerspenstige Tier war zu einem freundlichen Gefährten für Joey geworden. Speckles akzeptierte mittlerweile sogar ein Tätscheln oder Streicheln von den freiwilligen Helfern. Kim machte sich zwar Sorgen um seine langfristige Pflege, denn sie wusste, dass sich seine Knieprobleme verschlimmern würden, aber sie war genauso entschlossen, das verletzte Tier zu behalten, wie Lauren entschlossen war, mit ihm zu arbeiten.

Kim ging weiter zur Koppel von Gabe am anderen Ende der Ranch, dann drehte sie um und machte sich auf den Rückweg. Auf Höhe des Reitplatzes hörte sie plötzlich das Trotten eines Pferdes. *Ist eines der Pferde ausgebrochen?* Sie sah sich um, und dann sah sie etwas. Doch sie brauchte eine Weile, um zu begreifen, was sie da sah: Lauren stand auf einem Picknicktisch und ließ Speckles an einer Longe um den Tisch kreisen.

„Brr, Speckles, stopp!", rief Lauren. Speckles gehorchte.

„Gut gemacht, mein getupftes Monster", sagte Lauren und zauste die Mähne des Pferdes. „Du warst toll heute."

„Nun, ein Pferd, das von einem Picknicktisch aus longiert wird, habe ich tatsächlich noch nie gesehen", lachte Kim im Näherkommen.

Laurens Wangen, die von der Sonne rot waren, wurden noch ein wenig röter.

„Ich hoffe, das ist in Ordnung", sagte sie und raffte die überschüssige Leine in der Hand zusammen. „Er hat sich auf dem Reitplatz offenbar nicht wohlgefühlt, also dachte ich, wir probieren etwa Neues aus. Irgendwie scheint er es zu mögen, wenn ich mich über ihm befinde."

„Mir gefällt es", sagte Kim. Laurens Methoden waren unkonventionell, aber sie funktionierten. Speckles sah entspannt und glücklich aus.

„Ich war ein wenig spazieren, um den Kopf freizubekommen", erklärte Kim. „Aber ich will euch beide nicht stören", sagte sie und kraulte Speckles hinter den Ohren.

„Das tust du nicht. Wir wollten gerade aufhören. Ich versuche, Speckles genug Bewegung zu geben, damit seine Knie nicht blockieren."

Ein lautes Wiehern erschreckte sie. Joey. Speckles scharrte mit dem Huf auf dem Boden und wippte mit dem Kopf auf und ab als Reaktion auf seinen ungeduldigen Freund.

„Hat sich Joey die ganze Zeit über, während ihr hier trainiert habt, so verhalten?"

„Ja, direkt als ich Speckles von der Koppel holte, ging es los", erwiderte Lauren. „Joey versuchte, uns zu folgen, und seit ich das Gatter geschlossen habe, läuft er vor und zurück und wiehert immer wieder, damit wir nicht vergessen, dass er auf uns wartet. Es ist echt süß."

Was für eine Beziehung hatten die beiden Pferde zueinander aufgebaut! Kim hatte nie zuvor etwas Ähnliches gesehen.

„Mach weiter, Lauren. Deine Methoden sind vielleicht ungewöhnlich, aber die Ergebnisse sprechen für sich."

Als Kim ihren Spaziergang fortsetzte, zogen sie Joeys mitleiderregende Rufe zu Koppel Nummer zwei. *Vielleicht kann ich Speckles eine Weile ersetzen.*

Joey spitzte die Ohren, als Kim sich ihm näherte.

„Hallo, Kumpel", sagte sie und betrat die Koppel. „Ich bin's nur."

Das Pferd begrüßte sie mit einem schnellen Schnuppern und eilte dann zum Gatter, wo es offenbar auf seinen Freund wartete. Nach ein paar Minuten beruhigte Joey sich und kam zum Wassertrog, wo Kim stand. Seine Ohren waren noch immer in Speckles' Richtung ausgerichtet.

„Keine Sorge. Er kommt bald zurück", sagte Kim und streichelte gedankenverloren Joeys Rücken. Sie spürte, wie Stress und Furcht langsam von ihr abfielen. *Ich weiß, warum ich dieses Projekt begonnen habe: damit seelisch verletzte Kinder die Möglichkeit haben, einem Pferd nahe zu sein.*

Die Erinnerung an ihr geliebtes Pferd aus Kindheitstagen, Country, kam in ihr hoch. Sie hatte es geliebt, Zeit mit ihm zu verbringen. Kim hatte mehrere Hunde, eine Katze und einen Hasen gehabt – aber nichts war vergleichbar mit dem Vertrauen und Respekt eines fünfhundert Kilo schweren Pferdes. Und es war auch einzigartig, wie Pferde die Handlungen und Gefühle ihres Gegenübers widerspiegelten. Ihre Fähigkeit, die menschlichen Launen und Stimmungen zu erspüren, war verblüffend und zugleich tröstlich.

Joey drehte seinen Kopf in Kims Richtung und sie sah ihm tief in die Augen. Wie glücklich konnten sie sich schätzen, dieses Pferd zu haben, das zu so vielen Kindern eine Beziehung aufgebaut hatte. Die Kinder liebten es, ihn von seiner Koppel zum Anbindepfosten zu führen, wo sie sein gesprenkeltes Fell striegelten und halfen, seine Hufe zu reinigen. Ja, einige Kinder schienen vor Joeys Blindheit Angst zu haben, doch die meisten liebten ihn und genossen es, Zeit mit ihm zu verbringen.

Kim rieb über Joeys Nacken und er lehnte sich gegen sie. *Du bist so zutraulich.* Das Vertrauen des blinden Pferdes in sie und die freiwilligen Helfer war wirklich bemerkenswert. Plötzlich schnürte ihr eine vertraute Angst die Kehle zu: Was würde mit Joey und all den anderen Pferden passieren, wenn sie *Hope Reins* schließen müssten? Wohin würden sie kommen? Dieser Ort war für viele ihrer Pferde die letzte Hoffnung. Es waren keine Pferde, für die man leicht ein neues Zuhause finden konnte.

Sie würde eine Möglichkeit finden müssen, die Ranch zu erhalten.

Kim fuhr mit den Fingern durch Joeys kurze, helle Mähne und begann, laut zu beten: „Herr, ich habe keine Ahnung, wie das klappen soll. Ich weiß nicht, wie wir die Rechnungen bezahlen sollen. Ich weiß nicht, was passieren würde, wenn wir schließen müssten. Aber ich glaube wirklich, dass du mich dazu berufen hast, dieses Projekt ins Leben zu rufen, und deshalb beschließe ich, dir weiter zu vertrauen."

Sie lehnte ihren Kopf an Joeys Schulter. „Ich weiß nicht, wie du dich kümmern wirst, aber ich bitte dich einfach, es zu tun – für Joey und all die anderen Pferde, für die Kinder, für unsere freiwilligen Helfer, für alle, die uns künftig helfen werden." Sie machte eine Pause, dann fuhrt sie fort: „Bitte sorge für das Geld, das wir benötigen, und auch für die Helfer und für die Führungsqualitäten, die ich brauche. Bitte, Herr ..."

Das Quietschen des Gatters unterbrach ihr Gebet. Lauren führte Speckles zurück auf die Koppel. Sofort stieß Joey ein fröhliches Wiehern aus und lief auf Speckles zu, sodass Kim beinahe das Gleichgewicht verloren hätte. Die beiden Freunde beugten ihre Köpfe umeinander, um sich zu begrüßen, dann grasten sie friedlich zusammen.

„Keine Sorge, Jungs", flüsterte Kim. „Ich werde euch nicht im Stich lassen. Das verspreche ich. Ich habe mich entschieden, Gott zu vertrauen ... Wie auch immer er unsere Probleme lösen wird."

KAPITEL 11

„Bist du dir sicher?", fragte Sarah hoch oben auf Joeys Rücken sitzend.

„Alles wird gut gehen", versicherte Lauren. „Vergiss nicht, er hat das früher ständig gemacht."

„Stimmt, aber damals konnte er noch sehen!", erwiderte Sarah, die ihren Vorschlag, Joeys Fähigkeit als Reittier für die Therapiesitzungen zu testen, plötzlich bereute.

Bisher war doch alles gut gelaufen. Warum musste sie jetzt Staub aufwirbeln?

Aly. Als das Gesicht des kleinen Mädchens vor ihrem inneren Auge erschien, wusste Sarah wieder, dass sie das hier durchstehen musste. Sie hatte beschlossen, ohne Sattel zu reiten, was sie im Allgemeinen bevorzugte. Und ein Sattel hätte auch noch mehr Gewicht für Joey bedeutet. So schien dies der beste Plan für Joeys ersten Ritt auf *Hope Reins* zu sein.

Sarah hatte während der letzten beiden Monate die Therapiesitzungen mit Aly geleitet. Zwar war die Routine mit Joey von Woche zu Woche gleich, doch Sarah konnte beobachten, wie Aly immer mehr Vertrauen zu Joey aufbaute. Noch immer hatte sie kein Wort gesagt, doch sie kommunizierte mit Sarah durch ihren Gesichtsausdruck. Ohne Zweifel wollte Aly gerne auf dem Pferd reiten, das sie zu lieben gelernt hatte.

Sarah hatte kurz nach dem *Labour Day* mit Kim, Barb und Lauren darüber gesprochen. Alle waren sich einig, dass es an der Zeit war, mit Joey die nächste Etappe zu nehmen. Wenn er mit einem Reiter zurechtkam, würde das bedeuten, dass ein weiteres Pferd für die Therapiereitstunden zur Verfügung stünde.

Seit dieser Entscheidung war Sarah aufgeregt. Es war so lange her, dass sie auf einem Pferderücken gesessen hatte, dass sie nicht sicher war, die geeignete Kandidatin zu sein.

„Du schaffst das, Sarah", sagte Lauren. „Du hast jede Menge Erfahrung mit dem Reiten, und Joey hat jede Menge Erfahrung damit, einen Reiter zu tragen. Halt die Zügel locker und ich werde ihn um den Reitplatz herumführen."

Lauren schnalzte mit der Zunge und das Trio begann loszugehen. In dem Moment, als Sarah spürte, wie sich Joeys Muskeln unter ihr bewegten, verschwanden ihre Ängste. Er bewegte sich so graziös, so sicher. *Du bist eine Wucht, Joey!* Es war nur ein langsames Gehen, aber sie ritt!

„Wie fühlt es sich an?", fragte Lauren.

„Genial!", antwortete Sarah und fühlte sich so frei wie seit Monaten nicht mehr.

Lauren führte Joey dreimal um den Reitplatz und nannte ihn ein Naturtalent. Dem konnte Sarah nur zustimmen. Die beiden Frauen brachten das Zaumzeug in die Sattelkammer und führten Joey auf seine Koppel zurück, dann überbrachten sie Kim und Barb die gute Nachricht: Joey stand ab sofort für Reitstunden zur Verfügung.

* * *

Zwei Wochen später kam Aly zu einer weiteren Abendsitzung. Der Blick der Fünfjährigen blieb fest auf den Boden gerichtet, als Sarah sie draußen vor dem Büro begrüßte, wo sich die Sitzungsleiter vorher zum Gebet getroffen hatten. Sarah hatte diese Gebetszeiten für die Kinder und die Sitzungen mit der Zeit immer mehr schätzen gelernt. Gott schien diese Gebete bereitwillig zu erhören.

Vor allem wünschte sich Sarah, dass Aly so ausgelassen wie die anderen Kinder auf der Ranch herumlaufen und lachen könnte. Sarah war davon überzeugt, dass der Schlüssel darin lag, ihre Stimme zu lösen. Joey hatte begonnen aufzublühen und sein Leben als Pferd wieder zu genießen. Mit seiner Hilfe, so glaubte Sarah, würde auch Aly wieder zu einem fröhlichen kleinen Mädchen werden können.

„Weißt du was?", sagte Sarah aufgeregt. „Ich habe heute eine Überraschung für dich."

Aly versuchte, hinter Sarahs Rücken zu spähen, wo sie offenbar etwas versteckte. „Sieh mal!" Sarah holte die Hand nach vorn und zeigte ihr einen weißen Reithelm. „Joey würde dich gern auf sich reiten lassen!"

In Alys Augen war vorsichtige Freude zu erkennen. Sarah konnte das winzige Grübchen in ihrer Wange sehen.

„Was meinst du? Möchtest du reiten?"

Aly nickte heftig. Es war nicht das erste Mal für sie, allerdings das erste Mal auf Joey. Sarah hatte Joey gut vorbereitet. Sie hatte ihn am Vortag für eine Weile gesattelt und er hatte es problemlos geschehen lassen. Nun ging Sarah jeden Schritt mit Aly durch: die Satteldecke auflegen, dann den Sattel, das Zaumzeug und die Zügel. Aus den Augenwinkeln sah Sarah, dass Aly alles genau in sich aufnahm. Das kleine Mädchen setzte den Helm auf, brauchte dann aber Sarahs Hilfe, um ihn unter dem Kinn zu schließen. Danach legte Sarah den Führstrick in Alys Hand.

„Geh los und führe dein Pferd. Ich gehe neben dir her."

Stolz führte Aly Joey zum Reitplatz. Dort angekommen, zeigte Sarah auf den vierstufigen Aufsitzblock. Aly stieg hinauf, um näher an Joeys Rücken zu sein. Das Pferd blieb völlig regungslos stehen, als das kleine Mädchen den linken Stiefel in den linken Steigbügel stellte. Dann schob Sarah sie bis zum Sattel hoch. Aly fand schnell den rechten Steigbügel und setzte sich auf dem Ledersitz zurecht. Sarah gab Aly die Zügel und zeigte ihr, wie sie sie locker halten sollte. Normalerweise waren die Zügel an einem Gebiss befestigt, um das Pferd zu kontrollieren, doch Sarah hatte ein Zaumzeug ohne Mundstück für Aly ausgewählt, damit das kleine Mädchen die Zügel festhalten konnte, während Sarah Joey mit dem Führstrick kontrollierte.

„Ist alles in Ordnung?", fragte Sarah, die die Steigbügel verkürzte.

Aly nickte. Sarah führte Joey in einen langsamen Schritt, und beinahe augenblicklich wurde Alys Gesicht von einem bezaubernden, zahnlosen Lächeln erhellt.

„Aly, ich werde Joey eine Weile um den Reitplatz führen. Wir wollen sichergehen, dass er sich wirklich wohlfühlt. Da er nichts sehen kann, muss er fühlen und hören können, wo er sich auf dem Reitplatz befindet. Je öfter wir das mit ihm üben, desto besser wird er sich daran gewöhnen. Ich glaube, er fühlt sich sicher in dem Wissen, dass ich ihn führe und du auf seinem Rücken sitzt."

Aly runzelte die Stirn vor Konzentration. Sarah bewunderte die Entschlossenheit der kleinen Reiterin, Joey dabei zu helfen, sich auf dem Reitplatz zurechtzufinden. Sie hatten eine gemeinsame Aufgabe zu erfüllen. Während sie die Runde gingen, erblickte Sarah Cindy, die am Zaun stand und den Ritt ihrer Tochter beobachtete. Ihr freudiger Gesichtsausdruck wurde nur noch von dem ihrer Tochter übertroffen.

Sarah war beeindruckt von der Körperhaltung des kleinen Mädchens auf dem Pferd – der Rücken war durchgestreckt, die Schultern gesenkt, die Arme entspannt. *Wie aus dem Lehrbuch.* Joey wollte offenbar etwas an Geschwindigkeit zulegen, sodass Sarah ihre Schritte beschleunigte und halb joggte. Nach zwei Runden begann sich Schweiß auf ihrer Stirn zu bilden und sie war außer Atem, also nahm sie das Tempo zurück und ließ Joey wieder langsam gehen. *Könnte ich Joey wohl das Longieren beibringen, auch wenn er mich nicht sehen kann?* Sie wusste es nicht. Das würde eine Herausforderung für einen anderen Tag sein.

Aly saß bequem und mit einem breiten Lächeln im Sattel. „Du bist eine sehr gute Reiterin, Aly", sagte Sarah, als sie ihr beim Absteigen half und ihren Helm losschnallte. „Hat es dir gefallen?"

Aly nickte begeistert.

„Lass uns Joey zum Anbindepfosten bringen, damit wir das Zaumzeug abnehmen können und er sich ein wenig erholen kann."

Als Sarah den Sattelgurt löste, sprach sie weiter: „Joey hat heute gut mitgemacht. Ich wette, dass er eines Tages sogar in der Lage sein wird, einen Reiter zu tragen, ohne dass ein anderer ihn führt. Was meinst du?"

Alys Lächeln wurde noch breiter.

„Nun, großer Junge, Aly stimmt mir zu. Eines Tages wirst du ganz allein einen Reiter tragen. Was meinst du?"

Joey wieherte und stampfte mit dem Huf. Kurz darauf hörte Sarah ein leises Lachen.

Sarah und Aly führten Joey zurück auf seine Koppel, wo Speckles auf ihn wartete.

„Komm, wir gehen zu deiner Mom", sagte Sarah und lächelte, als Aly die Hand hob und Joey schüchtern zum Abschied winkte.

Cindy kam auf halbem Weg zum Büro auf sie zu und nahm Aly fest in die Arme. Sarah konnte sehen, wie sehr Aly die Umarmung genoss.

„Du bist auf Joey geritten!", rief Cindy, hob ihre Tochter hoch und schwang sie im Kreis. „Wie war es? Hat Joey das gut gemacht?"

Als Cindy Aly wieder absetzte, hoffte Sarah, das kleine Mädchen würde ihrer Mutter etwas erzählen. Wie gern hätte sie ihre Stimme gehört!

Doch ein Nicken war die einzige Antwort. Und obwohl Alys Augen vor Aufregung funkelten, war Sarah enttäuscht. Doch sie versuchte, sich auf das zu konzentrieren, was das kleine Mädchen gerade geleistet hatte.

„Aly und Joey waren beide großartig. Aly ist ein Naturtalent im Sattel und Joey vertraut ihr." Sarah bückte sich, um Aly in die Augen zu sehen. „Ich bin so stolz auf dich."

Aly sah zu ihrer Mutter hoch, ihre Augen sprühten vor Freude.

Cindy zauste den Pferdeschwanz ihrer Tochter. „Oh, Aly, ich bin auch stolz auf dich."

Das kleine Mädchen flüsterte ihrer Mom etwas ins Ohr. Cindy lachte und drückte sie kurz. „Ja, ich bin auch stolz auf Joey. Er ist ein tolles Pferd."

Sarah war froh, dass die Sitzung so gut gelaufen war, und freute sich sehr, dass Aly Joey geritten hatte. Sie hatte einen echten Draht zu dem Pferd. Aly war so schüchtern, aber sie kümmerte sich um Joey und baute eine Vertrauensbeziehung zu ihm auf. Und Sarah wusste aus Erfahrung, wie lange es dauern konnte, Vertrauen aufzubauen.

KAPITEL 12

„Kim, es ist schlicht und einfach nicht genug Geld da, um den nächsten Monat zu bewältigen", sagte Allin. Barbs Mann sah zu den übrigen Vorstandsmitgliedern hinüber, die in Kims und Mikes Wohnzimmer saßen, bevor er fortfuhr.

„Es sei denn, wir würden die Sitzungen nicht länger umsonst anbieten …" Allin hob die Hand, bevor Kim protestieren konnte. Sie schloss den Mund und versuchte, sich zu entspannen, solange Allin das Wort hatte. „Abgesehen von der Möglichkeit, Gebühren für die Sitzungen zu nehmen – und ich weiß, dass du strikt dagegen bist, was ich respektiere –, abgesehen davon sehe ich nur noch eine Möglichkeit, die Zahlungsschwierigkeiten der Ranch zu beheben: die Organisation eines Events, um Spenden zu beschaffen, und zwar je eher, desto besser."

Kim setzte sich aufrecht hin. „In Ordnung", begann sie. „Ich weiß, dass wir darüber nachdenken müssen, eine größere Veranstaltung zu organisieren. Aber auch dafür brauchen wir Geld. Und wir haben derzeit keines. Wo sollen wir beginnen? Unsere Eröffnungsveranstaltung war wirklich nicht billig, und wir haben uns ständig Sorgen um das Wetter gemacht, wisst ihr noch?" Sie sah zu Lori hinüber, die in den Wochen vor dem Event zusammen mit Kim beinahe stündlich die Wettervorhersage-App konsultiert hatte.

„Vielleicht können wir etwas außerhalb der Ranch organisieren?", schlug Lori vor. „Wir könnten verschiedene Veranstaltungsorte kontaktieren und fragen, ob sie bereit wären, uns kostenlos Räume zur Verfügung zu stellen. Wenn sie hören, was wir hier machen, sind sie vielleicht für diese Möglichkeit offen. Dann müssten wir uns auch keine Sorgen um das Wetter machen."

„Möglicherweise finden wir auch jemanden, der das Catering übernehmen würde", fügte Kathy, eine pensionierte Psychologin und Loris Freundin, hinzu.

Ben, ein Freund und Arbeitskollege von Mike, stand vom Sofa auf und streckte sich. „Es wäre gut, Fotos von den Pferden und der Ranch zu haben, damit die Leute, die zu dem Event kommen, einen Eindruck davon gewinnen, was wir hier tun."

Ideen, Vorschläge und Möglichkeiten wurden in den folgenden zwanzig Minuten geäußert und diskutiert. Mit jedem neuen Vorschlag spürte Kim mehr Angst und Frustration, bis ihr Kopf zu pochen begann. Schließlich erklärte Allin die Sitzung für vertagt und sagte zum Abschluss: „Ich möchte jeden von euch ermutigen, dafür zu beten, dass Gott uns in dieser Frage Weisheit schenkt. Wir sehen uns dann nächste Woche."

Kim betete. Tatsächlich hatte sie das Gefühl, in jener Woche für fast nichts anderes zu beten. Sie sammelte Ideen für das Event, diskutierte verschiedene Ideen mit Freunden, die nicht zur Ranch gehörten, und stellte zahllose Listen auf. Nichts konnte eine Liste ersetzen, um Ordnung ins Chaos zu bringen! Doch es stellte sich keine Ordnung ein.

Wo auch immer sie anrief, stieß sie auf Verständnis und Wohlwollen, doch alle waren entweder während der Ferien ausgebucht oder nicht in der Lage, ihre Preise zu senken. Es war bereits Mitte November, und die meisten Veranstaltungsorte waren längst ausgebucht. Und selbst wenn sie einen Ort finden würden – wer wäre so kurz vor

Weihnachten bereit, Geld für *Hope Reins* zu spenden? Die Chancen standen schlecht.

Die folgende Vorstandssitzung war für den nächsten Abend geplant. Kim saß im Büro von *Hope Reins* und starrte auf ein Blatt Papier. Es war die Liste der möglichen Veranstaltungsorte. Jede einzelne Zeile war durchgestrichen. „Herr, warum schweigst du? Du hast uns so weit gebracht, sollen wir jetzt alles verlieren?", klagte sie laut.

Es war still auf der Ranch, die letzten freiwilligen Helfer waren gegangen. Kim ließ ihren Stift fallen und stand auf. *Zeit für einen Spaziergang.* Die Sonne ging früh unter. Die Zeitumstellung hatte zur Folge, dass es bis zum Frühling keine abendlichen Therapiesitzungen mehr geben würde, denn im Dunkeln ging es schlichtweg nicht.

Kim war dankbar für das ungewöhnlich milde Wetter und ging, ohne nachzudenken, geradewegs auf Koppel Nummer zwei zu. Joey hatte diese Wirkung auf Menschen – er war wie ein Magnet. Einen Moment später stand sie bei dem schönen schwarz-weißen Pferd neben der Heuraufe.

„Hey, Joey", sagte Kim, die sicher war, dass das einfühlsame Pferd ihre Gegenwart bereits gespürt hatte.

Sie streichelte seine Flanke und verweilte auf mehreren Tupfern.

„Wie geht es dir, mein Schatz?", fragte sie und spürte einen Kloß im Hals. Was würde mit Joey passieren, wenn sie ihre Geldprobleme nicht lösen könnten?

Sie sah über die Koppel zu Speckles hinüber. Er hatte gerade begonnen, echte Fortschritte zu machen. Was würde mit ihm geschehen? Wer würde sich um ihn kümmern wollen? Sie hatte die Verantwortung für jedes Pferd auf *Hope Reins*.

Kim spürte die Angst hochsteigen und zwang sich, durch die Nase ein- und durch den Mund auszuatmen. Ihre Finger begannen zu kribbeln. *Beruhige dich und setz dich hin. Aber wo?* Ein Nieselregen am späten Nachmittag hatte den Boden zwischen den Misthaufen matschig gemacht. *Zurück ins Büro?* Allein bei dem Gedanken daran beschleunigte sich ihr Herzschlag. Und dann dämmerte es ihr: Joeys und Speckles' Heuraufe. Sie kletterte hinein, setzte sich in den Schneidersitz und schloss die Augen.

Einatmen.

Ausatmen.

Einatmen.

Ausatmen.

Plötzlich schob sich eine große Nase gegen ihre Wange. Oh! Sie öffnete die Augen und starrte auf Joey, der herausfinden wollte, was für eine riesige Leckerei in seiner Heuraufe war.

„Sorry, mein Freund", sagte Kim und streichelte sein Kinn. „Ich hoffe, es macht dir nichts aus."

Sie gab dem neugierigen Pferd eine Handvoll Heu, die es eifrig entgegennahm. Gedankenverloren streckte Kim ihre Beine aus, während Joey kaute.

„Was wird aus dir, wenn ich keine Lösung finde? Was wird aus euch allen? Und aus den Kindern? Aus diesem Ort?" Eine Träne lief über ihre Wange. „Du machst deine Sache so gut! Du hast eine Verbindung zu Ethan und zu der kleinen Aly aufgebaut. Du bist Speckles' Freund geworden und …", sie drehte sich so, dass sie ihm ins Gesicht sehen konnte, „… du hast mir so viel Trost gegeben. Wenn die Leute nur sehen könnten, was du tust und was hier vor sich geht. Wenn sie nur die Hoffnung sehen könnten, die hier zu spüren ist …" Sie verstummte. Ein Gedanke brach sich Bahn.

Mach es hier.

Die Worte waren nicht physisch zu hören, aber sie fühlte sie ganz deutlich.

Was soll ich hier machen? Kim überlegte eine Weile. *Das Spenden-Event? Aber wie? Es wäre zu teuer. Es wird immer kälter. Es könnte regnen. Wir sind zu nahe an Weihnachten.*

Und doch, obwohl ihr so viele Gründe in den Sinn kamen, warum es nicht klappen würde, spürte sie einen tiefen inneren Frieden. Noch immer in der Heuraufe sitzend, begann Kim, mit Joey darüber zu sprechen.

„Was wäre, wenn wir es tatsächlich hier stattfinden lassen? Das würde den Besuchern auf jeden Fall die Möglichkeit geben, aus erster Hand zu erfahren, was wir hier tun. Wir müssten kein Geld für einen Veranstaltungsort ausgeben. Wir könnten Freiwillige und die Vorstandsmitglieder bitten, Essen mitzubringen, und wir könnten Marshmallows an der Feuerstelle grillen. Wir könnten die Reste der Dekoration von der Eröffnungsveranstaltung wiederverwenden und einige Leute bitten, das Fehlende zu ergänzen. Das Einzige, was wir nicht kontrollieren können …", sagte sie und schaute auf die hinter den Bäumen untergehende Sonne, „… ist das Wetter."

Joey streckte den Kopf um sie herum und nahm sich eine weitere Handvoll Heu, was Speckles' Aufmerksamkeit weckte. Vorsichtig näherte er sich der Heuraufe, als ob er zögerte, sich der Party anzuschließen. Kim beobachtete die Dynamik zwischen den beiden Pferden. Es war erstaunlich, was für ein Vertrauensverhältnis sie zueinander aufgebaut hatten.

Vertrauen.

Das Wort schien vor Kims Augen in der Luft zu schweben, wie eine Feder, die darauf wartete, eingefangen zu werden.

Kim kämpfte Tag für Tag mit dem Prinzip des Vertrauens. Aber hatte sie eine andere Wahl? Wenn Gott sie so führte, dass das Spenden-Event auf der Ranch stattfinden sollte, dann würde sie ihm in allen anderen Dingen vertrauen müssen.

Und es ließ sich nicht leugnen, dass Gott bisher bewiesen hatte, dass er absolut vertrauenswürdig war.

* * *

„Wir schaffen das", sagte Allin, als sie am nächsten Abend an Kims und Mikes Küchentisch saßen. Die Vorstandsmitglieder ließen sich die Kekse schmecken, die Lori mitgebracht hatte. „Sicher, es ist ein wenig riskant, was das Wetter und so weiter betrifft, aber wir könnten einen Ausweichtermin für den Notfall einplanen und das Ganze als zwanglose Weihnachtsparty ankündigen."

„Wir könnten den Pferden Weihnachtsmann-Mützen aufsetzen", schlug Kathy lachend vor.

„Super Idee!", rief Kim.

In der darauffolgenden Stunde kamen lauter kreative Ideen auf. Es wurden Listen geschrieben und Aufgaben verteilt. Kim, die sich vor einem großen Spenden-Event gefürchtet hatte, fand die Idee nun aufregend und umsetzbar. Sie zweifelte nicht daran, dass das Ganze richtig Spaß machen würde. Aber würden sie auch Erfolg damit haben? Würden sie genug Geld auftreiben können, um die Ranch am Leben zu erhalten?

KAPITEL 13

„Komm zurück, du Gauner!", rief Lauren und lief Speckles hinterher.

Das Pferd, das inzwischen offensichtlich viel weniger Schmerzen hatte, hielt etwas im Maul und galoppierte in voller Geschwindigkeit vor ihr davon.

Es war nicht das erste Mal, dass Lauren hinter ihm herjagen musste. Einige Monate zuvor hatte Speckles eine Harke „geklaut", die auf der Weide vergessen worden war. Mit der Harke im Maul war er über die Koppel gerannt und hatte dabei höchst albern ausgesehen. Es hatte lange gedauert, bis Lauren ihn schließlich einfangen konnte.

Im Monat zuvor hatte er einen Jutesack, geschmückt mit verschiedenen Kürbissen, vor der Tür der Sattelkammer geklaut. Die *Thanksgiving*-Dekoration war eine zu große Versuchung für ihn gewesen und er hatte nicht widerstehen können. Zum Glück hatte Lauren in dem Moment den Führstrick in der Hand, sodass er mit seiner Beute nicht sehr weit kommen konnte.

Doch dies heute war eine andere Kategorie. Speckles hatte seinem Vorstrafenregister gerade einen Akt von Vandalismus hinzugefügt: Er hielt den Seitenspiegel eines Lkws im Maul.

Der Spiegel hatte vom Wagen eines ehrenamtlichen Mitarbeiters herabgebaumelt und war notdürftig mit Klebeband befestigt worden. Offenbar hatte das Klebeband seine Wirkung eingebüßt. Lauren hatte das während des morgendlichen Spaziergangs mit Speckles nicht bemerkt – er dagegen sehr wohl!

Speckles schien diese Spaziergänge zu genießen: der langsame Gang, die gewundenen Pfade, die Zeit allein mit Lauren. Es war offensichtlich, dass Speckles Joeys Freundschaft schätzte, obwohl das blinde Pferd viele Ansprüche an ihn stellte – Joey wieherte ständig, um herauszufinden, wo Speckles sich befand, er ließ ihm nur wenig Freiraum und reagierte nervös auf Stürme. Lauren war bewusst geworden, dass auch die geduldigste „Bezugsperson" von Zeit zu Zeit eine Pause brauchte. Und auch wenn Speckles Joey innig liebte, brauchte er dann und wann eine Auszeit.

Lauren hatte Speckles heute Morgen erlaubt, den Weg auszusuchen, und er schlenderte geradewegs auf die beiden Miniaturpferde Hope und Josie zu. Genau genommen war *schlendern* nicht der richtige Ausdruck. Speckles *zog* Lauren zur Weide der beiden. Lauren vermutete, dass Speckles ein wenig in Josie verliebt war, doch leider wurde seine Liebe nicht erwidert. Nachdem Josie Speckles' Lockrituale – Hals wölben, Nüstern blähen, Schweif anheben, aufdringliches Wiehern – ignoriert hatte, ging sie zur anderen Seite der Weide. Von ihrem Desinteresse entmutigt, schlenderte Speckles zum Parkplatz hinüber, wo er am Schotter schnupperte, an ein paar Blättern knabberte und sich schließlich nach oben streckte, um den Seitenspiegel herunterzureißen.

Das unverkennbare Geräusch von abreißendem Klebeband weckte Laurens Aufmerksamkeit. Als sie begriff, was Speckles getan hatte, ließ sie den Führstrick fallen und versuchte, Speckles den Spiegel vorsichtig zu entwenden. In dem Moment flitzte er davon. Für ein Pferd mit ernsthaften Knieproblemen bewegte er sich überraschend schnell. Und Lauren, die mit ihren eigenen Knieproblemen kämpfte, war ihm nicht gewachsen.

Speckles rannte auf den Reitplatz zu, bog dann rechts ab und lief zu seiner Koppel, um Joey seine neueste Beute zu zeigen. Vor dem Gatter hielt er an und gab ein gedämpftes Wiehern von sich, behindert durch den großen Spiegel zwischen seinen Zähnen. Joey hörte ihn jedoch gut genug und kam herübergetrottet.

In dem Moment griff Lauren ein.

„Hab ich dich", keuchte sie und legte eine Hand auf Speckles' Rücken, bevor sie sich nach vorn beugte und Atem holte. „Du ...", sagte sie und rieb über seine Flanke, „du bist wirklich ein geschickter Dieb."

Speckles sah sie herausfordernd an. Um ihn von einer erneuten Flucht abzuhalten, nahm Lauren rasch ein Leckerli aus ihrer Jackentasche.

„Du gibst mir den Spiegel, ich gebe dir die Möhre?", schlug sie vor und wedelte mit der Möhre vor seinem Maul herum.

Speckles wandte den Kopf ab, als wolle er der Versuchung widerstehen. Doch schließlich siegte sein Appetit und er ließ den Spiegel in Laurens Hand fallen.

Ein zerfetzter Rest Klebeband hing von dem dampfenden, schmutzigen Spiegel herunter. Lauren putzte kurz über den Spiegel, der vor Pferdespeichel triefte, ansonsten jedoch keinen Schaden genommen hatte.

Der Besitzer des Wagens, ein ehrenamtlicher Futterhelfer, hatte die ganze Aufregung mitbekommen und kam herüber.

„Ähm, hat Speckles ...?" begann er zu fragen.

Lauren hielt verlegen den Spiegel in die Höhe. „Es tut mir leid", sagte sie und versuchte krampfhaft, nicht zu lachen.

Der freiwillige Helfer nahm den Spiegel in die Hand und brach in schallendes Gelächter aus. Sein Lachen brachte den Übeltäter dazu, den Kopf zu drehen.

„Geschieht mir ganz recht. Ich wollte Geld sparen und habe den Spiegel nur notdürftig befestigt", gluckste er.

Lauren war froh über seine gelassene Reaktion. Am liebsten hätte sie ihm den Spiegel bezahlt, doch ihr eigener Wagen benötigte selbst eine ähnliche Reparatur.

Ein gewisser Sinn für Humor war einfach notwendig, wenn man mit Pferden arbeitete. Sie hoffte, der Mann würde den Spiegel nun besser befestigen oder sein Fahrzeug weiter weg parken.

Nach Speckles' Flucht war Lauren völlig außer Atem und ihre Knie pochten vor Schmerz. „Speckles, der Morgenspaziergang wird heute abgekürzt." Speckles gesellte sich zu Joey, und die beiden Prachtstücke gingen gemeinsam zum anderen Ende der Koppel, wo einige Stuten auf der angrenzenden Weide grasten. Die Appaloosa-Wallache tänzelten mit hocherhobenen Köpfen und hochgestelltem Schweif vor den Stuten hin und her.

Liebe Zeit, schmunzelte Lauren in sich hinein. *Was für ein Paar.*

Sie ging zur Sattelkammer zurück, um den Führstrick wegzubringen, als sie sah, wie Sarah auf den Parkplatz einbog.

„Hallo!", rief Lauren.

„Hallo", antwortete Sarah. „Was ist denn mit dir passiert?"

„Oh, Speckles hat heute Morgen wieder Unfug getrieben. Er hat einen Seitenspiegel von einem Wagen abgerissen."

„Im Ernst?", lachte Sarah. „Er wird ein richtiger Kleptomane, was?"

„Ja, und ein verflixt schneller dazu", erwiderte Lauren. „Ich musste ihm über die ganze Ranch nachlaufen. Wenn er nicht angehalten hätte, um Joey seine Beute zu zeigen, würde ich wahrscheinlich immer noch hinter ihm herjagen."

Die beiden Frauen gingen gemeinsam zu Koppel Nummer zwei hinüber und lehnten sich gegen das Gatter, um Joey und Speckles beim Grasen zuzusehen.

„Sieh mal", sagte Sarah und zeigte auf einen glänzenden Gegenstand, der neben dem Gatter im Gras lag. „Diese Windspiele befinden sich öfter auf dem Boden als an den Zäunen." Sie griff durch das Gatter, um das Windspiel aufzuheben.

Lauren erkannte es sofort. „Dieses hier ist Speckles' Lieblingswindspiel", sagte sie und drehte den kleinen Porzellanfrosch in den Händen, der auf einem Seerosenblatt saß. „Er liebt es, das Windspiel mit dem Maul anzustoßen und klimpern zu lassen, wenn wir über die Koppel gehen." Sie hielt einen Moment inne. „Komisch, ich könnte schwören, dieses hier hing eigentlich weiter drüben am Zaun."

Dann sahen sie es. Etwa fünf Meter von der Heuraufe entfernt lagen rund fünfzehn Windspiele in einer zickzackartigen Linie auf dem Boden.

„Wie ist denn das passiert?", fragte Sarah. Die beiden Frauen sahen sich an. „Speckles!", riefen sie gleichzeitig aus.

„Du Schlitzohr", rief Sarah Speckles zu. „Du hast diese ganzen Windspiele abgerissen, stimmt's?" Speckles wieherte und schüttelte den Kopf.

„Du brauchst es gar nicht abzustreiten", rief Lauren.

Jetzt wird mir alles klar. Das verspielte Pferd, unwiderstehlich baumelnde Gegenstände und ein Weidegefährte, den er mit seiner Beute beeindrucken wollte.

„Sollen wir die Windspiele wieder aufhängen?", fragte Sarah.

„Ich glaube nicht, dass das nötig ist", sagte Lauren, die mit einem Mal begriff, dass Joey die Windspiele nicht mehr brauchte. Speckles, der geläuterte Tyrann, konnte zwar keine Therapiesitzungen mitmachen oder ähnliche Aufgaben erfüllen wie die anderen Pferde, aber er hatte trotzdem eine ganz wichtige Funktion.

Eine Träne lief über ihre Wange.

„Speckles sieht für Joey", flüsterte sie ehrfürchtig.

Sarah sah Lauren an, dann schaute sie auf Joey. „Und Joey ist seine Lebensaufgabe geworden", fügte sie gerührt hinzu.

Die beiden Frauen standen ein paar Minuten schweigend nebeneinander und betrachteten die gesprenkelten Pferde. Als sie zu ihren Aufgaben zurückkehrten, tönte ein suchendes Wiehern durch die Luft, das sofort von einem anderen Wiehern beantwortet wurde.

Lauren lächelte. *Ich werde nie müde werden, das zu hören.*

KAPITEL 14

Kim stand vor dem Büro von *Hope Reins* und versuchte herauszufinden, ob der Kranz aus Kiefernzweigen, den sie an der Tür befestigt hatte, gerade hing. Sie zupfte ihn ein wenig zurecht und drehte sich dann um, um den wunderschönen Anblick in sich aufzunehmen. *Wie auf einer Weihnachtskarte.*

Ein riesiges Banner mit den Worten „Frohe Weihnachten wünscht das Team von *Hope Reins*" begrüßte ankommende Besucher. Ein großer Weihnachtsbaum stand vor dem Bürogebäude, und die Picknicktische waren mit Zuckerstangen, Weihnachtskeksen, Marshmallows und heißer Schokolade beladen. Anderthalb Meter große Plastik-Zuckerstangen säumten die Fußwege, große rote Schleifen zierten die Bäume und Kränze aus Kiefern- und Magnolienzweigen waren mit Leinenbändern an den Türen der Futterscheune befestigt. Nahe der Feuerstelle hatten sie mit Draht einen großen Holzstern zwischen zwei Bäumen aufgehängt. Strümpfe mit den Namen der jeweiligen Pferde hingen an den Gattern und die Anbindepfosten waren mit Girlanden geschmückt.

„Es ist kaum zu glauben. Das alles haben wir in weniger als einem Monat auf die Beine gestellt und es hat uns fast nichts gekostet", sagte Kim, die neben Barb stand und ihre Begeisterung kaum zügeln konnte. „Und das Wetter ist einfach perfekt! Kein Regentropfen in Sicht und die mildesten Dezember-Temperaturen, an die ich mich überhaupt erinnern kann." Gott hatte sich gekümmert und sie staunte noch immer darüber.

„Bist du bereit?", fragte Barb, deren Gesicht vor Aufregung und Hoffnung glühte.

Ob ich bereit bin? Werde ich je bereit sein, Leute um Geld zu bitten? Kim kümmerte sich liebend gern um die Pferde. Sie liebte es, Kindern durch die Beziehung zu einem Pferd Hoffnung zu geben. Sie liebte es, ihnen von Jesus zu erzählen. Aber um finanzielle Unterstützung für all das zu bitten – das war absolut nicht ihr Ding.

„Ich habe keine andere Wahl, oder?", sagte sie und versuchte, beiläufig zu klingen. „Ich bete, dass wir genug Geld zusammenbekommen, um wenigstens die nächsten Monate zu überleben. Über alles andere kann und will ich nicht nachdenken."

Barb drückte ihre Hand. „Liebes, entspann dich einfach. Du hast ein paar großartige potenzielle Spender eingeladen und wundervolle Menschen hierhergeholt, die uns bereits großzügig unterstützt haben und das wahrscheinlich weiterhin tun werden, wenn sie ein paar konkrete Geschichten von therapierten Kindern hören. Du hast diese Ranch zu einem kleinen Weihnachtsparadies gemacht. Dieser Nachmittag wird ein voller Erfolg."

Kim hatte sich für die Gästeliste mächtig ins Zeug gelegt – zu den geladenen Gästen zählten ihre großzügigsten Spender, außerdem alle Helfer und die Familien, die von *Hope Reins* profitierten, Pastoren und Leiter verschiedener Gemeinden, ein Reporter vom Lokalfernsehen und sogar der Vizegouverneur von North Carolina.

Aber ob sie alle uns auch unterstützen werden?, fragte sie sich im Stillen.

Vertrauen.

Wieder kam ihr dieses Wort in den Sinn. Sie hatte Gott bezüglich des Wetters vertraut. Sicherlich konnte sie ihm nun auch im Hinblick auf die Spendengelder vertrauen. Doch im Augenblick schien die Wetterfrage die einfachere zu sein.

Als Barb zum Tisch mit den Erfrischungen hinüberging, um ein letztes Mal alles zu überprüfen, beschloss Kim, die wenigen Minuten vor dem Eintreffen der ersten Gäste zu nutzen, um nach Joey zu sehen. Die Windspiele auf seiner Koppel waren vor Kurzem entfernt worden. Kim vermisste ihre fröhliche Melodie, aber tatsächlich brauchte Joey sie nicht mehr.

„Hallo, mein Freund", rief Kim Joey zu, der neben dem Wassertrog stand. „Du hast wirklich eine tolle Entwicklung gemacht! Und du", rief sie Speckles zu, der sich von der zunehmenden Geräuschkulisse so weit wie möglich entfernt hatte, „du bist sein einzigartiger Kumpel."

Kim kraulte Joey zwischen den Ohren. „Herr", betete sie laut und lehnte sich gegen das Pferd, das ihr so viel Trost und Kraft gab, „wenn es dein Wille ist, dann hilf uns bitte, das hier weiter durchzuziehen. Bitte schenke, dass *Hope Reins* fortbestehen kann. Und lieber Herr Jesus, bitte hilf mir, dir noch mehr zu vertrauen."

Die fröhliche Stimme von Brenda Lee, die *Rocking Around the Christmas Tree* sang, war das Signal für den Beginn der Festlichkeiten.

Kim kraulte Joey ein letztes Mal und atmete tief durch. „Bis später, Joey."

Ein Chor von Stimmen rief „Cheese", als Mike ein Foto schoss.

Kim, Lauren, Barb, Jo Anne, Sarah und mehrere andere ehrenamtliche Helfer hatten sich für ein Foto um Joey herumgruppiert. Joey war mit einer Weihnachtsmann-Mütze ausstaffiert worden und genoss die besondere Aufmerksamkeit.

Eine Schlange von Gästen, überwiegend aus kleinen Kindern bestehend, hatte sich vor seiner Koppel gebildet. Alle wollten mit dem festlich geschmückten Appaloosa abgelichtet werden. Die Gesichter der kleinen Gäste strahlten, und Ausrufe der Begeisterung waren zu hören, als Mark, einer der ehrenamtlichen Pferdetrainer, Joey eine Möhre gab. Joey liebte Möhren über alles!

An den Basteltischen wurde Weihnachtsschmuck für den Weihnachtsbaum von *Hope Reins* kreiert. Auch andere Pferde trugen eine Weihnachtsmann-Mütze und wurden mit Besuchern fotografiert.

Alles scheint glattzugehen. Kim fühlte, wie sich ihre Schultern entspannten, als Mike sie umarmte. Sie hatte sich gewünscht, dass dieser Nachmittag eine Zeit des Feierns und der Freude würde, und genau das war zu spüren.

Ein Rauschen aus der geliehenen Lautsprecheranlage weckte ihre Aufmerksamkeit. Hanks Stimme kündigte an, es sei Zeit für die Pferde, auf ihre Koppeln zurückzukehren, und bat die Gäste, zum Weihnachtsbaum herüberzukommen.

Sofort war Kims Anspannung wieder da. Insgeheim hatte sie sich vor diesem Moment gefürchtet.

„Du bist dran", flüsterte Mike ihr ins Ohr, dann küsste er sie auf die Stirn. „Du schaffst das, Kim. Sprich einfach aus deinem Herzen."

Sie wünschte, sie hätte Mikes Zuversicht oder könnte ihn bitten, selbst die Ansage zu machen. Aber sie wusste, dass das hier ihre Aufgabe war. Wie sollten die Leute über all die erstaunlichen Dinge, die auf *Hope Reins* passierten, Bescheid wissen, wenn sie es ihnen nicht erzählte? Wie sollten sie wissen, was oder warum sie spenden sollten, wenn sie es ihnen nicht sagte? Gott hatte ihr diese große Aufgabe anvertraut, und sie konnte sich nicht herauspicken, was sie im Einzelnen tun oder nicht tun wollte.

Die Gäste versammelten sich schon bald unter der großen Zypresse, die geschmückt war mit Weihnachtslichtern, Popcorn-Girlanden und Holzdekorationen, die die Kinder am Nachmittag bemalt und aufgehängt hatten. Kim sah über die versammelte Menge. Sie hatte jeden Besucher beim Eintreffen persönlich begrüßt und viele bekannte Gesichter gesehen – ehrenamtliche Helfer, Mitglieder des Vorstands, Freunde aus der Gemeinde, Nachbarn, Mitglieder der *Bay Leaf Baptist Church* und Dr. Gallagher. Zudem waren viele Leute gekommen, die zum ersten Mal *Hope Reins* besuchten.

„Ich freue mich, Sie auf unserem ersten Weihnachts- und Spendenfest auf *Hope Reins* begrüßen zu können. Danke, dass Sie gekommen sind. Vor rund anderthalb Jahren war diese Ranch noch ein Traum. Doch dank der Großzügigkeit und dem unermüdlichen Engagement vieler Menschen, die heute hier bei uns sind – Menschen, die sich von ihrem Glauben leiten ließen, um etwas Gutes zu bewirken –, wurde der Traum von *Hope Reins* Wirklichkeit."

Ein Zwischenapplaus, angeführt von Barb, Lauren und Sarah, wurde laut. Mike, der hinter ihnen stand, lächelte, klatschte und nickte zustimmend.

Kim atmete tief durch, bevor sie fortfuhr: „Unsere Mission auf *Hope Reins* ist es, seelisch verletzte Kinder mit Pferden zusammenzubringen, um ihre Herzen zu öffnen. Doch es geht uns nicht nur um Kinder und Pferde. *Hope Reins* hat sich 2. Korinther 1, die Verse 3 bis 5, zum Leitsatz gemacht, wo es heißt, dass Gott uns in unseren Schwierigkeiten tröstet, damit wir andere trösten können. Darum geht es auf *Hope Reins:* anderen umsonst Trost und Heilung anzubieten, so wie Gott es für uns getan hat."

Kims Stimme wurde mit jedem Wort sicherer.

„Dieser Trost beschränkt sich nicht auf die seelisch verletzten Kinder und ihre Familien. Er ist auch für unsere ehrenamtlichen Helfer da, für Leute, die zu Besuch kommen, und für jeden, der seine Zeit, Energie und auch sein Geld investiert, um die Ranch zu unterstützen. Wir betrachten jeden, der unsere Ranch betritt und einen Beitrag zu unserer Sache leistet, als Mitglied der *Hope Reins*-Familie – denn genau das sind wir: eine Familie." Sie sah zu der kleinen Gruppe der ehrenamtlichen Helfer, die ganz vorn standen.

Ein weiterer Applaus erklang. Hinter der Menschenmenge hörte man Joey wiehern und mit den Hufen stampfen. Kim wurde einen Moment lang davon abgelenkt und nutzte die Gelegenheit, um sich zu räuspern.

„Ja, Joey, zu dir komme ich auch noch", sagte Kim.

„Sicherlich haben Sie bemerkt, dass ich vorhin sagte, dieser Trost wird *umsonst* angeboten", fuhr sie fort. „Dafür gibt es einen guten Grund: So wie Gott uns in Jesus umsonst Trost und Heilung anbietet, werden auch die Dienste auf *Hope Reins* völlig kostenlos angeboten. Viele der Familien, die mit ihren Kindern hierherkommen, könnten das nicht tun, wenn sie dafür bezahlen müssten. Deshalb haben wir von Anfang an beschlossen, kein Geld für die Therapiesitzungen zu nehmen, und wir möchten das weiter so halten."

Kim sah sich um und entdeckte mehrere Familien, die ihre Kinder auf die Ranch brachten. Weiter hinten sah sie Marcus sitzen, das erste Kind, das je auf *Hope Reins* therapiert worden war. Marcus war jahrelang in einer Pflegeeinrichtung gewesen, und Kim war begeistert gewesen zu sehen, was für eine starke Beziehung er zu Gabe geknüpft hatte. Rechts von Kim saß Ella, ein süßes siebenjähriges Mädchen, das sich nach dem Tod seiner kleinen Schwester ganz in sich zurückgezogen hatte. Ihre Mutter hatte Kim erzählt, dass Ella viele Wochen lang nur dann lächelte, wenn sie mit Josie zusammen war. Josie war ein so kleines Pferd, dass Ella sich gut um sie kümmern konnte, so wie sie es nicht mehr für ihre kleine Schwester tun konnte.

Links von Kim saß Andrew, ein scheuer elfjähriger Junge, der in Shiloh – einer Stute, die selbst nur schwer mit Menschen warm wurde – eine Freundin gefunden hatte. Die beiden vertrauten einander und spielten oft zusammen Fußball auf dem Reitplatz. Andrews Vater erzählte, dass Andrew sich vor Kurzem in der Schule mit einem Jungen angefreundet hatte, und führte das auf Andrews Kontakt mit Shiloh zurück. Direkt vor Kim saßen Cindy und Aly. Kim spürte einen Kloß im Hals, als sie Mutter und Tochter sah – noch immer warteten sie auf den Durchbruch, auf Heilung. Kim winkte Cindy spontan zu. Sie hoffte, dass sie diese Geste als besondere Wertschätzung begriff.

„Ich möchte Ihnen eine der Familien vorstellen, mit denen wir arbeiten. Das hier sind Ellen und Christine."

Kim streckte die Hand nach der vierzehnjährigen Christine und ihrer Mutter aus. Sie legte den Arm um das Mädchen. „Diese wundervollen Ladys haben sich bereit erklärt, ihre Geschichte mit uns zu teilen, sodass ich ihnen nun das Mikro überlasse."

Kim trat ein paar Schritte zurück, als Ellen zu reden begann. Sie schaute auf ein Blatt Papier, das sie in ihren zitternden Händen hielt.

„Nachdem wir infolge einer schwierigen Scheidung von Long Island nach Raleigh gezogen waren, wurde mir allmählich bewusst, dass es Christine nicht gut ging. Sie war ängstlich, nervös und in sich gekehrt. Zuerst dachte ich, es wären die üblichen Teenager-Probleme, doch sie zog sich immer mehr von mir zurück." Ellen sah kurz zu ihrer Tochter, und Christine nickte, um ihre Zustimmung zu signalisieren.

„Dann entdeckte ich eines Tages Narben auf ihren Armen und begann zu begreifen, dass wir ein echtes Problem hatten. Meine geliebte Tochter war dabei, sich selbst zu verstümmeln." Christine sah auf den Boden. Ihre Mutter nahm ihre Hand.

„Wir nahmen Kontakt zu einem Therapeuten auf, um die Probleme anzugehen, mit denen Christine kämpfte, vor allem die Erfahrung der Verlassenheit und Depression. Der Therapeut empfahl uns, zusätzlich etwas anderes zu probieren – eine pferdegestützte

Therapie. Er meinte, Christine würde dadurch die Gelegenheit haben, soziale Interaktion in einer nicht bedrohlichen Umgebung zu üben. Er gab uns Informationen über *Hope Reins*."

Ellens Augen füllten sich mit Tränen. „Ich kann Ihnen gar nicht sagen, was für einen enormen Einfluss dies auf meine Tochter hatte – und auf mich. In dem Moment, als Christine aus dem Auto stieg, war es, als ob sie nach Hause kommen würde. Sie lernte alle Pferde kennen, aber zu Deetz, der erst kurz zuvor auf die Ranch gekommen war, spürte sie sofort eine besondere Verbindung."

Christine lächelte bei der Erwähnung ihres Lieblingspferdes.

„Sie begann, mit Deetz zu sprechen, während sie ihn striegelte. Sie arbeitete hart daran, eine Vertrauensbeziehung zu ihm aufzubauen, um auf ihm reiten zu können. Sie fragte sogar, ob sie helfen dürfe, seinen Mist von der Weide zu räumen."

Ellen sah zu Kim. „Indem sie sich um Deetz kümmerte, lernte Christine, sich um sich selbst zu kümmern. Und während sie das lernte, entdeckte sie – entdeckten wir –, dass es einen Gott gibt, der sich zutiefst um uns sorgt."

Sie sah einen Moment zum Himmel hinauf, bevor sie fortfuhr: „Nun, für eine alleinerziehende Mutter mit ernsthaften Gesundheitsproblemen ist Geld ein großes Thema. Wir wären nicht da, wo wir heute sind, wenn es keine Spender gäbe, die dies alles möglich machen." Ellen drückte erneut die Hand ihrer Tochter. „Wir danken Ihnen und bitten Sie von Herzen, *Hope Reins* weiterhin finanziell zu unterstützen."

Kim war tief bewegt und ermutigt, als sie Ellen und Christine umarmte und ihnen für ihren Beitrag dankte.

„Nun, ich hätte es nicht besser sagen können. Sie wissen nun, warum wir hier sind und warum wir dies alles tun. *Ihre* Spenden machen es möglich."

Kim zeigte zu Pastor Jacumin. „Ich danke der Kirchengemeinde, die uns das Grundstück für *Hope Reins* zur Verfügung stellt, für ihre beispiellose Großzügigkeit. Ihr ist es zu verdanken, dass wir fast nichts für dieses wundervolle Anwesen bezahlen. Und ich danke auch meiner treuen Gruppe von ehrenamtlichen Helfern, die die Tiere zweimal täglich mit Futter versorgen, Therapiesitzungen leiten und jede Woche Schubkarren voller Pferdemist entsorgen. Doch es ist nicht billig, Pferde zu versorgen, und das gilt umso mehr für uns, da ein Großteil unserer Pferde selbst Misshandlung und Vernachlässigung erlitten hat und besondere Fürsorge benötigt."

Sie zeigte auf Joey. „Pferde wie unser Joey, der aufgrund extremer Vernachlässigung blind wurde."

Kim hörte, wie mehrere Leute im Publikum erschrocken die Luft einsogen. „Er hat hier auf *Hope Reins* eine zweite Chance bekommen. Er und sein Weidegefährte, Speckles, der eine ähnlich herzzerreißende Geschichte hinter sich hat, benötigen beide besondere Zuwendung und Pflege. Dazu kommen die normalen Unterhaltskosten der Ranch."

Herr, bitte kümmere dich, betete sie im Stillen.

„Wir würden uns geehrt fühlen, wenn Sie sich unserer Sache anschließen wollen – Sie können durch Ihre Geldspende unsere Partner werden. Möchten Sie für uns beten und uns finanziell unterstützen? Wenn ja, dann kommen Sie bitte zum dafür vorbereiteten Stand und besprechen Sie mit uns, wie Sie uns am besten helfen können. Und nun genießen Sie den Rest des Nachmittags. Verbringen Sie Zeit mit den Pferden und bedienen Sie sich am Erfrischungsstand."

Kim sprach ein abschließendes Gebet, und die Leute begannen, sich zu zerstreuen. Sie atmete tief durch. Mike kam durch die Menge auf sie zu.

„Gut gemacht, Schatz", sagte er und nahm sie in die Arme.

„Ich hoffe, es hat gereicht."

„Jetzt entspann dich", sagte Mike. „Das Schwierigste liegt hinter dir. Genieß den Nachmittag. Du hast es dir verdient!" Er küsste sie auf die Nasenspitze, als Joey hinter ihnen wieherte.

„Übrigens wartet dein Freund auf dich."

Kim sah, wie sich eine ansehnliche Menschenmenge um den Spendenstand herum versammelte, während sie zu Joeys Weide schlenderte.

Ein Mann, eine Frau und ein kleiner Junge standen neben dem Zaun. Der Junge mochte etwa sieben oder acht Jahre alt sein. Er presste sich die Hände auf die Ohren und wippte auf den Fersen vor und zurück.

Die Frau hockte sich vor ihn hin und begann, mit ihm zu sprechen, doch er schob sie fort. Der Mann sah aus, als ob er am liebsten weglaufen würde. Kim zögerte. Sollte sie zu ihnen gehen und sie begrüßen oder sollte sie sie lieber sich selbst überlassen? *Nun,* überlegte sie, *du hast gerade noch gesagt, dass alle hier auf der Ranch eine Familie sind.* Lächelnd ging sie auf das Trio zu. Ein Ausdruck von Verlegenheit huschte kurz über das Gesicht der Frau, bevor er von einem breiten Lächeln ersetzt wurde.

„Hallo, ich bin Kim. Herzlich willkommen auf *Hope Reins*. Ich freue mich, dass Sie hier sind."

„Ich bin Rebekah", sagte die Frau. „Das sind mein Mann James und unser Sohn Nathan." Sie legte ihrem Sohn die Hände auf die Schultern, doch er schob sie sofort weg.

Der Junge drehte abrupt seinen Kopf nach rechts und rieb seine Wange an seiner Schulter. Er gab eine Reihe unverständlicher Laute von sich, dann wandte er sich von den Erwachsenen ab, um Joey und Speckles anzuschauen.

Kim sah die Eltern an. „Wie sind Sie auf uns aufmerksam geworden?"

„Eine Freundin hat uns eingeladen. Sie haben ihrer Tochter geholfen und daher dachte sie, wir ..." Ihre Stimme erstarb, als sie zu ihrem Sohn sah.

Eine schwungvolle Version von *Jingle Bells* erklang aus dem Bereich neben dem Weihnachtsbaum.

Nathan legte seine Hände über die Ohren und begann, abermals heftig vor- und zurückzuwippen.

„Vielleicht sollten wir Nathan nach Hause bringen", sagte James entschuldigend.

Er sah seine Frau an. Rebekahs Gesichtsausdruck war eine Mischung aus Traurigkeit und Enttäuschung. Es war offensichtlich, dass sie sich etwas anderes erhofft hatte. Kim spürte Mitleid mit ihr. Ihr Sohn hatte offenbar eine Behinderung, möglicherweise war er Autist. Kim lächelte den Jungen an und fragte: „Hat Nathan schon einmal ein Pferd ganz aus der Nähe gesehen?"

Rebekah schüttelte den Kopf.

„Würde er es denn gerne tun?"

Rebekah kniete sich vor ihren Sohn. „Nathan, möchtest du ein Pferd von Nahem sehen?"

Nathan schüttelte heftig den Kopf und stieß einen gutturalen Laut aus. Rebekah ließ sich davon nicht entmutigen.

„Nathan", wiederholte sie und zeigte mit ihrem Finger auf das Gesicht des Jungen und dann langsam auf Joey. „Siehst du das Pferd?"

Nathans Augen folgten dem Finger seiner Mutter.

„Feerd!", rief Nathan, als er das große Tier bemerkte.

Seine haselnussbraunen Augen wurden ganz groß, dann sprang er auf. Die Gleichgültigkeit war wie weggeblasen und machte ungestümer Freude Platz.

Die Macht eines Pferdes, dachte Kim voller Dankbarkeit.

„Das ist Joey."

„Nathan, willst du Joey begrüßen?"

Nathan öffnete und schloss seine Faust in Joeys Richtung. „H-hii", sagte er.

Joey stand gut fünf Meter entfernt, aber Kim war zuversichtlich, dass er wusste, dass man ihn beobachtete.

Kim gab Rebekah und James einen kurzen Überblick über Joeys Vergangenheit und erzählte, wie er nach *Hope Reins* gekommen war. Joeys großer Kopf war zur Seite geneigt, als ob er genau zuhörte.

„Wie findet er sich auf der Koppel zurecht?", fragte James.

Kim erzählte von dem Unfall mit dem Zaun, von der Lösung mit den Windspielen und davon, wie sich eine einzigartige Beziehung zwischen Joey und Speckles entwickelt hatte.

„Speckles treibt Joey über die Koppel wie ein Hütehund seine Herde."

„Wow, dann ist Speckles gewissermaßen Joeys Augenlicht", sagte Rebekah lächelnd.

„Genau", sagte Kim. *Was würden wir ohne dich anfangen, Speckles?*

James hockte sich neben Nathan. „Hey, Kumpel. Kim hat uns erzählt, dass Joey nicht sehen kann. Er ist blind. Das bedeutet, dass seine Augen nicht funktionieren."

Nathan drückte die Augen zu. „Dunkel! Pferd, duuunkel."

Er versucht, sich in Joeys Lage zu versetzen.

„Nathan", sagte Kim und freute sich, als der Junge sie ansah, „Joey kann dich nicht sehen, aber er weiß, dass du hier bist. Möchtest du, dass er herüberkommt, damit du ihn streicheln kannst?"

„N-nein. Neiiin!", rief der Junge laut und schüttelte heftig den Kopf.

Kim stand auf. „Es tut mir leid", sagte sie und fragte sich, was sie falsch gemacht hatte. Sie fühlte sich schrecklich, weil sie den kleinen Jungen aufgebracht hatte.

„Das ist in Ordnung", beruhigte Rebekah sie. „Nathan hat eine Sinnesverarbeitungsstörung und mag keine Berührungen. Wahrscheinlich denkt er, dass es allen anderen genauso geht." James begann, leise in Nathans Ohr zu flüstern.

„Sein Autismus und seine gestörte Sinnesverarbeitung haben zur Folge, dass er sich in sich zurückzieht und jede soziale Interaktion extrem schwierig ist." Leise erzählte die Mutter, wie besorgt sie darüber war, dass Nathan keine Freunde hatte. Er schien sich nicht dafür zu interessieren oder aber war nicht in der Lage, mit anderen in Kontakt zu treten.

„Ich mache mir große Sorgen um seine Zukunft. Was für ein Leben wird er haben?", sagte sie.

Nathan ging zum Zaun und umklammerte die oberste Latte, bis seine Fingerknöchel weiß wurden.

Rebekah senkte die Stimme und sagte: „Mehr als alles andere wünsche ich mir, eine Verbindung zu meinem Sohn zu finden."

James legte den Arm um seine Frau und sie lehnte den Kopf an seine Schulter. Sie schauten zu, wie ihr Sohn die Pferde beobachtete. *Ich kann mir nicht mal vorstellen, wie es wäre, wenn ich meine Kinder nicht umarmen könnte*, dachte Kim.

Speckles kam auf Joey zugeschlendert, doch als Joey versuchte, seinen Freund zu kraulen, schnappte er nach ihm, als ob er sagen wollte: *Ich hab jetzt keine Lust.* Joey ging fort, um Speckles den Raum zu geben, den er brauchte.

So wie Speckles irgendwann Joeys Einschränkungen erkannt hatte, hatte auch Joey Speckles' Grenzen begriffen. Die beiden standen ein paar Meter voneinander entfernt und senkten ihre Köpfe über das spärliche Gras.

Nathan begann etwas aufzusagen, was wie Zeilen aus einem Film oder einer Fernsehsendung klang. Es überraschte Kim, wie deutlich er sprach. Offenbar war es für ihn wesentlich leichter, Worte auswendig aufzusagen, als spontan zu kommunizieren. Während der Junge sprach, geschah eine weitere Überraschung. Speckles begann, auf Nathan zuzugehen. *Was hat er vor?*

Nun war Speckles an der Reihe. „Speckles kam zur gleichen Zeit auf *Hope Reins* an wie Joey. Auch er hat eine Geschichte von Misshandlung und Vernachlässigung hinter sich. Kurz nach seiner Ankunft hier stellten wir fest, dass er so starke Schmerzen hat, dass man nicht auf ihm reiten kann. Aber er hat eindeutig eine Aufgabe hier."

„Er sieht für Joey", flüsterte Rebekah.

„Ja, so ist es."

Speckles kam näher an Nathan heran. Der Junge starrte auf das gesprenkelte Pferd, ohne sich zu bewegen – seine Hände umklammerten weiter die Zaunlatte. Speckles blieb vor dem Jungen stehen. Dann, wie in Zeitlupe, senkte er seinen braun-weißen Kopf auf Nathans Hand. Der Junge zog die Hand fort und sah aus, als ob er jeden Moment in Tränen ausbrechen würde.

Speckles warf abrupt den Kopf zur Seite, und Kim wollte auf ihn zugehen, um ihn sanft wegzuscheuchen, als Nathan plötzlich seine Hand erneut auf die Zaunlatte legte.

James hob die Hand, damit Kim stehen blieb.

Erneut senkte Speckles den Kopf in Richtung des Jungen. Diesmal streckte Nathan den Zeigefinger aus und berührte ganz sanft Speckles' Nase genau über den Nüstern.

„Naaase", sagte er schleppend.

Kim hörte, wie Rebekah nach Luft rang. „Ja, das ist Speckles' Nase", sagte sie. „Er hat Aua", fügte sie vorsichtig hinzu. „Er mag keine großen Berührungen."

Große Berührungen. Das klingt gut.

Nathan zog die Hand fort und wich einen Schritt zurück. Speckles hielt den Kopf über den Zaun, er suchte nach dem Jungen. Kim hatte nie zuvor gesehen, dass Speckles sich einem Kind so genähert hatte. Nathan hob erneut die Hand und berührte die gleiche Stelle auf Speckles' Nase.

Das Pferd blies durch die Nüstern warme Luft auf Nathans Hand. Sofort zog der Junge die Hand zurück. Rebekah versteifte sich, und Kim rechnete damit, dass Nathan schreien würde. Stattdessen hörte sie ein Geräusch, das wie das Bellen eines Seehundes klang. *Er lacht!*

Rebekah nahm die Hand ihres Mannes, als ihr Sohn sich gegen Speckles lehnte und das Pferd anblies. Speckles antwortete mit einem Schnauben. Nathan machte das Geräusch nach.

Was ging hier vor?

Die Bedeutung dieses Augenblicks überwältigte Kim. Das Pferd und der Junge standen eine Zeit lang Auge in Auge, als ob sie etwas Tiefes miteinander teilten, was nur sie beide verstehen konnten. Schließlich wieherte Joey ungeduldig und Speckles schlenderte zu ihm. Der Bann war gebrochen und Rebekah kniete sich vor ihren Sohn.

„Du hast Speckles berührt", sagte sie beinahe ehrfürchtig. „Du bist so mutig."

Nathan wandte den Kopf und sah seine Mutter an, als ob er sie zum ersten Mal sehen würde. Vorsichtig streckte er den Zeigefinger aus und berührte ihre Nase.

Kim wäre am liebsten in lauten Dankesjubel ausgebrochen, doch stattdessen stand sie wie angenagelt neben James. Beide hielten den Atem an.

Nathan betrachtete noch immer prüfend seine Mutter, sein Zeigefinger lag nach wie vor auf ihrer Nase. Ein kleines Lächeln umspielte

Rebekahs Lippen, als sie Luft auf Nathans Finger blies. Sofort zog er die Hand zurück.

Rebekahs Lächeln erstarb.

Doch eine Sekunde später legte Nathan den Finger auf seine eigene Nase und blies Luft aus. Erneut berührte er die Nase seiner Mutter und sie blies wieder auf seinen Finger. Diesmal zog Nathan die Hand nicht zurück. Stattdessen warf er den Kopf zurück und stieß sein seehundähnliches Lachen aus.

Rebekah hob einen Finger und bewegte ihn vorsichtig auf die Nase ihres Sohnes zu.

Der Junge wollte sich ducken, doch Rebekah hielt inne und fragte: „Soll Mamas Finger Nathans Nase berühren?"

Nathan warf einen Blick auf Speckles, dann wandte er sich wieder seiner Mutter zu und hielt ihr seine Nase hin. Ihre Berührung war sanft und vorsichtig. Nathan antwortete mit einem kräftigen, fröhlichen Schnauben. Kim wusste nicht, ob sie lachen oder weinen sollte. Beides schien ihr angesichts dieses Wunders angebracht zu sein.

Tiefe Freude und pure Liebe strahlten aus Rebekahs Blick. Ihre Augen ruhten auf ihrem Sohn und ihr Gesicht leuchtete vor Aufregung. Nie zuvor hatte Kim etwas Schöneres gesehen.

Sie sah auf die beiden Pferde auf der Koppel, die keine Ahnung davon hatten, welches Geschenk sie dieser Familie gemacht hatten. Zwei Pferde, die manche als gebrochen und unbrauchbar bezeichnen würden, hatten gerade Hoffnung in das Leben einer Mutter gebracht, die sich verzweifelt nach einer Beziehung zu ihrem Kind sehnte.

Kim umarmte Rebekah und James und lud sie ein, bald wiederzukommen, bevor sie zur Feuerstelle ging, wo Marshmallows gegrillt wurden.

„Das war ja beeindruckend", sagte Debra, die Frau vom Lokalfernsehen. Sie hatte in der Nähe des Gatters von Joeys Koppel gestanden und beobachtet, wie Nathan mit dem Pferd in Kontakt getreten war.

„Ja, das kann man wohl sagen", stimmte Kim zu, die noch immer tief bewegt war.

„Ich wette, solche Dinge passieren hier öfters?", fragte Debra.

„Ja, tatsächlich. Es ist nicht immer so intensiv oder so unmittelbar. Aber es passieren echte Veränderungen hier. Ich bete nur, dass wir mit unserer Arbeit weitermachen können."

Debra lächelte. „Nun, da könnte ja ein wenig Publicity helfen. Ich kümmere mich darum."

Als die letzten Gäste gegangen waren, ging Kim zum Spendenstand, wo Barb fieberhaft auf einen Taschenrechner einhämmerte. Vor ihr auf dem Tisch lagen mehrere ordentliche Stapel Fünf-, Zehn- und Zwanzig-Dollar-Scheine, außerdem Dutzende von Schecks und ein riesiger Stapel Spendenversprechen.

„Ach du meine Güte", keuchte Kim. „Ist das …?"

„Ja, meine Liebe. Das ist genug, um die Ranch für mindestens ein weiteres Jahr zu finanzieren."

„Im Ernst?" Kim Herz begann zu flattern. Erst Nathan und Rebekah und nun das.

Überwältigt von Gottes Fürsorge, begann Kim zu weinen. War es wirklich erst einen Monat her, dass sie bei Joey in der Heuraufe gesessen und befürchtet hatte, ihn und alle anderen Pferde zu verlieren? So viel hatte sich in so kurzer Zeit verändert. Und doch regte sich ganz hinten in ihrem Kopf die Frage, ob es genug sein würde. Es war ein ständiger Kampf.

In blindem Glauben voranzugehen, erfordert Mut.

KAPITEL 15

Ein paar Wochen später kam Lauren am frühen Nachmittag zur ihrer Trainingseinheit mit Speckles. Seine Schmerzen waren inzwischen so schlimm geworden, dass sie nur noch einmal pro Woche mit ihm arbeiten konnte. Sie führte ihre beiden Töchter zu einem Picknicktisch, wo sie ihre Matheaufgaben machen sollten, und ging auf die Sattelkammer zu.

Was für ein wundervoller Tag, um meinen Liebling zu trainieren! Die Mittagssonne hatte die Wolken verscheucht. Lauren sah auf die Uhr, während sie auf Koppel Nummer zwei zuging. Sarah würde in zehn Minuten da sein, um Joey zu trainieren.

Die beiden Frauen hatten vereinbart, zum gleichen Zeitpunkt mit den Pferden zu arbeiten, um Joeys Trennungsangst zu mindern. Auch wenn Joey dabei nur rund um den Reitplatz geführt wurde, war es doch wichtig, das Pferd außerhalb seiner Koppel zu bewegen.

Debra hatte ihr Versprechen eingehalten. Vor Kurzem war ein Artikel über *Hope Reins* auf der Website des Fernsehsenders veröffentlicht worden, mit einem Foto von Joey mit Weihnachtsmann-Mütze. Die Nachfrage nach Therapiesitzungen hatte daraufhin zugenommen und viele der Anrufer interessierten sich insbesondere für den schönen Appaloosa.

„Hey, Jungs!", rief Lauren, als sie das Gatter öffnete. „Zeit für ein bisschen Spaß."

Joey kam zu ihr getrottet, doch Speckles bewegte sich nicht. Seine Körperhaltung war seltsam und seine Augen weit geöffnet. *Er scheint heute starke Schmerzen zu haben.* Joey folgte Lauren zu seinem Weidegefährten.

„Hallo, mein Speckles-Monster", sagte sie und kam langsam näher. „Was ist los? Geht's dir nicht gut?"

Speckles schnaubte. Er legte die Ohren zurück, nach vorn und wieder zurück. Die Bewegung erinnerte Lauren an die Gewohnheit ihrer ältesten Tochter, die Kühlschranktür auf- und zuzumachen, während sie darüber nachdachte, was sie essen wollte.

Speckles hielt sein Hinterbein ein wenig über dem Boden und sah Lauren, die ein Halfter in der Hand hielt, argwöhnisch an.

„Alles gut, Kumpel", sagte sie und legte das Halfter auf den Boden. „Lass uns einfach so ein bisschen Zeit miteinander verbringen."

Lauren wusste, dass Bewegung Speckles helfen würde, die Blockade in seinen Gelenken zu lösen und – hoffentlich – seine Schmerzen zu lindern. Aber sie hatte auch genug Zeit mit ihm verbracht, um zu wissen, dass er seine Hufe in die Erde graben und bocken würde, wenn er den Eindruck hatte, dass sie etwas Bestimmtes von ihm erwartete. *Warum ist gerade kein herabbaumelnder Seitenspiegel in der Nähe? Das würde ihn in Bewegung bringen.*

Lauren stand zwischen Joey und Speckles und dachte nach, als Sarah eintraf. Joey ging auf seine Trainerin zu und die beiden machten sich auf den Weg zum Reitplatz.

Das ist die Idee! Der Trainerin folgen. Lauren entfernte sich ein paar Meter von Speckles und rupfte einen Büschel Gras aus dem Boden.

„Mhmm, Speckles, wie lecker!", rief sie übertrieben und tat so, als ob sie das Gras essen wollte.

Braune Ohren stellten sich in ihre Richtung, dann bewegte sich Speckles' Kopf ein wenig zur Seite. Lauren ließ das Grasbüschel fallen und ging zu einer anderen Stelle. Sie klopfte mit der Hand auf den Boden.

„Speckles! Sieh mal dieses Büschel hier!"

Sie kam sich albern vor. Doch dann bewegte sich Speckles.

Mit schmalen, abschätzenden Augen kam er ein paar Schritte auf sie zu. Er senkte den Kopf an der Stelle, wo zuvor ihre Hand gewesen war, und begann, Gras auszurupfen und zu kauen. Überrascht über den Erfolg ihrer Strategie beobachtete Lauren ihn eine Weile, bevor sie das Ganze wiederholte. Immer wieder zeigte sie auf ein Grasbüschel und jedes Mal folgte ihr das Pferd. Das ging so lange gut, bis Laurens Knie zu schmerzen begannen. Sie setzte sich auf den Boden.

„Wir sind schon ein besonders Paar, was, Speckles?"

Das Gatter wurde geöffnet und Sarah führte Joey auf die Weide zurück. Vorsichtig kam er auf seinen Freund zu. Würde er ihn begrüßen? Joeys Nase stieß gegen Speckles' Ohr. Lauren hielt den Atem an. Speckles rührte sich nicht. *Gott sei Dank!* Joey durfte sich zu ihm gesellen. Speckles' Schmerzen waren offenbar ein wenig erträglicher geworden, sodass er bereit war, Joey nahe an sich heranzulassen.

Lauren seufzte erleichtert. Speckles begann sich zu entspannen.

Doch als Lauren das Zaumzeug aufhob, konnte sie sich nicht gegen die nagende Frage wehren: Wann würde die nächste Krise kommen?

Die Antwort kam schneller, als irgendjemand erwartet hätte. Woche für Woche ging es Speckles schlechter. Schließlich war es nicht mehr möglich, ihn in irgendeiner Weise zu trainieren.

„Wir können nur versuchen, es ihm so angenehm wie möglich zu machen", sagte Dr. Gallagher, nachdem er Speckles eines Abends untersucht hatte.

Kim, Lauren, Sarah und Barb standen um den Tierarzt herum.

„Speckles' diverse Probleme haben sich so sehr verschlimmert, dass wir nichts mehr für ihn tun können, außer seine Schmerzen so weit wie möglich zu lindern. Es tut mir leid, dass ich keine bessere Nachricht für euch habe."

Dr. Gallagher gab Kim zwei verschiedene Medikamente und verabschiedete sich. Die vier Frauen versuchten, das Gehörte zu verarbeiten. Ein paar Minuten lang standen sie schweigend da.

Lauren hatte das Gefühl, man hätte ihr einen Schlag in die Magengrube verpasst. Speckles hatte immer gute und schlechte Tage gehabt. Vor weniger als vier Monaten war es ihm noch gut gegangen – gut genug, um den Seitenspiegel eines Autos zu klauen! Lauren war davon ausgegangen, dass die schlechten Tage irgendwann vorbei sein würden und dass ihr geliebtes Speckles-Monster wieder seinen Schabernack mit den nichts ahnenden Helfern treiben würde.

„Nun", sagte Kim und brach die Stille. „Unsere Aufgabe besteht darin, für unseren Speckles zu sorgen und es ihm so angenehm wie möglich zu machen. Er ist Teil der *Hope Reins*-Familie, und deshalb werden wir tun, was in unserer Macht steht, okay?"

Ihr aufmunternder Ton brachte Bewegung in die niedergeschlagenen Frauen, allen voran Lauren. Kim nahm ihre Hand und dann die von Sarah. Die vier Frauen fassten sich an den Händen und beteten. Sie beteten um Trost und Heilung für Speckles, um Kraft für sie selbst und um genug Glauben, um zu ertragen, was auch immer auf sie zukommen würde.

Lauren ging oft zur Ranch, um Speckles zu besuchen. An den Tagen, an denen seine Schmerzen erträglich waren, ging sie zu ihm auf die Koppel. Joey stand meist neben seinem Kumpel und legte den Kopf auf Speckles' Rücken, während Lauren auf der anderen Seite stand.

Manchmal striegelte sie ihn, manchmal streichelte sie ihn, doch immer war sie einfach glücklich, Zeit mit ihm verbringen zu können.

Andere Tage waren herzzerreißend. Wenn Speckles' Schmerzen so groß waren, dass er noch nicht einmal Joey an sich heranließ, stellte Lauren einen Stuhl vor den Zaun und setzte sich darauf, um ihm etwas vorzulesen. Er ging dann nervös auf und ab und wieherte, seine blutunterlaufenen Augen suchten nach Erleichterung. Lauren las weiter und zwang sich, denselben Rhythmus beizubehalten und nicht zusammenzubrechen und zu weinen.

Es war so schwer, mit anzusehen, wie sich Speckles' Zustand ständig verschlechterte. Und es brach ihr das Herz zu sehen, wie Joey versuchte, seinen Freund zu trösten, nur um von Speckles weggestoßen zu werden. Wenn er zu große Schmerzen hatte, schuf er eine unsichtbare Mauer um sich herum. Joey begriff, wo sich diese Mauer befand, und hielt respektvoll Abstand. Er kam Speckles nicht zu nahe, war aber auch nie zu weit weg.

* * *

Der 19. März brach hell und klar auf *Hope Reins* an. Die Narzissen schienen in der morgendlichen Brise zu tanzen. Die Tulpen in den mit Stroh bedeckten Beeten standen kurz vor der Blüte. Ein berauschender Duft – war es Geißblatt oder Jasmin? – durchzog die Luft, als Lauren am Garten der Ranch vorbeiging.

Der Garten gehörte mit zum Programm für die Kinder: Sie konnten sich an seiner Pflege und Instandhaltung beteiligen. Lauren war begeistert davon, wie Kim und ihr Team immer wieder neue Wege fanden, seelisch verletzten Kindern einen Weg der Hoffnung zu bahnen. Was wie ein einfacher Garten aussah, konnte ganz leicht zu einem Sprungbrett für tiefere Gespräche werden: darüber, wie wichtig es ist, starke Wurzeln zu haben, über die nötige Geduld des Gärtners und die Zeit, die Wachstum erfordert. *Ja, der Garten war eine großartige Idee.*

Lauren kam zu Koppel Nummer zwei und hielt einen Moment lang inne. Eine mittlerweile vertraute Furcht kam in ihr hoch. *Was erwartet mich heute?* Würde Speckles sie an sich heranlassen? Oder waren seine Schmerzen so groß, dass er sie auf Abstand halten würde?

Ihr Herz weinte um dieses Pferd, dieses gebrochene Pferd, das ihr dabei half, sich heil zu fühlen. Dieses Pferd lehrte sie so viele Dinge – vor allem, wie sie mit ihrem eigenen Schmerz umgehen konnte.

Speckles stand neben einem großen Baumstumpf in der Mitte der Koppel. Joey stand mehrere Meter von ihm entfernt. Laurens Mut sank. *Schon wieder ein schlechter Tag.*

Sie rief ihm ihre Begrüßung zu und er sah sie an. Seine Augen waren nicht wild, drückten keine Warnung aus, sondern ... ja, was denn? Lauren lehnte sich über den Zaun, um besser sehen zu können. Seine Augen fanden ihre. Er sah sie mit einem Ausdruck an, den sie nur als Sehnsucht interpretieren konnte. Wollte er, dass sie zu ihm kam? Es gab nur eine Möglichkeit, es herauszufinden.

Sie öffnete den Riegel des Gatters und trat auf die Koppel. Joey wandte ihr den Kopf zu, seine Ohren folgten ihren Bewegungen. Speckles beobachtete sie und folgte jedem ihrer Schritte mit den Augen.

„Hey, Kumpel." Sie sprach sanft, beinahe ehrfürchtig. „Wie geht es dir heute?"

Sie hob die Hand, um seinen Nacken zu streicheln und die Liebe auszudrücken, die ihr Herz erfüllte. Er fuhr zurück, seine Augen waren plötzlich voller Angst. Er konnte ihre Berührung nicht ertragen.

Sie nahm die Hand herunter und spürte einen Kloß im Hals. *Herr!,* betete sie still. Es gab keine anderen Worte. Sollte sie bleiben? Oder fortgehen?

Joey gab ein leises, trauriges Wiehern von sich. Speckles rührte sich nicht. Joey legte seinen Kopf zur Seite, als ob er darüber nachdachte, ob er näher kommen sollte. Doch er blieb, wo er war.

„Oh, Speckles", klagte Lauren. „Wie kann ich dir helfen?"

Ein scharfer Schmerz schoss durch ihr Knie, sodass sie zusammenzuckte. Sie hielt sich mit einer Hand am Baumstumpf fest, um das Gleichgewicht zu halten. *Nicht jetzt, Herr. Bitte lass es nicht zu, dass meine Schmerzen mich daran hindern, hier bei Speckles zu sein.*

Tasthaare kitzelten ihre Hand, dann drückte sich ein braun-weißes Maul daran. Speckles berührte sie und blies durch die Nüstern. Seine schwarzen Augen suchten ihr Gesicht. Das Licht in seinen Augen verblasste zusehends, als ob jemand einen Vorhang zuzöge. Sie wusste sofort Bescheid. Tief in ihrem Herzen wusste sie, was los war. Sie wusste voller Klarheit, dass dies der Abschied war.

Aber er war doch noch jung – erst sieben Jahre alt! Er würde sich wieder erholen, oder? Sie unterdrückte ein Schluchzen. *Ich darf jetzt nicht die Nerven verlieren.* Er brauchte sie und sie würde für ihn da sein. Das war das Mindeste, was sie tun konnte. Es kostete sie fast übermenschliche Beherrschung, ihn nicht zu berühren. Stattdessen blieb sie reglos stehen und sprach ganz sanft mit dem Pferd, dessen Kinn in ihrer Hand ruhte.

„Oh, mein Speckles-Schatz", flüsterte sie. „Du hast so viel gelitten, aber bald wirst du nicht mehr leiden. Bald wirst du ohne Schmerzen an einem Ort ewiger Schönheit herumlaufen."

Lauren wusste, dass viele Menschen nicht daran glaubten, dass Tiere in den Himmel kommen. Doch die Bibel sprach davon, dass Jesus auf einem Pferd zur Erde zurückkommen würde. Im Buch Jesaja wurden Löwen und Lämmer beschrieben, die nebeneinander weiden. Lauren war zu der Überzeugung gelangt, dass der Himmel voller Tiere sein würde – Tiere, die so leben konnten, wie Gott es ursprünglich vorgesehen hatte, frei von den Folgen der Sünde.

Speckles' Lippen berührten ihre Hand.

„Äpfel, Möhren, Heu! Du wirst einen ewigen Vorrat deiner liebsten Leckereien haben!"

Seine Tasthaare fühlten sich wie Schmetterlingsküsse auf ihrer Hand an.

„Du wirst frei sein. Aber ich werde dich vermissen …"

Tränen liefen über ihre Wangen. Speckles zog seinen Kopf zurück. Der Bann war gebrochen. Lauren straffte ihren Rücken und rieb sich das Knie. Speckles ging langsam auf die Heuraufe zu, Joey folgte ihm in einiger Entfernung.

Lauren drehte sich um, um nach Sarah zu suchen. *Sie muss Bescheid wissen.* Lauren konnte den Gedanken nicht abschütteln, dass Speckles sich gerade von ihr verabschiedet hatte.

In dem Moment, als sie Sarah erblickte, hörte sie, wie Speckles auf die Erde fiel. Seine Beine hatten unter ihm nachgegeben. Er lag auf der Seite, versuchte nicht einmal aufzustehen.

Lauren hörte jemanden um Hilfe rufen. Es war ihre eigene Stimme. Sie rannte zu Speckles. Seine Augen, voller Schmerzen und Vertrauen, sahen zu ihr hoch. *Seine Medikamente.* Ihre Gedanken überschlugen sich. *Er braucht seine Medikamente.*

„Ich bin sofort zurück, Speckles. Sofort zurück", wiederholte sie und rannte zur Sattelkammer, wo seine Spritzen aufbewahrt wurden.

„Joey", sagte sie, „bleib bei ihm."

Joey senkte den Kopf, schnupperte an Speckles und berührte dessen Flanke. Gehorsam hielt er Wache.

„Prima, Joey", rief sie und eilte über die Koppel, wo sie beinahe mit Sarah zusammenstieß.

„Speckles liegt auf dem Boden! Ich hole seine Schmerzspritzen", rief Lauren und rannte weiter.

Der Schmerz in ihrem Knie war beinahe vergessen, als sie die Spritze holte und einem der ehrenamtlichen Helfer zurief, er solle den Anhänger für einen Transport zum Tierarzt fertig machen. Dann rannte sie zu Speckles zurück. Sarah kniete neben ihm auf dem Boden.

„Okay, Kumpel, lass dir diese Spritze geben, damit wir dich zum Tierarzt bringen können", sagte sie und hielt die Spritze vor sein Maul, das er widerstandslos öffnete.

„Ich habe ihm eine starke Dosis gegeben", sagte Lauren zu Sarah und trat einen Schritt zurück. „Hoffentlich schlägt das Medikament schnell an."

Lauren erzählte Sarah, was vor ihrer Ankunft passiert war. Sarah schloss die Augen. Sie schüttelte immer wieder den Kopf, als ob alles zu viel wäre. Und so war es tatsächlich. Die Morgensonne wärmte Laurens Gesicht, während sie auf ein Anzeichen dafür wartete, dass Speckles' Schmerzen nachließen. „Wir müssen Kim Bescheid geben." Lauren holte ihr Smartphone hervor und rief sie an.

„Wir bringen ihn dorthin", sagte sie, nachdem Kim erklärt hatte, sie werde Dr. Gallagher anrufen. „Sag ihm, dass wir so schnell wie möglich kommen. Und …" sie zögerte, bevor sie weitersprach, „sag ihm, dass es ihm wirklich sehr schlecht geht." Ihre Stimme versagte bei den letzten Worten.

Mehrere Minuten vergingen, ohne dass sich Speckles' Zustand

sichtlich veränderte. Doch dann streckte er ein Bein, dann das nächste. Er warf den Kopf herum und versuchte aufzustehen. Noch ein Versuch ... und er stand.

„Okay, Joey", rief Sarah und schnalzte mit der Zunge.

Joey stand ganz nahe bei seinem Freund. Speckles war alles andere als sicher auf den Beinen, aber immerhin stand er.

„Ich habe vergessen, den Helfern zu sagen, dass sie den Anhänger an meinen Wagen anhängen sollen", sagte Lauren.

Sarah nickte. „Speckles ist im Moment stabil. Lass uns den Anhänger gemeinsam festmachen."

Die beiden Frauen liefen zum Parkplatz hinüber, um den anderen Helfern Bescheid zu sagen. Lauren war dankbar, dass sie früh am Morgen Probleme mit ihrem Auto gehabt und den Wagen ihres Mannes genommen hatte – er war groß genug, um einen Pferdeanhänger zu ziehen.

Eine Handvoll Helfer hängten gemeinsam den Anhänger an und Lauren und Sarah kehrten auf die Koppel zurück. Am Gatter blieben sie abrupt stehen. Joey und Speckles standen sich Auge in Auge gegenüber und führten eine Art Tanz auf. Joey tänzelte vorwärts und Speckles tänzelte rückwärts, dann tauschten sie die Rollen. Sie rieben die Köpfe aneinander, stupsten ihre Mäuler gegeneinander, ihre Mähnen verwoben sich. Sie scharrten mit den Hufen und wieherten mehrmals laut. Sie spielten miteinander!

„Wie viel von dem Medikament hast du Speckles gegeben?", fragte Sarah.

„Offenbar genug", antwortete Lauren, deren Herz von Freude und Angst zugleich erfüllt war.

Sie sehen so glücklich und zufrieden aus. Lauren betrat als Erste die Koppel. Sie ging auf Speckles zu, wie sie es so viele Male getan hatte, legte ihm ein Halfter um und zurrte es an seinem Kopf fest. Joey war nicht gerade eine Hilfe, denn er berührte ständig zärtlich Speckles' Kopf mit seinem Maul und stieß gegen Laurens Hand.

Dann stellte sich Joey zwischen Speckles und Lauren. Lauren versuchte, um Joey herumzugehen, doch das entschlossene Pferd versperrte ihr den Weg. Sarah kam durch das Gatter und ging zu Joey hinüber.

„Hey, Joey", rief sie. Ihre Stimme klang wesentlich fröhlicher, als sie sich fühlte. „Kumpel, wir müssen Speckles holen. Er muss zum Arzt. Okay?"

Sarah tätschelte Joeys Nacken. Sie begann, auf die Mitte der Weide zuzugehen, in der Hoffnung, dass Joey ihr folgen würde. Doch er dachte nicht daran. Also nahm Sarah ein Leckerli aus ihrer Jackentasche, und nun kam Joey auf sie zu. Schnell führte Lauren Speckles von der Koppel.

Sarah blieb einen Moment bei Joey. Joey hatte begriffen, dass sein Freund fort war, und stampfte mit den Hufen. Er ließ ein lautes Wiehern hören. Speckles wieherte zurück. Joey trottete zum Gatter und rechnete damit, dass Sarah auch ihn hinausführen würde. Er wartete darauf, dass jemand das Hindernis beseitigen würde, das ihn von seinem Freund trennte.

Lauren versuchte derweil, den Kloß in ihrem Hals hinunterzuschlucken. *Ich muss Speckles in den Anhänger bringen.* Sie zwang sich, einen Fuß vor den anderen zu setzen, und weinte jetzt ununterbrochen. Joey stand noch immer am Gatter Wache und ließ Sarah nicht vorbei, sodass sie sich schließlich durch die Latten nach draußen schob. Lauren warf einen letzten Blick auf Joey. Ein herzzerreißendes Wiehern von ihm brach ihr beinahe das Herz.

Sie unterdrückte einen Aufschrei. *Oh, Joey, es tut mir so leid!*

Speckles ließ sich glücklicherweise problemlos in den Anhänger führen. Die Schmerzmittel und mehrere Möhren sorgten dafür, dass er die Rampe hinaufging, als ob das zur täglichen Routine gehörte. Schweigend fuhren die beiden Frauen zur Tierklinik.

Kims Auto stand bereits auf dem Parkplatz, als sie ankamen. Sie und Barb sowie mehrere Arzthelfer kamen zu Sarah und Lauren hinüber, die Speckles aus dem Anhänger holten.

Lauren machte Kim mit den Details vertraut, während sie Speckles zu einer Box folgten, wo man ihm eine Infusion legte. Die vier Frauen von *Hope Reins* betrachteten ihn eine Weile, bevor sie in einen kleinen Warteraum gingen.

Eine halbe Stunde später kam Dr. Gallagher herein. Sein Gesichtsausdruck verhieß nichts Gutes.

„Es tut mir leid, aber wir können nichts mehr für ihn tun", sagte er leise.

Lauren ergriff Sarahs Hand.

„Seine Probleme sind so schlimm geworden, dass sein gebrochener Körper nicht mehr damit fertigwird. Ich denke, wir sollten ihn gehen lassen."

Lauren wollte nicht akzeptieren, was sie da hörte.

„Ich weiß, wie schwer es für euch ist, aber für Speckles ist es so am besten", hörte sie den Tierarzt sagen. Die Worte klangen, als ob sie von weither kämen, obwohl Dr. Gallagher direkt neben ihr stand.

„Aber letztlich müsst ihr die Entscheidung treffen. Wir können Speckles nach Hause schicken und ihm starke Dosen Schmerzmittel und Entzündungshemmer verabreichen. Sie werden ihn nicht gesund machen, aber sie können ihm seine letzten Tage erträglich machen."

Kim schaute Barb an, dann Sarah und schließlich Lauren. „Was meint ihr?"

Niemand antwortete. Sarah zupfte an ihrem T-Shirt. Barb wischte sich mit dem Handrücken über die Augen.

„Ich denke, wir sollten ihn gehen lassen", sagte Lauren und brach die unerträgliche Stille. Die Tränen strömten ihr über die Wangen und ihr Gesicht war flammend rot. „Es ist an der Zeit."

„Ich stimme dem zu", sagte Kim und griff nach Laurens Hand. „Sarah? Barb? Wir müssen diese Entscheidung gemeinsam treffen."

„Ja", flüsterten beide.

Dr. Gallagher nickte. Es war Zeit, sich zu verabschieden.

Ich ersticke gleich, dachte Sarah. *Ich muss hier raus. Ich brauche frische Luft.* Aber sie konnte Speckles nicht allein lassen – er war jetzt ganz ruhig und vertrauensvoll. Eine Welle von Erinnerungen durchflutete sie. Sie erinnerte sich daran, wie sie anfangs Angst vor dem ungewöhnlich aussehenden, beißenden und schubsenden Pferd gehabt hatte. Sie erinnerte sich, wie er anfangs Joey weggestoßen hatte, wenn das Futter kam, und wie Lauren drohend ihren Finger vor ihm geschüttelt und ihn wie ein Kind ermahnt hatte, das Heu mit Joey zu teilen.

Sie erinnerte sich daran, wie Speckles zum ersten Mal auf sie zugekommen war, nachdem sie entdeckt hatten, was für schlimme Schmerzen er hatte. Sie hatte Angst gehabt, er würde nach ihr ausschlagen, doch stattdessen hatte er seinen Kopf auf ihre Schulter gelegt. Sie erinnerte sich an die Freude auf Kims Gesicht, als sie dem Team erzählte, wie Speckles sich während des weihnachtlichen Spenden-Events gegenüber Nathan verhalten hatte – wie der kleine Junge und das große Pferd sich gegenseitig Luft zugeblasen hatten und auf ihre ganz eigene Weise miteinander in Kontakt getreten waren.

Sarah streckte spontan die Hand durch die Tür der Box, um Speckles' Gesicht zu berühren. Er kam näher und drückte seine Stirn in ihre Hand. Sie rieb mit den Fingern über den weißen Fleck zwischen seinen Augen. Sie lehnte sich gegen das Pferd, dieses Pferd, das ihr beigebracht hatte, dass man nie vorschnell urteilen, sondern tiefer blicken sollte.

Sie atmete seinen Geruch ein, diesen Geruch, der Joey so viel Trost geschenkt hatte. *Oh Joey!* Wie sollte er ohne seinen Freund überleben? Und warum hatte dieses wunderschöne Pferd in seinem kurzen Leben so viel Schmerz ertragen müssen? Sarah drückte ihr Gesicht an Speckles' Wange, ihre Tränen benetzten sein Maul. Lauren und Kim umarmten sie, und alle tätschelten Speckles.

„Ich ... ich kann nicht hierbleiben", sagte Sarah.

Kim drückte ihre Schulter. „Das ist in Ordnung. Ich denke, wir sollten uns von ihm verabschieden und gehen."

Sarah fühlte sich erleichtert und schuldig zugleich. Sie streichelte ein letztes Mal Speckles' Kopf, dann rannte sie zur Toilette, wo sie ungehindert weinen konnte.

Lauren konnte einfach nicht gehen. Noch nicht. Sie brauchte noch ein wenig Zeit mit ihrem Jungen.

„Oh, mein Speckles-Monster", weinte sie, „wie soll ich mich je daran gewöhnen, dass du nicht mehr da bist?"

Er drückte seine Nase gegen ihre, sie spürte seinen Atem an ihrem Kinn. Lauren schlang die Arme um seinen Hals und drückte ihn. Seit Wochen hatte sie das nicht mehr tun können. Speckles' Nacken umfing sie, während sie weinte. Sie beweinte ihren Verlust und den seinen. Beweinte, was er hätte sein sollen und nie mehr sein würde. Sie atmete tief durch und Speckles wich von der Tür der Pferdebox zurück.

Er ging zum anderen Ende der Box, wo sich ein Durchgang befand, der auf eine kleine Koppel führte, wo die Tierärzte die Beweglichkeit eines Tiers einschätzten. Lauren beobachtete voller Ehrfurcht, wie Speckles, der offenbar keine Schmerzen hatte, zu rennen begann. Er rannte und rannte, seine Mähne tanzte im Wind. Er buckelte sogar und richtete sich auf. Er sah beinahe fröhlich aus.

Sie wollte ihn ein letztes Mal rufen, ihn ein letztes Mal berühren. Doch sie erkannte am Ausdruck seiner Augen, dass er nichts mehr um sich herum wahrnahm, nicht einmal sie. Sie wollte nicht fortgehen, und doch wusste sie, dass es an der Zeit für sie war. Sie und Joey würden beide irgendwie ohne ihren besten Freund zurechtkommen müssen.

„Auf Wiedersehen, mein Süßer", flüsterte Lauren.

Ein paar Minuten später standen die vier Frauen gemeinsam in dem kleinen Wartezimmer und hielten einander an den Händen.

„Herr", betete Kim, „wir brauchen dich. Es ist so schwer. Wir können das nicht allein bewältigen. Bitte schenke uns deine Kraft. Umgib uns mit deinem Frieden. Herr, danke für Speckles – auch wenn sein Leben so kurz war. Danke, dass wir ihm eine zweite Chance geben konnten. Herr, wir verstehen deine Wege nicht, aber wir glauben, dass du gut bist und dass du uns durch all das hier hindurchtragen wirst."

Sie drückte Laurens Hand. „Und bitte hilf im Besonderen Lauren, die sich so wundervoll um Speckles gekümmert hat. Halte sie ganz fest und mache sie stark. Wir bitten dich in Jesu Namen. Amen."

Die vier Frauen ließen ihren Tränen freien Lauf und trauerten gemeinsam um das gebrochene Pferd.

Kim fuhr hinter Lauren und Sarah zur Ranch zurück. Die drei hängten den Anhänger ab und säuberten ihn sorgfältig, bis keine Spur von Speckles mehr übrig war. Kim konnte es nicht fassen, dass er wirklich fort war. Einfach so. Sie warf die Tür des Anhängers zu und schloss sie ab.

Sie machte sich Sorgen um Lauren. Und um Sarah – denn auch sie nahm es sehr schwer. Kim wusste, dass dieser Verlust erhebliche Auswirkungen auf ihr Team haben würde. Doch sie befürchtete, dass es für Joey am allerschlimmsten sein würde.

Kim schickte die drei Frauen nach Hause. Es war ein extrem anstrengender Nachmittag gewesen. Sie schrieb Mike eine SMS, um ihn über die Geschehnisse zu informieren und ihn wissen zu lassen, dass sie spät nach Hause kommen würde. Er schrieb zurück, dass er gern vorbeikommen und ihr beistehen wolle, doch Kim brauchte ein wenig Zeit für sich. Sie setzte sich auf einen Picknicktisch und wartete auf die Ankunft der abendlichen Futterhelfer. Sie wollte ihnen sagen, dass Speckles tot war. Später wollte sie von zu Hause aus eine E-Mail an alle Helfer und Familien von *Hope Reins* schicken.

Der Schmerz nagte an ihrem Herzen und begann sich durch ihre Taubheit zu wühlen. Hatte sie genug für Speckles getan? Hätten sie ihn anfangs früher zum Tierarzt bringen sollen? War es ihre Schuld? Sie streckte die Schultern und atmete tief durch. Sie durfte jetzt nicht zusammenbrechen; es gab so viel zu tun.

Ein Wiehern erklang von Koppel Nummer zwei, wo Joey am Zaun hin und her lief. Er wieherte, dann hielt er inne – auf eine Antwort wartend, die er niemals bekommen würde. Kim ging zu ihm hinüber. Sie konnte ihm keinen anderen Trost bieten als ihre Gegenwart.

Joey rannte in der Sekunde zum Gatter, als er die Scharniere quietschen hörte. Er blickte erwartungsvoll an Kim vorbei, um seinen Freund zu begrüßen.

„Er ist nicht hier, Süßer", flüsterte Kim. „Aber ich bin da."

Sie streckte die Hand aus, um seinen Nacken zu berühren, doch er wich vor ihr zurück.

Wo ist er?, fragte Joey mit seiner Körpersprache. *Was habt ihr mit ihm gemacht?*

Kim schritt auf das Pferd zu. „Herr, zeig mir, wie ich ihm helfen kann", betete sie. Joeys ganzer Körper war angespannt und suchte nach Anzeichen seines Freundes.

„Ich bin da", wiederholte Kim und legte eine Hand auf Joeys Rücken. Er stampfte mit den Vorderhufen und wieherte.

„Du bist nicht allein."

Kim legte den Kopf auf Joeys Rücken und ließ ihren Tränen freien Lauf.

„Du bist *nie* allein."

KAPITEL 16

„Was sollen wir nur tun?", fragte Kim Lauren und Sarah. „Joey steht den ganzen Tag auf der Koppel herum. Die Futterhelfer haben mir gesagt, dass er nur wenig Heu frisst und dass er nicht grast. Es ist furchtbar, das mit anzusehen."

Seit Speckles' Tod war eine Woche vergangen. Sieben Tage voller verzweifelter, klagender Schreie vonseiten Joeys. Sieben Tage, in denen er ruhelos am Zaun auf und ab gelaufen war.

Die drei Frauen standen vor Koppel Nummer zwei. Joey hatte schließlich aufgehört, hin und her zu laufen. Seine Unruhe war völliger Apathie gewichen. Alle machten sich große Sorgen um ihn.

„Vielleicht braucht er ein wenig Ablenkung", schlug Sarah vor. „Wir könnten ihn für eine Trainingseinheit von der Koppel holen."

Die Idee war gut. Sie hatten sämtliches Training mit Joey eingestellt, weil sie dachten, dass er ein wenig Zeit bräuchte, bevor sie wieder Anforderungen an ihn stellen konnten. Vielleicht war es an der Zeit, ihn wieder an die Routine zu gewöhnen.

„Ich kümmere mich darum", bot Lauren an. Ihre Stimme klang seltsam matt, sogar in ihren eigenen Ohren. „Ich werde ihn zum Reitplatz führen."

Lauren versuchte, Kim und Sarah mit einem Lächeln aufzumuntern, obwohl der Schmerz in ihrem Innern brannte. Sie fühlte sich desorientiert, als ob ihr Leben in Zeitlupe verliefe, abgekoppelt vom Leben der anderen. Jeden Abend fiel sie erschöpft ins Bett, nur um keinen Schlaf zu finden. Sie wusste, dass Rick sich große Sorgen um sie machte.

„Lass einfach alles raus", forderte er sie immer wieder auf, um sie zum Reden zu bringen. Aber sie hatte das Gefühl, wenn sie alles rausließe, würde sie komplett davon überwältigt werden. Nur unter der Dusche erlaubte sie sich zu weinen, wenn der heiße Wasserstrahl ihre Kopfschmerzen linderte und ihr Schluchzen für ihre Kinder nicht zu hören war.

Wie lange muss ich diesen Schmerz noch aushalten? Einige Freunde, die ihre enge Bindung zu Speckles nie verstanden hatten, erinnerten sie daran, dass Speckles „nur ein Pferd" gewesen war. Als ob das in irgendeiner Weise helfen würde! Sie hatten ja keine Ahnung, wovon sie sprachen. Speckles war nicht *irgendein Tier* gewesen. Er war ein Pferd gewesen, sicher, aber für sie war er so viel mehr gewesen. Er war ihre Kraftquelle, ihr Spiegel, ihr … Es fiel ihr noch immer schwer, darüber nachzudenken, was er alles für sie gewesen war.

„Wir bleiben in der Nähe, solltest du uns brauchen", sagte Kim besorgt.

Lauren holte Joeys Halfter aus der Sattelkammer und ging auf *seine* Koppel – es war nicht mehr *ihre* Koppel. Es war schwer, nicht mehr nach den „Jungs" zu rufen. Würde es sich je normal anfühlen, Joey allein dort stehen zu sehen? Wahrscheinlich nicht. Sie befestigte das Halfter an seinem Kopf und hielt den Führstrick kurz unter seinem Kinn. Sie zog ganz sanft, um ihn zum Gehen zu bewegen. Er rührte sich nicht. Vielleicht *konnte* er einfach nicht.

„Joey, würdest du gern für eine Weile hier herauskommen?", fragte sie matt. „Wir könnten ein wenig spazieren gehen."

Sanft zog sie erneut am Führstrick. Das Pferd hatte keinerlei Interesse daran, ihr zu folgen, und plötzlich wurde ihr bewusst, dass sie keine Kraft hatte, es weiter zu versuchen. Sie war übermüdet, und ihr ganzer Körper schmerzte – heute war der körperliche Schmerz genauso groß wie der seelische. Ihre Gelenke schienen zu brennen und eine Migräne kam auf. Lauren nahm Joeys Halfter ab, drückte ihm einen Kuss auf den Nacken und ließ ihn am selben Fleck stehen. Sicherlich brauchte er mehr Zeit.

Was sollen wir nur mit ihm machen? Kim sah die Niedergeschlagenheit in Laurens Körpersprache. Ihre Schultern hingen herab, als sie die Koppel verließ. Kim machte sich sowohl um Joey als auch um ihre ehrenamtliche Mitarbeiterin Sorgen.

Es war offensichtlich, dass es Joey schlecht ging. Kim wusste, dass Pferde trauern, doch nie zuvor hatte sie das aus erster Hand in so intensiver Form gesehen. Sie hatte mit dem Team darüber gesprochen, Joey einen neuen Weidegefährten zu geben, doch er war noch nicht dazu bereit, und die anderen Pferde waren es ebenfalls nicht.

Es würde knifflig sein, ein passendes Pferd zu finden. Joey war anders, er hatte besondere Bedürfnisse. Würde eines der anderen Pferde das begreifen? Würde ein anderes Pferd Joey so gut verstehen, wie Speckles es getan hatte?

Lauren ging schweigend an Kim vorbei, ohne sie anzusehen. Joey ließ ein leises Wiehern hören. Kim fühlte sich wie von einer schweren Last erdrückt. Wie sollte sie den beiden nur helfen? Sie fühlte sich so machtlos. So hilflos. So ... blind.

In den letzten Tagen hatten sich die ehrenamtlichen Helfer, das Team und sogar einige Kinder besorgt über Joey geäußert. Sie alle hofften, dass Kim Rat wusste. Aber sie hatte keine Ahnung, was sie tun sollte.

Lauren und Sarah kamen auf Kim zu.

„Ich nehme an, du hast gesehen, was los war", sagte Lauren.

„Es ist in Ordnung", erwiderte Kim, bemüht, sie aufzumuntern. „Wir sollten Joey noch eine Woche Zeit geben. Dann sehen wir weiter."

* * *

Zwei Wochen vergingen, ohne dass sich etwas änderte. Joey stand nach wie vor mitten auf der Koppel, bewegungslos, ohne zu grasen – er stand einfach nur da. Man hätte meinen können, dass er darauf wartete, einfach von der Erde verschluckt zu werden.

Sarah und Kim besuchten ihn täglich, versuchten, ihn zum Fressen zu bewegen, zum Trinken, zu irgendetwas. Nichts war mehr einfach mit ihm. Was er vorher problemlos mit sich hatte machen lassen – von der Koppel geführt werden, gestriegelt werden, um den Reitplatz herumgehen –, schien ihm nun eine unglaubliche Energie abzuverlangen. Und allen, die sich um ihn kümmerten, ging es genauso.

„Komm, mein Junge. Du musst etwas fressen", flehte Sarah und hielt ihm eine Handvoll Heu unter die Nase. Er nahm ein paar Halme und ließ sie wieder fallen.

„Oh, Joey, was können wir nur für dich tun?", fragte Sarah. Mehr denn je wünschte sie, dieses besondere Pferd könnte mit ihr reden.

Stattdessen drehte sich Joey um und wandte Sarah den Rücken zu. Er ließ sie nicht mehr an sich heran. Sarah kannte dieses Verhalten nur zu gut, denn sie hatte es selbst schon häufig an den Tag gelegt. Joeys Ohren jedoch bewegten sich nach wie vor und waren immer angespannt, voller Sehnsucht, den Laut zu hören, den er mehr liebte als alles andere.

„Sarah?", rief eine Kinderstimme vor dem Zaun. Sarah erkannte die kleine Lilly, die Joey vor gut einem Monat kennengelernt und sogleich ins Herz geschlossen hatte. „Kann Joey heute mit mir spielen?"

Lillys Mutter unterhielt sich mit Barb. Sarah sah Joey an, der ihr noch immer den Rücken zukehrte, dann kam sie zum Zaun herüber.

„Es tut mir leid, aber Joey kann heute nicht spielen. Es geht ihm nicht so gut."

„Warum denn?", fragte das Mädchen mit traurig hochgezogenen Augenbrauen.

Sarah wusste nicht, was sie antworten sollte.

„Nun …" Sie atmete tief durch. „Er …"

Barb kam heran und legte Lilly einen Arm um die Schultern.

„Hi, Lilly. Kommst du mit, um dir ein Pferd auszusuchen?"

„Ich will Joey", sagte Lilly mit trotzig vorgeschobener Unterlippe.

Barb zog das kleine Mädchen näher zu sich und flüsterte ihm etwas ins Ohr. Dann führte sie es zu Shilohs Koppel.

Sarah sah, wie Lilly zu Joey zurückblickte. Wann würde Joey wieder mit Kindern arbeiten können? Würde er es je können? Er hatte in seinem Leben schon so viel Schmerzhaftes erlebt. War dieser Verlust zu viel für ihn gewesen?

Eine weitere Frage hämmerte in ihrem Hinterkopf, eine Frage, über die sie nicht wirklich nachdenken wollte: Was würde mit Joey geschehen, wenn er nicht mehr für Therapiesitzungen zu gebrauchen war? Würden sie ihn behalten? Sie schob den Gedanken sofort beiseite. Natürlich würden sie ihn behalten. Er war Joey. Er gehörte zur Familie und sie würden ihm beistehen.

Sie spürte den intensiven Drang, ihm so schnell wie möglich zu helfen. Aber wie?

Später am Nachmittag war Sarah gerade mit dem Aufräumen der Sattelkammer beschäftigt, als Lauren vorbeiging. Sarah rief nach ihr, doch Lauren hörte sie nicht. Oder tat sie nur so? Es war mindestens eine Woche her, seit Sarah sie zuletzt auf der Ranch gesehen hatte.

Laurens längere Abwesenheit war nicht unbemerkt geblieben. Kim hatte vergeblich versucht, ihre treue Helferin per Telefon und per Mail zu erreichen.

Sarah sah, wie Lauren auf Joeys Koppel zuging. Ihre Körpersprache glich der des Pferdes; beide ließen sie den Kopf hängen, sahen auf den Boden und wirkten gebrochen.

Was mache ich hier?, fragte sich Lauren, als sie auf die Koppel ging. Was hatte sie angetrieben, ausgerechnet hierherzukommen – es war der letzte Ort, an dem sie gerade sein wollte. *Ich sollte wieder gehen.* Das Gatter schlug hinter ihr zu.

Joey sah verloren aus, wie er so allein auf der Weide stand. Es war seltsam, aber Lauren verspürte Eifersucht auf das Pferd. Wie gern würde sie einfach nur dastehen und trauern wie er. Wie gern würde sie um Speckles weinen, der ihr so schrecklich fehlte, und auch um sich selbst, mit dem anhaltenden Schmerz in ihrem Herzen und ihrem Körper.

Aber das war nicht möglich. Sie hatte zwei Töchter und einen Ehemann, die sie brauchten. Sie hatte zu Hause Verantwortung. Sie musste weitermachen, weiterarbeiten, weiter funktionieren, und deshalb hatte sie sich eine Woche Pause von der Rancharbeit genommen. Es gab dort so viele Dinge, die sie an Speckles erinnerten, und es tat ihr zu weh.

Zu Hause hatte sie sich einen straffen Tagesplan gesetzt: Sie schrubbte jedes Zimmer im Haus und investierte viel Zeit in den

Heimunterricht ihrer Töchter. Sie trainierte ihre Hunde und machte Pläne für einen Garten. Sie zwang sich, ihre Aufgaben zu erfüllen, ohne ständig an Speckles zu denken. Jede Minute ihres Tages war ausgefüllt.

Aber dann kamen die Nächte und die waren schrecklich. Träume, Bilder, Szenen blitzten durch ihr Unterbewusstsein. Sie hatte keine Kontrolle über ihre Gedanken. Die Erinnerungen wirbelten in ihrem Kopf herum, manche schmerzlich, viele wundervoll. Ihr Kopfkissen war von Tränen durchnässt. Rick hielt sie Nacht für Nacht in den Armen.

„Du solltest zur Ranch zurückkehren", flüsterte er eines Nachts in der Dunkelheit.

Ein Teil von ihr wusste, dass er recht hatte, aber wie sollte sie Joey gegenübertreten? Sie hatte ihn in der Woche nach Speckles' Tod sich selbst überlassen. Doch mit jedem weiteren Tag verspürte sie einen stärkeren Drang zurückzukehren. Sie wollte Joey wiedersehen und ihn wissen lassen, dass er sie nicht auch noch verloren hatte.

Und so war sie an diesem Nachmittag in ihre Gummistiefel geschlüpft, hatte sich ihre Schlüssel geschnappt und war zur Ranch gefahren. Dort angekommen, war sie wie ferngesteuert direkt zu Koppel Nummer zwei gegangen. Sie meinte gehört zu haben, wie Sarah nach ihr rief, doch sie konnte nicht stehen bleiben. Sie konnte nicht reden. Sie musste weitergehen, sonst wäre sie umgekehrt und weggerannt.

Nun stand sie neben Joey, der Speckles genauso sehr geliebt hatte wie sie, vielleicht sogar noch mehr. Ein leichter Wind blies ihr durchs Haar. Sie hielt ihr Gesicht in die sanfte Brise. Plötzlich musste sie daran denken, wie Speckles mit dem Seitenspiegel im Maul ausgerissen war. Wie sie ihm hinterhergejagt war und gelacht hatte, als er seine

Beute stolz seinem Freund Joey präsentierte. Eine Träne stahl sich aus ihrem Auge. Und dann noch eine.

Schon bald liefen ihr die Tränen in Strömen über die brennenden Wangen. Ihr Körper zitterte, als ihre sorgfältig aufgerichtete emotionale Wand begann, in sich zusammenzufallen. Sie presste die Hand auf ihren schmerzenden Magen. Ihr Mund war geöffnet, aber es kam kein Laut heraus. Ihr lautloses Weinen ließ ihre Schultern beben. *Gott, wie lange wird es dauern?* Sie schloss die Augen und versuchte, die Erinnerungen und die Trauer auszuschalten.

Beinahe wäre sie aufgesprungen, als etwas ihre Schulter berührte. Sie drehte sich um und sah Joeys Gesicht nur Zentimeter von ihrem entfernt. *Wie lange stehst du schon hier?* Lauren bewegte sich nicht. *Was hast du vor?* Sie wandte den Kopf, um aufmerksam zu lauschen. Sie konnte ihn atmen hören. Beinahe konnte sie seine Tasthaare auf ihrer Wange spüren. Joey senkte den Kopf auf ihre Schulter. Sie spürte den zunehmenden Druck seines Unterkiefers. Sein Kopf wurde immer schwerer und sein Atmen langsamer. War er eingeschlafen? Schließlich stieß er einen langen Seufzer aus, sie spürte seinen warmen Atem in ihrem Nacken. Mit einem Mal war sie ganz ruhig, ihr Schluchzen ebbte ab.

Du brauchst mich. Und ich brauche dich. Vorsichtig legte sie den Kopf in den Nacken. Joey seufzte erneut und berührte mit seinem Kopf zärtlich ihren Hals. Sie würde so lange hierbleiben, wie er wollte.

„Ich weiß, Joe-Joe", flüsterte sie. „Ich weiß, wie sehr du ihn vermisst." Sie streichelte sein Maul. „Ich vermisse ihn auch."

Kim sah Sarah gegen die Sattelkammer gelehnt mit großen Augen in die Ferne starren. Sie folgte ihrem Blick und sah, wie Joey und Lauren auf der Koppel beieinanderstanden. Die beiden Frauen betrachteten die Szene gemeinsam – zwei verwundete Seelen, die einander trösteten. Kim war bewusst, dass sie gerade Zeugen eines sehr persönlichen, intensiven und beinahe heiligen Augenblicks waren.

* * *

Tag für Tag verbrachten Lauren und Joey Zeit miteinander, um zu trauern. Lauren war an jenem ersten Tag auf Joeys Koppel gegangen, um ihm Trost zu spenden. Nie wäre sie auf die Idee gekommen, dass Joey *ihr* helfen würde, ganz langsam Heilung zu finden – dass sie beide ihre eigene Selbsthilfegruppe bilden würden.

In jenem Moment, als Joey seinen Kopf auf ihre Schulter gelegt und sein zitterndes Seufzen ausgestoßen hatte, war in Lauren eine Veränderung vor sich gegangen. Noch wenige Minuten zuvor hatte sie sich mit ihrer Trauer, ihren Gedanken und Erinnerungen allein gefühlt. Dann stand plötzlich Speckles' Freund neben ihr. Er verstand sie wie kein anderer. Joey spürte es und Joey war für sie da. Lauren war voller Angst, mit ihrem Schmerz konfrontiert zu werden, auf die Koppel gegangen – und sie war in dem Bewusstsein weggegangen, dass sie mit ihrem Schmerz nicht allein war.

Joeys verlässliche Nähe erinnerte sie an jemand anderen, der ihr stets zur Seite stand. Jemand, der ihren Schmerz kannte und mit offenen Armen darauf wartete, dass sie sich ihm anvertraute. Sie war vor einiger Zeit zum Glauben gekommen. Sie wusste, dass Jesus sie liebte, und sie war dankbar für diese Liebe. Sie glaubte, dass er für ihre Sünden gestorben und wieder auferstanden war, um ihr ewiges Leben zu schenken. Doch sie hatte noch nicht wirklich begriffen, was für eine Beziehung sie in ihrem täglichen Leben zu ihm haben konnte. *Wie sieht das wohl aus, wie fühlt sich das an?* Diese Nähe zu einem Gott, den sie nicht sehen konnte? Die Gewissheit, dass er sie nie alleinließ?

Doch in dem Moment, als Joey seinen Kopf auf ihre Schulter drückte, hatte sie an einen Bibelvers denken müssen. Jesus sprach zu der Menge der Leute, die sich um ihn herum versammelt hatten, und forderte sie auf, sein Joch auf sich zu nehmen, weil es leicht zu tragen sei. Jesus versprach ihnen Ruhe für ihre Seelen. *Das brauche ich auch, Herr.*

Während sie darüber nachdachte, war eine beruhigende Wärme in ihr Herz gezogen. Ein paar Minuten später hatte sie wieder normal atmen können und nicht mehr weinen müssen. Der Schmerz des Verlusts war noch immer da gewesen wie ein Umhang, der um ihre Schultern hing, doch sie hatte nicht mehr das Gefühl, dass er sie ersticken würde. Aus diesem Bewusstsein heraus hatte sie beschlossen, ihre Arbeit auf der Ranch wieder aufzunehmen.

An manchen Tagen verbrachte sie Stunden mit Joey, an anderen nur ein paar Minuten. Manchmal brachte sie ihre Töchter mit, manchmal hatte sie das Bedürfnis, allein zu kommen.

In der zweiten Woche nach jenem bedeutsamen Vorfall wartete Joey täglich am Gatter auf sie, folgte ihr zum hinteren Teil der Koppel und graste. Lauren legte dann immer eine Hand auf seinen Rücken; eine körperliche Geste, die für ein größeres, unsichtbares Band zwischen ihnen stand.

Nachdem er ein wenig gegrast hatte, lehnte Joey den Kopf gegen ihre Brust und schlief ein – so war es jedes Mal, wenn sie kam. Offenbar war er von seiner Trauer um Speckles zutiefst erschöpft. Lauren half ihm, diese Trauer zu tragen, sodass er sich ausruhen konnte. Und während er ruhte – während sie beide ruhten –, betete Lauren, dass sie beide eines Tages Heilung finden würden.

KAPITEL 17

„Ich denke, es ist an der Zeit", sagte Kim eines Tages Mitte April zu Sarah, Lauren und Barb gewandt.

„Bist du sicher, dass er bereit ist?", fragte Barb.

Lauren antwortete zuversichtlich: „Ja, er ist bereit."

„Nun denn", sagte Sarah, „lasst es uns versuchen."

Joey war noch immer ein wenig deprimiert und in sich gekehrt, doch sein Verhalten hatte sich so weit zum Positiven gewendet, dass das Team beschlossen hatte, ihn mit einem neuen Weidegefährten vertraut zu machen. Zwar ging niemand davon aus, dass Joey zu einem anderen Pferd eine so intensive Verbindung wie zu Speckles aufbauen würde, doch er brauchte Gesellschaft. Mit seinen Einschränkungen aufgrund seiner Blindheit war er auf ein anderes Pferd angewiesen, das für ihn sehen konnte.

Doch welches der Pferde auf *Hope Reins* kam für diese Aufgabe infrage? Pferde haben einen persönlichen Schutzraum und kommunizieren vor allem visuell miteinander. Die kleinste Lippenbewegung spricht Bände. Joey verfügte nicht über einen solchen Schutzraum, und es fiel ihm schwer, den Schutzraum anderer Pferde zu erspüren, da er die visuellen Zeichen nicht lesen konnte. Dadurch war er verwundbar. Andere Pferde konnten seine Behinderung als Bedrohung auffassen, seine Einschränkungen als Konfrontation missverstehen oder – was noch schlimmer wäre – als Schwäche. Ja, sie brauchten ein besonderes Pferd mit einem einzigartigen Charakter, das die Koppel mit Joey teilen konnte. Sie hatten die Wahl zwischen zehn Pferden.

In dem Versuch, die gedrückte Stimmung der letzten Wochen zu heben, schlug Sarah vor, die Suche als ihre eigene Pferde-Version der Sendung *Der Bachelor* zu betrachten.

„Joey könnte dem Gewinner eine Möhre statt einer Rose überreichen", scherzte sie.

Die Frauen gluchsten, obwohl sie alle wussten, dass das hier keine Fernsehshow war. Es würde schwerwiegende Folgen haben, wenn sie das falsche Pferd mit Joey zusammenbrachten. Doch wenn sie je das richtige Pferd finden wollten, mussten sie irgendwann mit der Suche beginnen.

Shiloh war die erste Kandidatin. Die Stute war kleiner als die anderen Pferde und hatte ein sanftes Temperament, was sie zum Liebling der Kinder gemacht hatte. Das war ganz klar eine Gemeinsamkeit zwischen ihr und Joey.

Da die beiden Pferde Nachbarn waren und das ganze letzte Jahr über Zaun an Zaun gelebt hatten, war das Team zuversichtlich, dass es mit Shiloh klappen könnte. Immerhin hatte es nie irgendwelche Probleme zwischen ihr und Joey gegeben.

Sarah führte Shiloh auf Joeys Koppel, während Lauren Joey am Führstrick hielt. Der Plan bestand darin, die beiden Pferde unter Aufsicht zusammenzubringen, damit die Mitarbeiter gegebenenfalls einschreiten konnten. Joey spitzte die Ohren, als er Hufe näher kommen hörte. Sein Kopf wippte erwartungsvoll auf und ab, dann hielt er ihn ganz still und lauschte.

Shiloh sog die Luft ein, roch am Boden und stampfte neugierig mit den Hufen. Sarah ließ sie gemächlich in Joeys Richtung gehen. Sie würden keines der beiden Pferde zwingen. Es war nur ein gewöhnlicher Besuch.

Schließlich kam der entscheidende Moment. Shiloh schritt in Joeys Reichweite und er streckte den Kopf vor. Sie schnupperte, schnaubte – und schnappte nach ihm. Joey riss den Kopf zurück. Shilohs Lippen waren angespannt und ihre Ohren angelegt.

„Ruhig, Shiloh", sagte Sarah beschwichtigend. „Joey ist dein Freund. Gib ihm eine Chance."

Shiloh ließ sich davon nicht beeindrucken. Joey kam wieder näher und diesmal schnappte sie mit den Zähnen nach ihm. Joey fuhr zurück, wandte sich von Shiloh ab und Lauren zu. Das war offenbar ein Fehler gewesen. Shiloh sprang nach vorn und biss Joey ins Hinterteil.

„Mädchen", sagte Sarah und führte Shiloh von Joey fort, „so wirst du keine Möhre von Joey bekommen!"

Die Kombination schien nicht sehr vielversprechend zu sein. Doch im Laufe der nächsten zwanzig Minuten unternahm Shiloh keinen weiteren Versuch, Joey zu beißen. Vielleicht gab es doch noch Hoffnung. Sarah und Lauren nahmen den Pferden die Halfter ab und ließen die Stute und den Wallach allein, während sie ihren anderen Aufgaben außerhalb von Koppel Nummer zwei nachgingen. Ab und zu schnappte Shiloh kurz nach Joey, dann und wann war ein Wiehern zu hören, doch insgesamt sah es so aus, als würden die beiden Pferde gut miteinander auskommen.

Lauren verließ die Ranch, um ihre Töchter abzuholen, als die abendlichen Futterhelfer eintrafen. Sarah informierte das Team über die Veränderung und beobachtete, wie die Helfer Heu auf Koppel Nummer zwei brachten.

Als Joey und Shiloh sich der Heuraufe aus verschiedenen Richtungen näherten, streckte Joey versehentlich seinen Kopf in Shilohs Schutzraum. Sie richtete sich auf, biss ihn und wieherte. Joey wich zurück, doch Shiloh war nicht besänftigt. Sie ließ Joey nicht an die

Heuraufe heran. Selbst als sie sich satt gefressen hatte, piesackte sie ihn weiterhin und scheuchte ihn fort.

Der Anblick war zu viel für Sarah. Joey hatte schon genug durchgemacht. Sie führte Shiloh zurück auf ihre alte Koppel. Vielleicht hätte sich die Stute irgendwann beruhigt, doch Sarah wollte Joeys Wohlergehen um keinen Preis gefährden.

Sarah konnte sich des Eindrucks nicht erwehren, dass Joey erleichtert war, als sie Shiloh von der Koppel führte. Er war einsam, aber offenbar nicht *so* einsam!

„Einverstanden, Kumpel. Keine Möhre für diese Dame hier."

* * *

In den nächsten Monaten wurden mehrere Kandidaten auf Joeys Weide gebracht. Jesse und Essie, zwei weitere benachbarte Stuten, wurden eine nach der anderen zu ihm geführt. Keine der beiden blieb lange, jede reagierte ähnlich wie Shiloh. Gabe, das ehemalige Partypony, verbrachte auch eine kurze Zeit auf Joeys Koppel, doch das kleine Pferd betrachtete Joey als Bedrohung. Wiederholt rammte es seinen Kopf in Joeys Bauch und schnappte warnend nach ihm.

Joey wurde langsam ein alter Hase, was die katastrophalen Versuche anging, einen Gefährten für ihn zu finden, doch Kim und die anderen machten sich Sorgen, dass der Stress irgendwann seinen Tribut fordern würde. Zum Glück war Lauren Tag für Tag bei ihm, um ihn zu trösten.

Die Zeit verging, ohne dass eine Lösung in Sicht kam. Kim war entmutigt, wollte aber versuchen, eine weitere Stute auf die Koppel zu bringen. Gemeinsam mit dem Team entschied sie sich für Abby – ein wundervoller Percheron. Das große schwarze Zugpferd hatte einst als Dressurpferd geglänzt, doch als die Eigentümer umziehen mussten und ihr geliebtes Pferd nicht mitnehmen konnten, hatte Abby auf *Hope Reins* ein neues Zuhause gefunden.

Kim betrachtete die neunhundert Kilo schwere Schönheit als großen Gewinn, denn sie war trotz ihrer Größe und Kraft extrem freundlich. Nichts schien Abby je zu erschüttern, obwohl sie sich mit ihrem massigen Körper nicht so schnell bewegen konnte wie die anderen Pferde.

Abby folgte Sarah eifrig von ihrer großen Koppel auf Koppel Nummer zwei. Neugierig betrachtete sie Joey, der kein Interesse zeigte und Abby und Sarah den Rücken zukehrte.

Doch dann stieß Abby ein erwartungsvolles, aufgeregtes Wiehern aus. Ihr breiter Huf, so groß wie ein Dessertteller, stampfte auf den Boden. Joey machte kehrt und tänzelte auf Abby zu. Seine Knie waren so hoch angezogen, dass er regelrecht stolzierte. Dann blieb er stehen und sog die Luft ein. Die Stute stand etwa drei Meter von ihm entfernt.

Sarah ließ den Führstrick locker und betete, dass das große Pferd Joey nicht verletzen würde. Sie war rund vierhundert Kilo schwerer als er. Wenn Abby ihn angriff, konnte das böse ausgehen. Joey kam noch ein paar Schritte näher. Näher ... noch näher. Seine Nase berührte Abbys Flanke. Die schwarze Stute schrak zusammen, beruhigte sich jedoch rasch wieder. Sie sog Joeys Geruch ein, schnupperte an seiner Nase und an seinem Hals. Joey hob den Schweif höher. Er wieherte und senkte den Kopf in ihre Richtung. Dann stieß er mit seinem Kinn gegen ihr Kinn. Kein Beißen, kein Aufbäumen.

Sarah nahm Abbys Halfter ab. Nun würde der echte Test kommen. *Bitte, Abby, sei nett zu ihm,* flehte sie im Stillen.

Der erste Tag verging ohne Zwischenfälle. Am zweiten Tag wurde Joey zutraulicher. Er begann sich an Abby zu schmiegen, ihr zu folgen und sogar über ihren Rücken zu knabbern. Wundersamerweise ließ Abby alles geschehen und tolerierte sogar Joeys mangelnden Respekt vor ihrem persönlichen Schutzraum.

Am vierten Tag waren Kim, Sarah und die übrigen Mitarbeiter von *Hope Reins* erleichtert. Abby schien die richtige Gefährtin für Joey zu sein. Seine Versuche, sie mit übertriebenem Tänzeln und hochgerecktem Schweif zu beeindrucken, wurden von allen als lustig und liebenswert angesehen. Abby zeigte sich nicht übermäßig beeindruckt und schien sich an ihren liebeskranken Weidegefährten zu gewöhnen.

Doch am siebten Tag wurde offensichtlich, dass Joeys Anhänglichkeit zur Obsession geworden war. Er zeigte Aggressivität gegenüber jedem, der auf die Koppel kam, da er fürchtete, man würde ihm Abby wegnehmen. Lauren duldete er nach wie vor auf der Koppel, doch er stellte sich zwischen sie und Abby. Wenn andere Mitarbeiter durch das Gatter kamen, rannte er auf sie zu, stampfte mit den Hufen und brüllte sein Missfallen heraus. Am zehnten Tag war er so unberechenbar und derart von Abby abhängig geworden, dass Kim beschloss, die beiden Pferde voneinander zu trennen. Sarah führte Abby von der Koppel, während vier andere Mitarbeiter versuchten, den wiehernden, sich wütend aufbäumenden Joey in Schach zu halten.

Mittendrin summte Sarahs Smartphone und erinnerte sie daran, dass in zehn Minuten Therapiesitzungen stattfinden würden. Sie trieb Abby zur Eile an, soweit das bei diesem Koloss möglich war, damit sie auf ihre Weide zurückkehre.

„Er ist wirklich in dich verliebt, was, Abby? Aber das ist ja kein Wunder, wenn man bedenkt, wie wunderschön du bist!"

Abbys schwarze Mähne hing ihr über die Augen und ließ sie verwegen aussehen.

„Joey wird damit klarkommen", sagte Sarah und versuchte, sich selbst zu beruhigen.

Nachdem Abby sich wieder zu ihren Gefährten auf ihrer Weide gesellt hatte, stieß Sarah zu den übrigen Sitzungsleitern, um mit ihnen zu beten, bevor die Familien eintrafen. Anfangs hatte Sarah diese Gebetszeiten vor den Sitzungen als notwendige Routine betrachtet, doch mittlerweile fand sie echten Trost und Halt darin. Jeden Tag fiel es ihr ein wenig leichter, mit Gott zu sprechen, den sie so lange ignoriert hatte. Noch immer verstand sie nicht, warum sie so viel Schmerz und Verrat in ihrem Leben hatte erleiden müssen, doch inzwischen hatte sie die Hoffnung, dass Gott sie nicht völlig vergessen hatte.

Sarah hatte eigentlich nicht vorgehabt, an den heutigen Sitzungen teilzunehmen, bis Barb erwähnte, dass Aly kommen würde.

Das kleine Mädchen war seit seinem ersten Besuch noch einige Male auf *Hope Reins* gewesen. Sie hatte jedes Mal mit Joey gearbeitet – sie hatte seine Koppel ausgemistet, ihn zum Anbindepfosten geführt, um ihn zu striegeln, und sie hatte auf seinem Rücken gesessen, während Sarah ihn um den Reitplatz führte. Doch nie hatte sie auch nur ein Wort gesprochen. Auch wenn das nicht sehr ermutigend war, war Sarah davon überzeugt, dass die Zeit und die Mühe nicht vergeudet waren – sie brauchte nur in Alys Augen zu schauen, die Joey voller Liebe und Vertrauen ansahen.

Sarahs Gedanken schweiften einen Moment ab, als Kim betete. *Ich muss Aly erklären, dass sie heute nicht mit Joey arbeiten kann.* Er war derzeit zu unbeständig und gerade heute hatte er Abby verloren. Sie konnte hören, wie er traurig wieherte, und wusste, dass er hektisch am Zaun hin und her lief. *Oh Joey!*

Sarah fing Aly und Cindy am Parkplatz ab.

„Aly freut sich darauf, Joey wiederzusehen", sagte Cindy und fuhr mit den Fingern durch die dichten Locken ihrer Tochter. „Seit Sie uns wegen Speckles angerufen haben, kann sie es kaum abwarten, Joey zu sehen."

Sarah erinnerte sich daran, wie schwierig diese Anrufe gewesen waren. Kim hatte darauf bestanden, dass jede Sitzungsleiterin ihre *Hope Reins*-Familie persönlich über Speckles' Tod informierte. Als Sarah Cindy angerufen hatte, hörte sie, wie Sarah ihre Worte an Aly weitergab. Wenige Augenblicke später hatte Cindy gesagt, dass Aly wissen wolle, ob es Joey gut gehe. Sarah war von dem Einfühlungsvermögen und der Sorge des kleinen Mädchens beeindruckt gewesen.

Nun kniete sie sich in Augenhöhe vor Aly hin.

„Aly, es tut mir wirklich leid, aber ich glaube nicht, dass wir heute mit Joey arbeiten können. Er ist sehr traurig und verstimmt, weil seine Freundin Abby seine Koppel verlassen musste. Er war ohne Speckles ziemlich einsam, und deshalb haben wir versucht, ihm einen neuen Gefährten zu geben. Aber Abby ist nicht die Richtige für ihn und Joey ist darüber sehr aufgebracht."

Sarah stand auf, um Cindy die Situation noch genauer zu erklären. Voller Mitleid schaute die Mutter auf das hin und her laufende Pferd. Aly stellte sich auf die Zehenspitzen und winkte ihrer Mutter, sich zu ihr herabzubeugen. Cindy strich sich die Haare hinter die Ohren und hörte aufmerksam zu, was Aly ihr ins Ohr flüsterte. Sie lächelte.

„Aly möchte wissen, ob sie ein wenig an Joeys Zaun stehen darf."

Sarah sah Aly an. *Was für ein liebes kleines Mädchen.*

„Das ist eine großartige Idee, Aly! Ich glaube, das würde Joey wirklich gefallen. Er braucht jetzt eine gute Freundin an seiner Seite."

Während Sarah mit Aly zu Koppel Nummer zwei hinüberging, gesellte sich Jo Anne zu Cindy.

„Aly, wir müssen uns heute mehr als sonst auf Abstand halten, okay?", sagte Sarah, die sehr vorsichtig mit dem verstörten Pferd umgehen wollte. „Joey ist wirklich aufgebracht, weil Abby nicht mehr bei ihm ist, und ich will nicht, dass er uns versehentlich wehtut."

Aly nickte. In ihren Augen war ein Verständnis zu lesen, das ihr Alter bei Weitem übertraf.

„Hi, Joey", rief Sarah. „Ich habe Aly mitgebracht. Willst du sie begrüßen?"

Das Pferd lief weiter hin und her und sein Brüllen wurde lauter. Aly presste die Hände auf die Ohren. *Okay, das war wohl keine gute Idee,* schalt Sarah sich selbst.

Und dann setzte sich Aly ein paar Meter von Joeys Zaun entfernt auf den Boden. Ihre Hände waren noch immer auf ihre Ohren gepresst und ihre Augen fixierten Joey. Sarah setzte sich neben sie.

Schweigend saßen sie da und betrachteten das aufgeregte Pferd. Sarah schnalzte mit der Zunge. Keine Reaktion. Joey zeigte weiterhin, wie verstimmt er war.

Sarah sah aus dem Augenwinkel auf Aly. Das kleine Mädchen saß völlig regungslos da. Sie hatte die Hände von den Ohren genommen und drehte einen Grashalm zwischen den Fingern. Es dauerte etwa fünf Minuten, bis Joey ein wenig ruhiger wurde. Er stand nahe beim Gatter und ließ mehrfach ein langes, seufzerähnliches Schnauben hören.

Sarah bedeutete Aly sitzenzubleiben, während sie auf Joey zuging.

„Na, mein Freund, hast du dich beruhigt?", fragte Sarah und streckte vorsichtig die Hand aus.

Joey stampfte dreimal mit dem Huf, bevor er an ihrer Hand roch. Dann schnupperte er in die Luft, offenbar auf der Suche nach Aly. Er konnte sie nicht finden und wandte seinen Kopf von Sarah ab, blieb jedoch stehen. Aly sah Sarah mit hochgezogenen Augenbrauen fragend an. Sarah nickte.

Aly kam näher, und Sarah flüsterte Joey zu: „Sei lieb zu ihr. Wir brauchen jetzt den freundlichen Joey."

Aly sah neben Joey so winzig aus. Ihr Kopf reichte kaum an Joeys gesenktes Kinn heran. Sarah streckte den Arm aus, um das kleine Mädchen auf Sicherheitsabstand zu halten. Als Sarah mit der Zunge schnalzte und erneut ihre Hand ausstreckte, ließ Joey zu, dass sie sein Maul streichelte.

„Aly, ich hole ein Leckerli für Joey. Bitte setz dich und warte auf mich", wies Sarah sie an und zeigte auf eine Stelle, die etwa drei Meter vom Zaun entfernt war.

Das kleine Mädchen gehorchte. Als Sarah fortging, traf sie auf eine Praktikantin, die nach dem erfolgreichen Spenden-Event zum Team gestoßen war.

„Hilary, könntest du kurz auf Aly aufpassen? Ich bin sofort zurück."

Sarah lief zur Futterscheune und holte zwei Pferdekekse. Als sie zur Koppel zurückging, verlangsamte sie ihren Schritt, verblüfft von dem Anblick, der sich ihr bot.

Alys Kopf wippte sachte auf und ab und sie gestikulierte mit den Händen. Sarah sah Alys Profil und erkannte, dass sich der Mund des kleinen Mädchens bewegte. *Redete* sie etwa mit Joey? Sarah sah andächtig zu, wie Joeys seinen Kopf zur untersten Zaunlatte herabsenkte und begann, den Boden vor Alys Füßen zu beschnuppern. Das Mädchen sprach zu Joey und er hörte ihr zu. *Oh Joey! Wenn du wüsstest, was für ein großartiges Geschenk du gerade bekommen hast! Was erzählt sie dir?* Aly drehte sich um. Sarah gab vor, sie gerade erst gesehen zu haben. Sie lächelte und hielt ihr einen Pferdekeks hin.

„Ich glaube, Joey verdient einen besonderen Leckerbissen", sagte sie. „Was meinst du?"

Aly nickte heftig.

Sarah ging auf Joey zu und schnalzte mit der Zunge. Er hob den Kopf, sog den Duft seines Lieblingsleckerlis ein und nahm es gierig aus Sarahs Hand. Sarah winkte Aly herbei und zeigte ihr, wie sie Joey den zweiten Keks hinhalten sollte. Mutig streckte Aly ihre Hand durch die mittlere Zaunlatte. Joey senkte seinen Kopf und nahm den angebotenen Keks behutsam aus Alys Hand. Ein strahlendes Lächeln huschte über Alys Gesicht.

Sarah hätte alles gegeben, um zu wissen, was das kleine Mädchen dem Pferd gesagt hatte. Aber eigentlich spielte es keine Rolle, *was* Aly gesagt hatte – entscheidend war, *dass* sie gesprochen hatte – und natürlich, dass sie mit *Joey* gesprochen hatte!

* * *

„Wir müssen dringend einen Gefährten für Joey finden", sagte Kim ein paar Tage später. „Deshalb habe ich beschlossen, Justin von der Pferderettungsgesellschaft zu übernehmen."

Sie wussten nicht viel über das rotbraune Quarter Horse. Es war eines Tages im Vorgarten einer Farm in Johnston County südlich von Raleigh aufgetaucht. Nachdem die Behörden informiert worden waren und vergeblich versucht hatten, den Eigentümer des Pferdes ausfindig zu machen, begann die Pferderettung, ortsansässige Ranches zu kontaktieren. Die Mitarbeiter hatten dem Pferd den Namen Justin gegeben und beschrieben es als umgänglich und sanftmütig. Es schien gut zu *Hope Reins* zu passen.

„Unser Zeitplan ist derzeit so angefüllt und die großen Gruppensitzungen mit den Familien vom *Ronald McDonald Haus* stehen bevor. Ich habe deswegen keine Zeit, andere Farmen zu besuchen", erklärte Kim ihrem Team. „Daher haben wir beschlossen, Justin versuchsweise hierherkommen zu lassen. Wenn es funktioniert, umso besser. Wenn nicht, werden wir ihn der Pferderettung zurückgeben. Wer weiß? Vielleicht ist Justin der richtige Freund für Joey."

Und tatsächlich: Von dem Moment an, als der mittelgroße Wallach eintraf, kamen er und Joey gut miteinander aus. Justin akzeptierte Joey, spielte mit ihm und versuchte sogar, ihn mit sanftem Knabbern auf dem Rücken und Anstupsen mit dem Kopf zu leiten. Es schien eine direkte Verbindung zwischen den beiden zu geben – endlich!

Vier Tage später schaute Kim den beiden Pferden beim Grasen zu. Sie sprach ein stilles Dankgebet, dass Gott einen so passenden Gefährten für Joey geschenkt hatte, und wollte gerade zu ihrem Büro zurückkehren, als sie sah, wie Justin zusammenbrach! Er fiel einfach um und stieß gegen den erschrockenen Joey, bevor er mit einem lauten Knall auf den Boden prallte. Kim schrie nach Hilfe und rannte auf die Koppel zu. Doch als sie sich dem am Boden liegenden Pferd näherte, hob es den Kopf, streckte die Beine und stand auf. Es begann zu grasen, als ob nichts vorgefallen wäre.

„Was um Himmel willen war das?", rief Kim. Justin schien völlig in Ordnung zu sein, und auch Joey, der wachsam danebenstand und sich nicht rührte, war offenbar unverletzt.

Mehrere Mitarbeiter kamen angerannt, alle waren ratlos. War es vielleicht eine Reaktion auf den Umzugsstress? Das Team ließ das Pferd in Ruhe und versuchte normal weiterzumachen. Doch zwei Tage später passierte das Gleiche wieder.

Kim rief bei der Pferderettungsgesellschaft an, die einen Tierarzt schickte, um Justin untersuchen zu lassen. Nach einigen Tests und nachdem der Tierarzt Zeuge eines dritten Zusammenbruchs gewesen war, stellte er seine Diagnose: Justin litt an Narkolepsie.

„Narkolepsie!", wiederholte Kim und konnte ihr Lachen nicht unterdrücken.

Der Tierarzt erklärte, dass Pferde nur selten von dieser Krankheit betroffen seien, doch wenn, dann gingen damit so starke Ermüdungserscheinungen einher, dass das Pferd sich nicht dagegen wehren könne, von einem Moment zum anderen einzuschlafen. Ein Pferd zu behalten, das ohne Vorwarnung umfallen und möglicherweise ein Kind verletzen konnte, schien nicht klug zu sein. Mit seinen Schlafattacken benötigte Justin besondere Zuwendung, mehr, als *Hope Reins* aufbringen konnte.

„Ein Pferd mit Schlafkrankheit als Gefährte für unser blindes Pferd – das funktioniert leider nicht", erklärte Kim ihren Mitarbeitern, nachdem die Leute von der Pferderettung Justin wieder abgeholt hatten. Dabei hatte es doch so ausgesehen, als wäre Justin der ideale Gefährte für Joey. Nun mussten sie wieder ganz von vorn anfangen.

Kim saß mit ihrem Team am runden Tisch im Büro der Ranch und starrte auf das Whiteboard, auf dem vier Namen von Pferden mit ihren jeweiligen Temperamenten aufgelistet waren. Das Für und Wider für jedes der vier wurde aufgeschrieben. Sie wussten, dass sie keinen dominanten Wallach mit Joey zusammenbringen konnten, wodurch drei der größeren Wallache ausschieden. Die Stuten hatten sie alle schon erfolglos ausprobiert.

Es blieb noch eine einzige Option offen: Spirit. Der Wallach war ihre letzte Hoffnung. Kim wollte gar nicht darüber nachdenken, was wäre, wenn es nicht klappte. Joey brauchte dringend einen Freund auf seiner Koppel. Er hatte bereits begonnen, sich wieder in sich zurückzuziehen. Lauren vollbrachte wahre Wunder mit ihm, aber er brauchte einfach ein anderes Pferd.

Spirit, das beige Pferd mit der schwarzen Mähne, konnte zwar recht eigensinnig sein, aber es verfügte auch über eine gewisse Gelassenheit. Spirit war früher ein Rodeo-Pferd gewesen, was seine Knie erheblich beeinträchtigt hatte. Nachdem er mehrfach verletzt gewesen war, konnte man ihn nicht mehr für das Rodeo gebrauchen. Auf *Hope Reins* hatte er schließlich ein neues Zuhause gefunden. Nach einer Weile hatte er sich offenbar gut auf der Ranch eingelebt, auch wenn seine Kniegelenke noch immer beeinträchtigt waren.

Er war gern mit Menschen zusammen und schien es ihnen gern recht zu machen; wenn jedoch ein Wettertief einbrach oder seine Knie nach langen Trainingseinheiten schmerzten, zeigte er sein Missfallen deutlich. An solchen Tagen verhielt er sich aggressiv und ließ noch nicht einmal die Futterhelfer auf seine Koppel kommen. Wenn er Schmerzen hatte, neigte er dazu, andere zu treten. Spirits Probleme waren mit denen vergleichbar, die Speckles gehabt hatte.

Mit den beiden könnte es funktionieren, wagte Kim zu hoffen. Spirit befand sich zurzeit allein auf einer Weide, doch nun nahm Kim den Stift und schrieb Spirits Namen neben den von Joey auf das Whiteboard.

* * *

Kim traf am nächsten Morgen früh auf *Hope Reins* ein. Sie wollte ein paar ruhige Minuten mit Joey verbringen, bevor Spirit auf die Koppel gebracht wurde. Das bevorstehende Aufeinandertreffen der beiden Pferde bereitete Kim große Sorgen. *Was, wenn es nicht funktioniert?*

Was, wenn wir keinen neuen Gefährten für Joey finden?

Was, wenn uns am Ende nichts anderes übrig bleibt, als ihn abzugeben?

Sie hatte mehr Fragen als Antworten und somit keine Ahnung, wie alles ausgehen würde.

„Blinder Glaube", flüsterte sie. Diese beiden Worte gingen ihr dieser Tage ständig im Kopf herum.

Sie begrüßte Joey mit einem Apfel und tätschelte seinen Rücken, dann kletterte sie in die Heuraufe, wie sie es vor vielen Monaten getan hatte.

„Joey-Schatz, du wirst heute ein neues Pferd kennenlernen. Es heißt Spirit." Kim wickelte sich ein Stück Heu um den Finger.

„Er ist Speckles sehr ähnlich. Zumindest hoffe ich das, wenigstens in den wichtigen Dingen."

Joey hatte seinen Apfel verschlungen und wandte den Kopf Richtung Heuraufe, als ob er sagen wollte: *Ah, du sitzt wieder in meiner Heuraufe.* „Oh Joey", sagte Kim und berührte seine Nase, „ich weiß, dass es ohne Speckles schwer für dich ist. Du hast wirklich viel durchgemacht in letzter Zeit. Aber bitte gib Spirit eine Chance. Wir alle wünschen uns sehnlichst, dass es klappt."

Sie gab Joey ein wenig Heu. „Wir brauchen dich. Wir vermissen den alten Joey – den sanften, liebenswerten, närrischen Joey. Glaubst du, du kannst wieder ganz du selbst werden?"

Joey wieherte leise und brachte Kim zum Lachen. „Guter Junge."

Hoffentlich würde Spirit ebenso umgänglich sein.

Eine Stunde später standen sich Spirit und Joey gegenüber, während Kim mit einer Gruppe Mitarbeiter vor dem Zaun zuschaute.

Ein paar angespannte Sekunden lang rührte sich keines der beiden Pferde. Dann bäumte Spirit sich plötzlich auf und wieherte. Kim wusste, dass er seine Dominanz zeigen wollte. Joey erwiderte das Wiehern und wippte mit dem Kopf auf und ab. Spirit wieherte noch lauter. Dann war es still.

Würde Spirit beißen? Treten? Angreifen? Nichts von alledem geschah. Stattdessen ging er einfach ein paar Meter weiter und begann zu grasen. Joey machte keine Anstalten, ihm zu folgen.

„War es das?", flüsterte Kim mehr zu sich selbst als zu den anderen.

Die Pferde grasten eine Weile. Spirit zeigte noch ein paarmal Dominanzgehabe, aber es war alles nur Show – keine seiner Gesten zielte darauf ab, Joey zu verletzen.

Kim hatte den Eindruck, dass noch nicht alles gewonnen war, und behielt die beiden Pferde im Auge. Doch die Tage vergingen, sie wurden zu Wochen und die Wochen zu Monaten, ohne dass Zwischenfälle auftraten.

Joey hatte einen neuen Weidegefährten gefunden. Sie entwickelten einen entspannten Rhythmus. Es war keine so intensive Beziehung wie die zwischen Joey und Speckles, doch die beiden schienen gut miteinander auszukommen, und Joeys Trauer und Einsamkeit wurden offenbar gelindert.

Schließlich verkündete Kim ihrem Team bei der wöchentlichen Besprechung, dass Spirit und Joey offiziell Weidegefährten waren. „Ich werde die Möhre für den Gewinner nach dem Meeting rüberbringen", gluckste Sarah.

Alle lachten und seufzten erleichtert auf.

„Nun, dann ist es wohl an der Zeit herauszufinden, ob Joey wieder für Therapiesitzungen einsetzbar ist", sagte Kim.

Das Lachen verstummte. Sekundenlang sagte niemand etwas. Alle sahen einander an und warteten, dass jemand das Wort ergreifen würde. Alle befürchteten, dass Joey nach dem Verlust von Speckles für immer verändert war – dass er nicht mehr das fügsame und gelassene Pferd sein würde, das er früher gewesen war.

Schließlich meldete sich Lauren zu Wort: „Das ist er."

KAPITEL 18

„Autsch! Zurück, Joey. Beweg dich!", schrie Lauren auf Joeys Koppel.

Es war der Tag nach dem Meeting des Teams, als Lauren zuversichtlich gesagt hatte, dass Joey für Therapiesitzungen bereit sei. *Was habe ich mir dabei gedacht?* Im Moment gab es jedoch ein viel dringenderes Problem. Lauren war mit Joey auf dem Weg zum Reitplatz gewesen, um ihn zu trainieren. Kurz vor dem Gatter war sie einem Haufen Pferdemist ausgewichen, doch Joey hatte nichts gemerkt und war weiter geradeaus gegangen. Einer seiner Hufe war dabei auf Laurens Stiefel gelandet. Ihr Schrei hatte dazu geführt, dass das Pferd abrupt stehen geblieben war.

„Runter von meinem Fuß, Joey!", schrie sie verzweifelt.

Verwirrt von ihrer Hysterie lehnte sich Joey nach vorn und stupste sie mit der Nase an, ohne seinen Huf von ihrem Fuß zu nehmen.

„Au!" Lauren schlang die Arme um seinen Hals und weinte; sie versuchte voller Verzweiflung, ihn dazu zu bringen, dass er sich endlich bewegte. Schließlich hatte sie sich genug beruhigt, um Joeys Hals loszulassen. Das Pferd trat einen Schritt zurück und schabte mit seinem Huf über Laurens nagelneuen Stiefel, sodass das Leder bis auf ihre Socken abgeschält wurde.

Joey knabberte am Klee, während Lauren vorsichtig ihren Stiefel und ihre Socke auszog. Ihr Fuß war rot und pochte, doch sie konnte ihn drehen, beugen und strecken. Er tat furchtbar weh, hatte jedoch dem Druck eines fast fünfhundert Kilo schweren Pferdes standgehalten. Der Stiefel dagegen nicht! Sie hatte diese Stiefel erst vor Kurzem gekauft, das erste neue Paar seit Jahren. Ein Gedanke schoss ihr durch den Kopf: *Offenbar sollte ich mir keine schönen Dinge zulegen.*

Lauren hielt den zerstörten Stiefel in der einen Hand und Joeys Führstrick in der anderen und humpelte durch das Gatter. Sie ließ Joey auf die Koppel und murmelte: „Du musst unbedingt den Befehl ‚Zurück' lernen. Und ich muss mir ein Paar neue Stiefel kaufen, am besten mit Stahlkappen."

Nach mehreren Tagen, an denen sie keine Stiefel tragen konnte, war Lauren wieder bereit, mit Joey zu arbeiten. Sarah assistierte ihr. Sie leitete inzwischen das kürzlich ins Leben gerufene „Pflege- und Wellness-Team für Pferde" und hatte großes Interesse an der Arbeit mit Joey, da sie wusste, was für eine besondere Wirkung er auf die Kinder hatte.

Joey wieder an ein geregeltes Training zu gewöhnen, stellte sich jedoch als schwieriger heraus, als Lauren und Sarah erwartet hatten. Er hatte sich sehr an Laurens Besuche gewöhnt, bei denen die beiden einfach zusammen waren und er irgendwann an sie gelehnt einschlief. Geweckt zu werden und Lauren von der Koppel zu folgen war für ihn offenbar keine attraktive Alternative. Doch nach einigen Möhren und gutem Zureden gab er schließlich nach.

Die drei kamen am Reitplatz an und Joey ging bereitwillig auf den Platz. Als er erkannte, dass Lauren ihn nicht zu einem lockeren Spaziergang dorthin geführt hatte, begann er, am Führstrick zu ziehen, unsicher, was auf ihn zukommen würde.

In den letzten Tagen hatte Lauren zu Hause verschiedene Trainingsmethoden für blinde Pferde studiert. Der Vorfall mit dem Fuß hatte ihr klargemacht, dass sie unbedingt einen neuen Weg finden musste, um mit ihm zu kommunizieren. Lauren wusste, dass Joey so viel mehr leisten konnte, als sie zurzeit von ihm forderten. Er war ein intelligentes Pferd. Sie hatte es selbst erfahren, als Joey sie nach Speckles' Tod getröstet hatte. Andere Pferdetrainer hatten blinden Pferden erfolgreich Stimmbefehle beigebracht. Joey musste diese Befehle nicht beherrschen, um an den Therapiesitzungen teilzunehmen, doch Lauren war davon überzeugt, dass er mehr mentale Herausforderung benötigte.

Am Tag zuvor hatte sie mit Kim und Sarah bei einer Tasse Kaffee darüber gesprochen.

„Ich glaube, du hast recht", stimmte Kim zu. „Wir ... Ich meine, ich ... Ich hatte solche Angst, er könnte verletzt werden, dass ich ihn nicht zu hart rannehmen wollte."

„Ich glaube, das ist uns allen so gegangen", stellte Sarah klar. „Joey hat so viel durchgemacht und sich dennoch so wunderbar verhalten, dass wir alle nur eines wollten – dass er glücklich ist."

Lauren nahm einen Schluck von ihrem Chai-Tee. „Ich hoffe einfach, dass er durch das Training und durch ein wenig Antrieb wieder aufblüht und sich daran gewöhnt, dass Speckles nicht mehr da ist – auch wenn die Beziehung zu Spirit ihm bereits gutgetan hat."

Kim stellte ihre Tasse Milchkaffee auf den Tisch und lehnte sich vor.

„Ich bin so dankbar für euch und euer Fingerspitzengefühl, was den Umgang mit Joey betrifft." Sie sah Lauren an. „Du bist Joeys Haupttrainerin. Also los! Finde heraus, wozu er fähig ist."

An jenem Abend scherzte Lauren gegenüber Rick, sie wolle für Joey werden, was Annie Sullivan für Helen Keller gewesen war.

„Na, da hast du dir ja was vorgenommen!", erwiderte Rick lächelnd.

In den YouTube-Videos sieht es so einfach aus, dachte Lauren, als sie am nächsten Tag mit Joey auf dem Reitplatz stand. Dagegen verhielt sich das Pferd vor ihr eher wie eine sehr frustrierte Helen Keller.

Schwenken Sie den Führstrick in ausladenden Bewegungen vor und zurück, und das Pferd wird sich rückwärts bewegen. Nun, dieses Pferd tat das offensichtlich nicht. Lauren schwenkte den Führstrick sanft vor und zurück. Keine Reaktion. Sie schwenkte ein wenig fester. Nichts. Sie machte noch größere Bewegungen. Völlig unerwartet bäumte Joey sich auf und kam mit seinen Vorderhufen gefährlich nahe an Laurens Kopf. Sie hielt inne und ließ etwas mehr Abstand zwischen sich und dem Pferd, um sich zu sammeln.

„Er hat Angst und ist wahrscheinlich ein bisschen verärgert", sagte Sarah. „Aber du machst das großartig."

Lauren lachte halbherzig. „Da bin ich mir nicht so sicher. Aber ich werde nicht aufgeben! Er wird es lernen. Ich muss nur herausfinden, wie ich es ihm am besten beibringen kann."

Wenn ich doch nur Annie Sullivan um Rat fragen könnte, dachte Lauren.

Sie schnalzte mit der Zunge, um Joeys Aufmerksamkeit zu gewinnen, und forderte ihn auf, ihr zu folgen, während sie leicht an seinem Führstrick zog. Er folgte ihr. Nach einer Runde um den Reitplatz begann Lauren erneut, sachte mit dem Führstrick zu schwenken und Joey das Kommando „Zurück" zu geben. Sie hatte bei Speckles gesehen, wie ein Pferd ohne Druck trainiert werden konnte. Sicherlich hatte Joey all dies früher gelernt, schließlich war er ein preisgekröntes Springpferd gewesen. Warum also sträubte er sich so sehr?

Er weigerte sich einfach, sich zu bewegen, und blieb wie eine Statue stehen.

„Ich verstehe das nicht", sagte Lauren zu Sarah. „In einem Moment bäumt er sich auf und im nächsten bleibt er wie angewurzelt stehen. Was mache ich falsch?"

„Möchtest du eine Pause? Ich würde es gern mal versuchen", schlug Sarah vor. Doch Joey reagierte auch auf ihre Versuche nicht.

Nach fast einer Stunde verlor Sarah die Geduld. „Es funktioniert nicht, Lauren."

Lauren nahm den Führstrick aus Sarahs Hand.

„Nun ja, immerhin wehrt er sich nicht, so schlecht läuft es also gar nicht."

„Stimmt, aber er macht nicht den Eindruck, als ob er irgendetwas begreifen würde. Vielleicht wird er es nie begreifen." Sie zögerte einen Moment und flüsterte: „Vielleicht kann er es einfach nicht."

Lauren schwenkte erneut den Führstrick, aber diesmal klopfte sie gleichzeitig sachte mit dem Fiberglas-Trainingsstab darauf. Diese Technik hatte sie ebenfalls in einem der Videos gesehen.

„Geh zurück, Joey", flehte sie. „Geh nur *einen* kleinen Schritt zurück." Sie klopfte etwas fester mit dem Stab auf den Führstrick. „Es ist gar nicht schwer. Einfach nur einen Schritt zurück."

Sie stand Nase an Nase mit dem Pferd. „Zurück! Nur einen Schritt…"

Joeys linkes Bein bewegte sich.

Lauren hielt inne. Sie ließ den Arm sinken und bewegte sich nicht mehr. Sie sagte auch nichts. Joey begriff, dass er etwas richtig gemacht hatte, da alle Bewegungen um ihn herum aufhörten, und stellte seine Ohren nach vorn. Lauren griff in ihre Jackentasche und holte eine Möhre heraus. Ihr Schützling nahm das Leckerli mit seiner Oberlippe aus ihrer Hand.

Lauren hob erneut den Arm und schwenkte den Führstrick. Joey blieb wie angewurzelt stehen, bis sie auch den Trainingsstab benutzte.

Erst jetzt trat Joey einen Schritt zurück und legte die Ohren nach vorn, als Lauren den Arm senkte. Er stand gespannt da und schien auf weitere Anweisungen zu warten. Seine entschlossene Trainerin wiederholte die Übung. Als Joey sein Bein bewegte, bekräftigte sie seine Reaktion mit „Joey, zurück" und einer weiteren Belohnung. Joey schritt noch viermal zurück, bevor die Trainingseinheit zu Ende war. Er hatte es begriffen!

Lauren hatte in dem Moment das Gefühl, dass ihr alles möglich wäre. Als sie Joey vom Reitplatz führte, schritt er zurück, jedoch geradewegs in die Holzwand der Umzäunung.

„Okay, mein Freund", sagte Lauren lachend, „genug für heute."

Nachdem sie Joey auf seine Koppel zurückgebracht hatten, kicherten Lauren und Sarah wie zwei kleine Mädchen.

„Er hat's geschafft!", rief Sarah aufgeregt.

Lauren lächelte nur. Ihre Gefühle waren zu stark für Worte. Er *hatte* es geschafft. *Sie* hatten es geschafft. Er hatte schließlich begriffen, was sie von ihm wollte.

Als sie sich bückte, um sich am Knie zu kratzen, spürte sie einen scharfen Schmerz durch ihren Rücken fahren, und ihr Nacken versteifte sich. *Oh nein. Bitte nicht auch noch der Rücken!*

Lauren und Sarah beobachteten, wie Joey nach Spirit suchte. Alle paar Meter hielt er an, um nach ihm zu lauschen. Schließlich erreichte er den Platz, wo Spirit nahe der benachbarten Weide graste. Joey kam auf seinen Gefährten zugeschlendert, blieb jedoch in einiger Entfernung vor ihm stehen. In diesem Moment sehnte sich Lauren nach Speckles. Wie oft hatte sie zugeschaut, wie die beiden Appaloosas mit ineinander verwobenen Schweifen Seite an Seite gegrast hatten.

Joey machte Fortschritte und es ging ihm wirklich besser, doch der Verlust von Speckles war eine Tatsache. Wie gut sich die Dinge auch entwickelten – dieser ganz besondere Freund würde immer fehlen und schmerzlich vermisst werden.

* * *

In der darauffolgenden Woche trainierte Sarah Joey allein. Lauren hatte angerufen und gesagt, dass sie derzeit zu große Schmerzen habe, um mit Joey zu arbeiten. Sie hatte sich so lange tapfer gehalten, dass Sarah beinahe vergessen hatte, dass Lauren große gesundheitliche Probleme hatte. Oft versteckte sie ihre Schmerzen hinter einem Lächeln. Sarah wusste, dass ein Lächeln viel verbergen konnte, aber es gab Grenzen.

Sarah fühlte sich ein wenig verunsichert, was das Training von Joey betraf, und hatte für einen kurzen Moment überlegt, die heutige Trainingseinheit ausfallen zu lassen. Doch sie wusste, dass Lauren sich dann dafür verantwortlich fühlen würde, und das wollte Sarah unbedingt vermeiden.

Bevor sie zu Koppel Nummer zwei ging, suchte Sarah Kim im Büro auf und informierte sie über die Fortschritte im Pflege- und Wellness-Programm. Sarah hatte ehrenamtliche Mitarbeiter eingearbeitet, die jeder bis zu drei Pferden betreuten und direkt mit den Trainern und dem Tierarzt zusammenarbeiteten, um einen Versorgungsplan zu erstellen und umzusetzen. Das war eine recht verantwortungsvolle Aufgabe, die mehr Arbeit mit sich brachte als das Füttern und die Therapiesitzungen, doch es erfüllte Sarah mit tiefer Zufriedenheit, zum Wohlbefinden der Pferde beizutragen.

Noch immer machte sie sich Sorgen darüber, dass Kim oder jemand anderes von der Ranch etwas über ihre Vergangenheit herausfinden könnte und dass die anderen Mitarbeiter sie ablehnen würden, wenn sie wüssten, wer sie wirklich war. Doch sie konnte sich nicht von der Ranch fernhalten. Aus Gründen, die sie selbst nicht ganz verstand, war *Hope Reins* für sie von grundlegender Bedeutung geworden. Tag für Tag kam sie hierher und betete, dass niemand etwas über ihre Vergangenheit herausfinden würde. Die Ironie der Situation – dass sie darum betete, dass ihre Enttäuschung über Gott nicht publik werden würde – entging ihr dabei nicht.

Sarah ging die Liste der Befehle durch, die sie und Lauren für Joey aufgestellt hatten – es waren nützliche Lernprozesse für ihn, darunter das Vorwärtsgehen, Longieren und Heben eines Hufs. Die Befehle waren anspruchsvoll, doch Lauren war überzeugt, dass das blinde Pferd jeden einzelnen davon erlernen konnte.

„Joey ist nur durch die Beschränkungen eingeschränkt, die wir ihm auferlegen", hatte Lauren vor ein paar Tagen gesagt, und Sarah hatte sich diesen Satz gemerkt.

Es stimmte. Es stimmte für Joey, für die Kinder, mit denen sie arbeiteten, und vielleicht sogar für sie selbst.

Sie schüttelte den Kopf. Dies war nicht der richtige Augenblick, um über emotionale Dinge nachzugrübeln. Sie hatte eine Aufgabe zu erledigen.

Sarah beschloss, mit dem einfachsten Befehl zu beginnen: „Geh!" Da Joey ihnen bereits am Führstrick folgte, hoffte Sarah, dass er das Wort intuitiv mit dieser Handlung in Verbindung bringen würde. Sie führte ihn zum Reitplatz und nahm dabei den üblichen Weg. Als Joey sich auf der Mitte des Reitplatzes befand, wollte er rückwärtsgehen, und Sarah musste lachen. Sie bewunderte sein Erinnerungsvermögen.

„Okay, Joey, heute wollen wir vorwärts- statt rückwärtsgehen."

Sie hielt den Führstrick knapp unter seinem getupften Kinn und gab Joey das Signal, indem sie mit der Zunge schnalzte und leicht am Führstrick zog. Wie ein Musterschüler folgte er ihr sofort. Als er die

Hufe hob, sagte Sarah: „Geh." Joeys Ohren zuckten, aber Sarah ging eher von einem Zufall aus, als dass er sie verstanden hatte.

Während sie ihn um den Reitplatz führte, wiederholte sie das Wort immer wieder. Würde es funktionieren? Würde Joey es begreifen? *Vielleicht sollte ich stehen bleiben und von vorn beginnen. Vielleicht sollte ich „Los" sagen, wenn es Zeit ist loszugehen, und „Geh", wenn er bereits dabei ist.* Sarah schloss die Augen und blieb stehen. Joey ging weiter. Da Sarah den Führstrick nur lose hielt, zog Joey ihn im Weitergehen aus ihrer Hand.

„Warte", rief sie. „Joey, stopp!"

So ein Quatsch! Diesen Befehl kannte er noch nicht. Sarah nahm den Führstrick in die Hand, zog daran und brachte Joey zum Stehen.

„Okay, Joey, das war kein gelungener Start. Es ist meine Schuld", sagte sie. „Wir wollen es noch mal versuchen. Diesmal beginnen wir mit ‚Stopp'."

Die nächste halbe Stunde wurde fleißig trainiert. Zunächst war Joey nicht sehr glücklich darüber, dass Sarah beim Befehl „Stopp" den Trainingsstab gegen seine Brust drückte. Er hob protestierend die Vorderhufe an und erschreckte Sarah.

Sie dachte nach. Früher, als Joey noch ein Springpferd gewesen war, hatte er sicherlich stundenlang täglich trainiert und viele Befehle gekannt. Doch nun war er blind und vermutlich war damit alles für ihn anders geworden. Sie schnalzte mit der Zunge und zog sanft am Führstrick, um ihn wieder zum Gehen zu bewegen. Nachdem er einige Schritte gegangen war, berührte sie seine Brust mit dem Stab und sagte: „Brr!" Er stieß sie zurück und wieherte laut.

„Joey, ich will nur, dass du stehen bleibst", klagte Sarah. „Du kannst das sehr wohl. Das weiß ich." Sarah kämpfte gegen ihren Frust. Herkömmliches Training funktionierte bei ihm nicht. Sie brauchte einen neuen Ansatz, der ihn nicht irritieren würde.

Sie rollte mit dem Kopf, um ihre Halswirbel zu lockern, dann versuchte sie es erneut. Diesmal gab sie ihm das Signal loszugehen, begann jedoch nach kurzer Zeit damit, ihren Schritt wieder zu verlangsamen. Dann übte sie sanften Druck auf den Führstrick aus, zählte bis drei, sagte „Brr" und blieb stehen. Joey tat es ihr gleich.

Sie wiederholte die Übung mehrmals. Schließlich begriff Joey die Zusammenhänge zwischen langsamer gehen, Druck ausüben, zählen und anhalten. Durch diesen Erfolg ermutigt, fügte Sarah „Los" und „Geh" zum Wortschatz hinzu und sprach jedes Wort laut und klar aus. Sie wusste, dass Joey noch mehrere Trainingseinheiten brauchen würde, um das Erlernte zu festigen, doch sie war neugierig, wie viel er behalten hatte, und wollte versuchen, alle bisher gelernten Befehle zusammenzubringen.

„Joey, zurück!", befahl sie.

Er neigte den Kopf und mahlte konzentriert mit den Zähnen.

„Joey, zurück!", wiederholte sie und drückte sanft gegen seine Brust.

Das Pferd ging einen Schritt rückwärts.

„Okay, Joey, los!", befahl sie.

Er ging vorwärts.

„Joey, geh!", rief sie schnell hinterher, während er um den Reitplatz ging.

„Joey, eins, zwei, drei, brr!"

Joey war bei „drei" stehen geblieben!

„Joey, du hast es geschafft! Bravo!", rief sie begeistert.

Sie streichelte seinen Rücken und sein Hinterteil, bevor sie ihn die bekannte Route zur Koppel zurückführte. Sie konnte es kaum erwarten, Lauren zu berichten, dass Joey drei weitere Befehle gelernt hatte.

* * *

Vier Wochen später saß Lauren auf dem Reitplatz auf Joeys Rücken. Eine leichte Sommerbrise brachte ein wenig Abkühlung von der Juli-Hitze. *Bin ich jetzt total verrückt, ohne Führstrick auf einem blinden Pferd zu reiten?* Vielleicht hatten ihre neuen Medikamente diesen Einfluss auf sie?

Am Abend zuvor hatte sie es noch für eine großartige Idee gehalten. Sie hatte im Bett gelegen und dem leisen Schnarchen ihres Mannes gelauscht, als ihr der Gedanke, auf Joey zu reiten, wie eine Eingebung gekommen war. Sie dachte, es wäre ein guter Weg, das intelligente Pferd herauszufordern und ihm dabei zu helfen, noch intensiver mit seelisch verletzten Kindern in Kontakt zu treten.

Doch heute Morgen, als sie wirklich im Sattel saß, kam ihr die Idee absolut lächerlich vor. Doch sie war entschlossen – oder sollte es zumindest sein. Jetzt war es zu spät. Sie war auf Joeys Rücken geklettert und wollte herausfinden, wozu er in der Lage war.

Er hatte in kurzer Zeit viele Befehle gelernt. Er hatte die Befehle „Langsam" und „Schneller" begriffen. Er hatte gelernt, dass „Alles okay" bedeutete, dass es keine Hindernisse auf seinem Weg gab. Er hatte sogar verstanden, dass „Etwas höher" bedeutete, dass er vor einem leichten Anstieg stand und seine Hufe und den Kopf etwas höher halten musste, während „Etwas tiefer" das Gegenteil besagte. Doch Laurens Lieblingsbefehle waren „Huf" (wenn er „Pfötchen" geben sollte), „Komm her, Kumpel" (wenn sie wollte, dass er den Kopf zu ihr neigte, damit sie ihn küssen konnte), und „Ich bin bei dir" (wenn sie ihm zeigen wollte, dass er in seiner Angst nicht allein war). Es war wirklich bemerkenswert, was er alles gelernt hatte.

Als Lauren ihn in der Woche zuvor bei einer Therapiesitzung beobachtet hatte, war ihr der Gedanke gekommen, dass es Joeys Blindheit war, die ihn zu einem geeigneten Therapiepferd für *Hope Reins* machte. Während ihrer intensiven Trainingseinheiten hatte sie eine andere Seite an ihm kennengelernt. Sie hatte einen Eindruck davon bekommen, wie Joey in seinen früheren Tagen gewesen sein mochte, als er auf Turnieren geglänzt hatte. Er war sicherlich ein sehr willensstarkes Pferd gewesen. Die Anforderungen seines damaligen Lebens hatten ein solches Temperament erfordert. Dies und seine Intelligenz waren große Qualitäten, als Therapiepferd für *Hope Reins* wäre er damit jedoch gänzlich ungeeignet gewesen.

Zu ihrer eigenen Überraschung dankte sie Gott für Joeys Blindheit – nicht dafür, dass er mit der Einschränkung leben musste, aber dafür, dass Gott aus dieser schlimmen Situation etwas so Wundervolles gemacht hatte.

Joeys Schicksal erinnerte sie an die biblische Geschichte von Josef. Josefs Brüder verkauften ihn in die Sklaverei, und später wurde er zu Unrecht als Verbrecher angeklagt und ins Gefängnis geworfen. Doch Gott überließ ihn nicht seinem Schicksal, sondern wendete all die negativen Dinge in seinem Leben zum Guten.

Als Lauren an jenem Abend zu ihrem Auto gegangen war, fiel ihr zum ersten Mal auf, dass Joey ein Spitzname für Josef war. *Wie passend!*

Nun war der Moment gekommen, in dem sie Joey vertrauen musste – und er ihr.

Lauren war entschlossen, sein Vertrauen nicht zu enttäuschen.

„Bist du sicher?", fragte Sarah ein letztes Mal.

„Ja, ganz sicher. Du kannst den Führstrick aushaken."

Und schon stand Joey ohne Leine da. Als ob er spüren würde, dass diese Sicherheit nicht mehr da war, erstarrte er. Lauren erstarrte ebenfalls. Dann atmete sie tief ein und laut aus, wie ein schnaubendes Pferd. *Wenn ich wie ein entspanntes Pferd klinge, wird sich Joey vielleicht auch entspannen.*

„Okay, Joey", sagte sie. Sie nahm die Zügel locker in die Hände und sagte klar und zuversichtlich: „Joey, geh."

Und er ging – genau vier Schritte. Dann blieb er wie angewurzelt stehen.

Lauren drückte ihre Schenkel in Joeys Flanken. „Joey, geh."

Der Kopf des Pferdes nickte und die Ohren zuckten. Er wollte gehorchen, doch er tat es nicht – konnte es nicht.

Sarah tätschelte sein Kinn. „Komm, Kumpel. Ich bin da. Du kannst das schaffen. Geh!"

Sie ging mehrere Schritte, in der Hoffnung, dass Joey ihr folgen würde. Er tat es nicht.

Sarah schnalzte mit der Zunge und klatschte in die Hände. Und tatsächlich: Joey kam auf sie zu. Sie wiederholte das Ganze und ging mehrere Schritte weiter, Joey folgte ihr. Lauren tätschelte seine Schulter. Es war nicht der Ritt, den sie erwartet hatte, aber sie saß noch immer im Sattel und Joey bewegte sich. Als Sarah aufhörte, mit der Zunge zu schnalzen und in die Hände zu klatschen, blieb Joey stehen.

„Ich hab's!", rief Sarah plötzlich und holte ihr Smartphone aus der Hosentasche.

Was tut sie da? Es war wohl kaum der richtige Moment, um etwas auf Instagram zu posten! Doch dann hörte Lauren ein regelmäßiges Klicken aus dem Smartphone. *Natürlich! Das Metronom!*

Sie zwinkerte Sarah zu. „Gute Idee!"

Sarah steckte ihr Smartphone zurück in ihre Gesäßtasche und rief: „Joey, geh!" Und Joey ging los und folgte dem Klang des Metronoms. Sarah führte Joey zweimal um den Reitplatz, dann und wann stieß seine Nase gegen ihre Gesäßtasche. Als sie sich zum zweiten Mal dem Gatter näherten, stellte Sarah das Metronom aus, und Lauren rief: „Joey, eins, zwei drei, stopp."

Er hielt bei „drei" an.

„Du hast es geschafft!", riefen die beiden Frauen voller Begeisterung.

Joey neigte den Kopf, als wolle er sagen: *Was soll die ganze Aufregung hier?* Er wurde mit Streicheleinheiten und Küssen belohnt.

In der darauffolgenden Woche führten Sarah und Lauren das gemeinsame Training mit Joey fort. Er wurde von Tag zu Tag sicherer. Am vierten Tag ritt Lauren ohne Sattel. Am siebten Tag brauchte Joey das Metronom nicht mehr. Er reagierte auf Laurens Befehle und Zügelführung. Natürlich verlief der erste Versuch ohne Metronom nicht perfekt. Es gab einige kleine Patzer – Laurens Bein streifte ein- oder zweimal am Zaun entlang, und Joey beschleunigte einmal, statt langsamer zu werden – aber sie schafften es dennoch. Als Lauren ihn zum Stehen brachte, strahlte sie, als er bei „zwei" anhielt.

Sie hatte gerade ganz allein auf einem blinden Pferd den großen Reitplatz umrundet! Eine Frau, die seit Jahren unter starken Schmerzen litt, war gerade auf einem Pferd geritten, das nicht den Boden unter sich sehen konnte. Es war überwältigend! Sie herzte und lobte ihr Pferd und wusste, dass sie diesen Moment für immer in ihrem Herzen tragen würde.

Und nicht nur das: Lauren war zutiefst gerührt, weil sie erkannt hatte, wie Gott sie in all den Jahren geführt hatte – in all diesen schmerzerfüllten Jahren. Er hatte sie nie im Stich gelassen, sondern war immer bei ihr gewesen.

Sie kletterte von Joeys Rücken und schlang beide Arme um das Pferd. „Danke", flüsterte sie.

KAPITEL 19

Der Herbst hielt Einzug auf *Hope Reins*. Apfelkisten, Kürbisse und Strohmänner verliehen der Ranch ein stimmungsvolles Ambiente. Die Bäume zeigten ihre volle Farbenpracht, ein Hinweis auf ihren kunstvollen Schöpfer. Die Jahreszeiten kamen und gingen, doch Gott blieb stets derselbe – auf diese Grundlage baute *Hope Reins* auf.

Doch mit der wechselnden Jahreszeit kamen auch kürzere Tage und kältere Temperaturen, und da es auf der Ranch nach wie vor keinen elektrischen Strom gab, wurden die Therapiesitzungen bis zum nächsten Frühling ausgesetzt.

Ich darf Alys letzte Sitzung nicht versäumen, dachte Sarah. Nach der Arbeit besorgte sie sich eine Kleinigkeit zu essen, dann fuhr sie direkt zur Ranch.

Die ehrenamtlichen Mitarbeiter zerstreuten sich nach dem Team-Gebet und begrüßten die eintreffenden Kinder. Sarah entdeckte Aly und ihre Mutter und ging auf sie zu.

„Hi, Aly", sagte sie und drückte das kleine Mädchen.

Sie war entzückt, als Aly die Umarmung erwiderte.

Sarah umarmte auch Cindy und sagte: „Ich kann es kaum glauben, dass dies für eine Weile unsere letzte Sitzung sein wird."

„Ich weiß. Aly ist richtig traurig darüber. Aber ich habe ihr gesagt, dass wir vielleicht samstags während der Stallarbeiten kommen und Joey besuchen können. Das geht doch im Winter weiter, oder?"

„Ja, sicher. Das ist eine gute Idee. Joey würde sich bestimmt darüber freuen."

Ein Lächeln huschte über Alys Gesicht. Eine Umarmung *und* ein Lächeln! Wenn das kleine Mädchen doch nur sprechen würde. Als Cindy fortging, um sich einen ruhigen Platz zum Arbeiten zu suchen, konnte Sarah ihre Enttäuschung fühlen. Aly kam seit einem Jahr regelmäßig zur Ranch und hatte große Fortschritte gemacht, was ihre Beziehung zu Gleichaltrigen und zu Pferden betraf, doch offenbar hatte Cindy begonnen, sich widerstrebend damit abzufinden, dass ihre Tochter wohl für immer in einer Welt des Schweigens gefangen bleiben würde.

Sarah sehnte sich danach, Cindy ein paar ermutigende Worte zu sagen. Aber *was* sollte sie sagen? War sie vielleicht zu naiv? Schließlich wusste sie nicht, was Aly vor ihrer Adoption durchgemacht hatte. Möglicherweise hatte sie ähnlich wie Joey Misshandlung erlebt und bleibende seelische Wunden davongetragen. Sarah spürte, wie sie selbst an einer möglichen Besserung zu zweifeln begann.

Sarah und Aly gingen zur Sattelkammer, um Joeys Halfter zu holen. Als sie auf Koppel Nummer zwei zugingen, bemerkte Sarah, wie Aly Spirit zulächelte, den sie bei ihrem letzten Besuch kennengelernt hatte. Das kleine Mädchen freute sich offenbar darüber, dass Joey einen neuen Freund hatte.

„In Ordnung, Aly, lass uns Joey holen."

Alys Augen glänzten, als sie sich vertrauensvoll ihrem Lieblingspferd näherte. Sie hielt ihre kleine Hand unter Joeys Nase, und er roch ausgiebig daran und sog ihren Duft ein. Aly hatte keine Angst, als Joey noch näher kam.

„Joey freut sich, dass du hier bist", sagte Sarah. „Meinst du, er möchte mit uns zum Anbindepfosten gehen?"

Aly nickte heftig. Sie war zu klein, um Joey das Halfter umzulegen, deshalb kümmerte sich Sarah darum. Dann legte sie Aly den Führstrick in die Hand. Alys Augen weiteten sich und spiegelten die Freude über diese neue Verantwortung wider.

„Wir müssen Joey über denselben Weg führen, den wir immer nehmen", erklärte Sarah, als sie durch das Gatter gingen. „Da Joey blind ist, müssen wir dafür sorgen, dass er weiß, wo er ist und wohin er geht. Wenn wir immer denselben Weg zum Anbindepfosten und zum Reitplatz nehmen, fühlt er sich sicher."

Aly nickte und kam ihrer Aufgabe entschlossen nach. Am Anbindepfosten schlangen Aly und Sarah gemeinsam den Strick um das Holz.

Sarah gab ihrer jungen Partnerin eine grobe Bürste, um Joey zu striegeln, während Sarah seine Hufe inspizierte. Als sie damit fertig waren, fragte Sarah: „Möchtest du jetzt auf Joey reiten?"

Aly fuhr mit ihren kleinen Fingern, deren Nägel rot lackiert waren, über die Sprenkel auf Joeys Flanke und nickte eifrig.

„Möchtest du versuchen, ohne Sattel zu reiten?"

Alys Augen wurden ganz groß. Sie öffnete ein wenig die Lippen, als sie Joey liebevoll ansah. Als Sarah zum ersten Mal beobachtet hatte, wie Lauren ohne Sattel auf Joey ritt, hatte sie sofort an Aly gedacht. Sarah hatte es als Kind geliebt, ohne Sattel zu reiten. Die direkte körperliche Berührung vermittelte dem Reiter das Gefühl, mit dem Pferd eins zu sein. Vermutlich würde auch Aly diese Erfahrung genießen.

Sarah führte Joey zum Reitplatz und legte ein dünnes Wildleder-Reitkissen auf seinen Rücken, um zu verhindern, dass er wund gerieben wurde. Dann sicherte sie den Gurt und half Aly, die Reitkappe aufzusetzen und aufzusitzen.

„Okay, Kleines", sagte Sarah und hielt Alys Bein fest. „Das hier ist anders als Reiten mit Sattel, aber es wird dir viel Spaß machen."

Aly fuhr mit den Fingern durch Joeys Mähne, während Sarah sprach.

„Joey ist es gewöhnt, so geritten zu werden. Ich werde ihn am Führstrick führen und du brauchst nur deine Hände an seinen Hals zu legen." Sie legte Alys Hände zu beiden Seiten auf Joeys Hals. „Wir kümmern uns heute auch nicht um die Zügel. Du sollst es einfach genießen, auf Joey zu reiten. Wenn du das Gefühl hast, dass du herunterrutschst, dann drück deinen Po fester auf seinen Rücken, in Ordnung?"

Aly hörte aufmerksam zu.

„Ich werde ihn zuerst ganz langsam führen, damit du dich an die Bewegung gewöhnen kannst, und wenn du dich damit wohlfühlst, können wir eine etwas schnellere Gangart wählen. Falls nicht, halten wir an. Joey ist bereit. Und du, bist du bereit, kleine Aly?"

Das Mädchen nickte eifrig.

Sarah machte eine Pause und betrachtete die Sechsjährige. *Sie erinnert mich an mich in diesem Alter.* Aly sah Sarah überhaupt nicht ähnlich, und ihr Werdegang war ein ganz anderer, und doch – aus irgendeinem unerfindlichen Grund – konnte sich Sarah mit dem kleinen Mädchen identifizieren.

Mit Joeys Führstrick in einer Hand und Alys zutraulichem Gesicht über sich spürte Sarah auf einmal einen Knoten im Magen. *Ich würde so gern deine Stimme hören.* Ihre Gedanken wurden von Joeys ungeduldigem Scharren mit den Hufen unterbrochen. *Auf geht's.*

Sarah schüttelte ihre Gedanken ab und schnalzte mit der Zunge. „Joey, los."

Das Pferd reagierte sofort. Sarah spähte zu Aly hoch, deren Grübchen ihr Entzücken verrieten.

Nach einer Runde wurde Alys Lächeln noch breiter. In dem Moment kam Heather, eine andere Mitarbeiterin, mit Gabe und einem kleinen Jungen auf den Reitplatz. *Oh nein,* stöhnte Sarah im Stillen. *Müssen wir unsere Sitzung jetzt beenden?* Sie konnte nicht riskieren, dass Joey durch Gabe abgelenkt wurde.

Sie versuchte, Heathers Aufmerksamkeit zu gewinnen, doch diese drehte ihr den Rücken zu, während sie dem Jungen beim Aufsitzen half. Sarah beschloss, Aly zum Anbindepfosten reiten zu lassen, wo sie die Sitzung mit erneutem Striegeln abschließen würden.

Als sie gerade Joey zum Ausgang führen wollte, verspürte sie ein seltsames Gefühl, das sie innehalten ließ. Tief in ihrem Herzen hatte sie den Eindruck, dass sie auf dem Reitplatz bleiben sollte. Tränen traten ihr in die Augen, als sie dem Impuls folgte und eine weitere Runde mit Joey drehte.

Heather lächelte Sarah an, als diese Joey in einem weiten Bogen um Gabe herumführte, und nickte, um zu signalisieren, dass sie die Situation im Griff hatte. „Wir bleiben hier drüben", rief Heather. Sarah winkte ihr dankend zu.

Lass los.

Schon wieder ein innerer Befehl. *Was soll ich loslassen?* Sie sah auf den Führstrick in ihrer Hand. Den Führstrick? Warum sollte sie ihn loslassen? Wenn sie das tat, würde Aly ganz allein reiten.

Gott, bist du das? Sarah rang nach Luft, überwältigt von dem Gedanken, dass Gott zu ihr gesprochen haben könnte. Es schien verrückt zu sein. Das Kind hatte nie auch nur ein Wort zu Sarah gesagt. Wenn sie ohne Sarahs Führung ritt, würde sie laut sprechen müssen.

Der innere Antrieb war zu stark, um ihn zu ignorieren.

„Aly, meine Freundin Lauren hat Joey schon ohne Führstrick geritten. Wir haben Joey eine Reihe neuer Befehle beigebracht, sodass er gehen kann, ohne geführt zu werden."

Aly sah sie erwartungsvoll an.

„Möchtest du es versuchen? Dir kann nichts passieren. Joey wird nicht hinfallen, aber …", Sarah machte eine Pause und sah Aly in die Augen, „… er wird sich nicht bewegen, wenn er dich nicht hören kann. Wir haben Joey beigebracht, auf gesprochene Befehle zu reagieren, deshalb muss der Reiter mit ihm sprechen."

Aly blinzelte, doch sonst war nichts in ihrem Gesicht zu lesen.

„Wenn ich Joeys Führstrick um seinen Hals lege, kann ich ihn auf der anderen Seite des Halfters befestigen und daraus Zügel für dich machen. Aber du musst ‚Los' zu ihm sagen. Er muss deine Stimme hören, damit er sich sicher fühlt."

Wird sie es tun?

Kann sie es tun?

„Aly, ich weiß, dass du das schaffen kannst. Aber es ist deine Entscheidung, okay? Heute ist für eine lange Weile der letzte Tag, an dem du Joey reiten kannst. Ich kann ihn auch weiterhin führen, wenn du willst …"

Sarah fürchtete sich davor, Aly anzusehen. Sie hatte Angst, dass die Kleine den Kopf schütteln würde, Angst, dass ihre innere Überzeugung nicht von Gott kam, sondern ihrem eigenen Wunschdenken entsprang. Nach einer gefühlten Ewigkeit sah Sarah Aly an.

Aly saß vollkommen still da, mit durchgedrücktem Rücken, die Lippen zusammengepresst, die Hände an Joeys Hals gelegt. Sie starrte Sarah mit hochgezogenen Augenbrauen an, ohne auch nur zu blinzeln. Dann drehte sie langsam den Kopf, um den anderen Reiter zu beobachten, der allein auf Gabe ritt, während Heather danebenstand. Sarah konnte die Sehnsucht in ihren Augen sehen. Sie wusste, dass das kleine Mädchen reiten wollte. *Bitte, Herr,* flehte Sarah lautlos.

Aly drehte sich wieder zu Sarah und wandte die Augen ab. Sie schien in sich zusammenzusinken.

Sarah wollte gerade mit der Zunge schnalzen und Joey zum Gehen bringen, als sie wieder die Stimme in ihrem Innern hörte. *Bleib hier.*

„Möchtest du es auch einmal versuchen, Aly?", fragte Sarah.

Ein Nicken war die einzige Antwort.

Sarah zuckte mit den Schultern. Das kleine Mädchen wollte offenbar auf dem Reitplatz bleiben. Sarah führte Joey zur Südseite der Umzäunung, sprach ein stilles Gebet und schlang den Führstrick um Joeys Hals.

„Okay, Aly, Joey gehört dir. Aber er muss wissen, dass du ihn jetzt führst. Er wird sich nicht bewegen, wenn du ihm nicht sagst, was er tun soll. Atme tief ein und sprich laut mit ihm. Er weiß, dass ich ihn nicht mehr am Strick halte, und er ist jetzt ein wenig nervös."

Sarah sah ein kleines Aufleuchten von Furcht in Alys Augen.

„Du weißt, wie du ihn führen musst. Er kennt den Reitplatz gut. Aber er muss deine Stimme hören, damit er weiß, dass du bei ihm bist." Sie machte eine Pause, dann fügte sie hinzu: „Du sagt ‚Los', damit er sich in Bewegung setzt, und wenn du willst, dass er anhält, dann sagst du ‚Eins, zwei, drei, brr'. Bereit?"

Sarah war ein einziges Nervenbündel. Ihr Magen verkrampfte sich, und sie bereute es, vorher den Cheeseburger gegessen zu haben. Aly sah auf Joeys Rücken wie eine winzige Puppe aus. Sie ließ nicht erkennen, ob sie bereit war, machte keine Anstalten, den Mund zu öffnen. Sarah wartete und lehnte sich leicht vor, verzweifelt auf ein Wort von Aly lauschend. Doch alles, was sie hörte, waren die Hufschläge von Gabe und das Plappern seines kleinen Reiters.

Sie lächelte Aly an. Deren Augen waren starr nach vorn gerichtet, ihre pinkfarbenen Stiefel baumelten an beiden Seiten von Joeys Rücken herab. Das kleine Mädchen focht offenbar einen inneren Kampf aus. Einen Kampf um die Befreiung von der Angst.

„Joey, los."

Es war ein Flüstern. Nicht laut genug, um die Geräuschkulisse auf dem Reitplatz zu durchdringen, doch laut genug, um Sarahs Herz ein wenig schneller schlagen zu lassen. *Aly spricht!*

Sarah rührte sich nicht und sah auf Joey. Er bewegte sich nicht. Der geflüsterte Befehl war nicht zu ihm durchgedrungen.

„Gut gemacht, Aly", sagte Sarah. Sie zwang sich, ruhig zu bleiben, obwohl sie Aly am liebsten um den Hals gefallen wäre. „Das war toll und ich bin stolz auf dich. Könntest du das noch mal sagen, aber diesmal lauter? Joey konnte dich nicht hören, weil hier so viele Geräusche sind. Wir müssen wirklich laut sprechen, damit er uns hört."

Aly nickte, dann wandte sie schnell den Blick ab. Sie hielt die improvisierten Zügel krampfhaft fest. Joey verlagerte ganz leicht sein Gewicht und scharrte mit einem Huf. Die Situation war neu für ihn und er wurde nervös.

Wie lange soll ich das so laufen lassen? Mache ich es richtig? Komm schon, Aly. Du kannst das. Sprich nur zwei Worte. Komm schon ...

„Joey, los."

Joeys Ohren zuckten zurück. Er hatte die sanft gesprochenen Worte gehört. Aber er war nicht sicher, woher sie kamen und an wen sie gerichtet waren. Sarah lächelte angesichts des Mutes des kleinen Mädchens. Sie steckte die Hände in die Hosentaschen und versuchte, ihre Aufregung unter Kontrolle zu halten. Sie konzentrierte sich darauf, Aly dabei zu helfen, lauter zu Joey zu sprechen.

„Gut gemacht, Aly!", ermutigte sie das kleine Mädchen. „Diesmal hat er dich gehört, aber er fühlt sich noch nicht sicher genug, um loszugehen. Er muss wissen, dass du ihm das Losgehen *befiehlst*. Kannst du es noch lauter sagen? Für Joey?"

Sarah hielt den Atem an.

„Joey, los!"

Es war ein klarer, energischer Befehl, ausgesprochen von einer jungen, sanften Stimme.

Als ob Joey genau wie Sarah nur darauf gewartet hätte, begann er zu gehen. Er hielt den Kopf hoch, als ob auch er stolz auf Aly wäre. Sarah kicherte, als sie ein leichtes Tänzeln in seinem Schritt entdeckte. Aly sah genauso stolz aus wie das Pferd, ihre Augen glänzten vor Freude und Zuversicht.

Aly beugte sich leicht nach rechts und Joey reagierte. Das Pferd kannte den Reitplatz so gut, dass es eigentlich keine Ausrichtung benötigte, doch Aly nahm ihre Aufgabe sehr ernst. *Joey will ebenfalls, dass sie Erfolg hat.* Alys Mund bewegte sich. Sie schien mit Joey zu plaudern. Mit nur zwei Worten hatte sich alles geändert. Die Stimme des kleinen Mädchens war „entriegelt" worden. Aly hatte sich den Ängsten gestellt, die sie jahrelang eingeschlossen hatten. Sie hatte ihre Stimme benutzt, nicht für sich selbst, sondern für Joey.

Sarah war so überwältigt vom Zauber des Augenblicks, dass sie die Frau nicht bemerkte, die weinend am Eingang des Reitplatzes stand. Cindy war gerade rechtzeitig gekommen, um Aly ohne Sattel reiten zu sehen, eine Leistung, die an sich schon bemerkenswert war. Doch dann war sie Zeuge einer gewaltigen Überraschung geworden, die sie bis ins Mark erschüttert hatte. Cindy presste die Hand vor den Mund, Tränen strömten über ihre Wangen. Sarah bemerkte sie noch immer nicht. Sie war völlig fasziniert und genoss diesen heiligen Augenblick, in dem das kleine stimmlose Mädchen zu dem blinden Pferd sprach.

KAPITEL 20

Sarah winkte Aly und Cindy zum Abschied, als sie die Kiesauffahrt hinunterfuhren. Die Ranch hatte sich heute Abend schnell geleert. Doch Sarah blieb noch. Die Sitzung mit Aly hatte sie zutiefst berührt.

„Hallo, Sarah", rief Kim, als sie zu ihrem Wagen ging. „Ist alles in Ordnung?"

„Oh, ja, hallo. Alles gut. Ich bin in Gedanken noch bei der Sitzung mit Aly und Joey."

Sarah zwang sich zu lächeln.

Kim sah sie einen Moment prüfend an, dann sagte sie: „Warte eine Sekunde. Ich will nur schnell meine Sachen ins Auto bringen, dann können wir reden."

Großartig. Warum hast du das getan? Das Letzte, was Sarah wollte, war, ohne Maske und verwundbar vor Kim dazustehen.

„Erzähl mir von der Sitzung." Kim interessierte sich immer für die Fortschritte der Kinder und dafür, wie die Pferde dazu beigetragen hatten. Erleichtert, über Aly statt über sich selbst zu sprechen, erzählte Sarah in allen Einzelheiten, wie es zu dem Durchbruch heute Nachmittag gekommen war.

„Im Ernst?", rief Kim. „Sie hat gesprochen? Sarah, das ist unglaublich!"

Kim drückte Sarah ganz fest. Es war so eine liebevolle, spontane Reaktion, dass Sarahs emotionale Schutzmauer zu bröckeln begann.

Ihre Unterlippe zitterte und ein Schluchzer kam aus ihrer Kehle. Dann strömten die Tränen unkontrolliert über ihre Wangen.

„Oh, Liebes, was ist los?", fragte Kim besorgt und hielt sie weiter fest im Arm.

Sarah brauchte mehrere Minuten, um ihre Stimme wiederzufinden, und flüsterte mit Unterbrechungen: „Es ist nur … Ich habe nicht … Aly … Ich brauche …" Sie barg ihr Gesicht an Kims Schulter und ließ die Emotionen heraus, die sie bisher sorgfältig verborgen hatte.

Doch einen Moment später riss sie sich zusammen und streckte sich. „Es tut mir so leid, Kim."

Kim wischte ihre Worte mit der Hand beiseite. „Du brauchst dich nicht zu entschuldigen. Du bist aufgewühlt und ich bin für dich da. Kann ich dir irgendwie helfen?"

Sarah räusperte sich. „Als ich heute Nachmittag sah, wie Aly den Mut fand zu sprechen, da wurde mir bewusst, wie sehr ich mich davor fürchte, den Mund aufzumachen, seit ich hier bin."

Das Mitgefühl in Kims Augen ermutigte Sarah weiterzusprechen.

„Als ich sah, wie sehr sie Joey vertraut, wie sie sich entschlossen hat, für ihn mutig zu sein, da wünschte ich … Ich weiß nicht …, dass ich auch so mutig sein und jemandem vertrauen könnte."

Die beiden Frauen waren, ohne nachzudenken, gemeinsam auf Koppel Nummer zwei zugeschlendert. Sie hielten am Zaun an und lehnten sich gegen die oberste Latte.

Kim brach das Schweigen.

„Was würdest du der Person, der du dein Vertrauen schenkst, denn sagen wollen?", fragte sie sanft.

Sarah sah zu Joey. *Du hast mir mehr über Vertrauen beigebracht als irgendein Mensch.*

Dann flüsterte sie an Kim gewandt: „Ich würde dieser Person sagen, dass ich nicht die bin, die ich zu sein vorgebe."

Sarah senkte den Kopf. *Am liebsten würde ich im Boden versinken.*

„Und wer bist du wirklich?"

Sarah konnte nicht antworten. Es war zu riskant.

Dann musste sie an Aly denken, wie sie zu Joey gesprochen hatte, um ihm Sicherheit zu geben.

„Ich habe als Kind schlimme Enttäuschungen erlebt, und ich habe eine Wand von Lügen um mich herum aufgebaut, um zu überleben. Das hat die Menschen, die mir etwas bedeuten, verletzt, aber am meisten mich selbst."

Kim zuckte bei ihren Worten zusammen. Sie ließ ihre Hand leicht auf Sarahs Schulter ruhen.

„Ich bin noch nicht einmal sicher, ob ich wirklich Christ bin. Ich meine, ich glaube an Gott – ich habe Jesus gebeten, mir meine Sünden zu vergeben, als ich ein Kind war –, aber als meine Mutter und ich herausfanden, dass mein Vater ein Doppelleben führte, da wurde ich so schrecklich böse auf ihn. Irgendwie war mir alles egal, und ich begann, die falschen Dinge zu tun."

Sie riskierte einen flüchtigen Blick auf Kim. „Ich bin nach Raleigh gezogen, um einen neuen Anfang zu machen ... Nach meiner Scheidung, nach meinem zerbrochenen Leben. Ich bin ein tolles Vorbild, was? Ich habe so viel vermasselt – so viel falsch gemacht. Zu viel, als dass Gott mir vergeben könnte."

„Sarah, was für eine Last hast du die ganze Zeit mit dir herumgetragen", sagte Kim. Ihre Augen füllten sich mit Tränen. „Ich bin so froh, dass du den Mut gefunden hast, darüber zu sprechen, und ich danke dir, dass du dich mir anvertraut hast."

Mehrere Minuten vergingen. Sarah kämpfte darum, die Fassung wiederzugewinnen. Schließlich stellte Kim ihr eine Frage.

„Sarah, was siehst du, wenn du Joey anschaust?"

Sarah war verwirrt über den abrupten Themenwechsel. Sie fuhr mit dem Handrücken über ihre Nase, bevor sie antwortete: „Nun …", sie suchte nach den richtigen Worten, „… ich sehe ein wunderschönes, mutiges Pferd, das jeden Tag positiv auf das Leben von Menschen einwirkt."

„Du siehst ihn also nicht als behindert oder gebrochen?"

„Nein, natürlich nicht."

„Wenn du Joey so siehst, warum sollte Gott in dir etwas anderes sehen als sein wunderschönes, mutiges Kind, das jeden Tag positiv auf das Leben anderer Einfluss nimmt?"

Sarah spürte einen Kloß im Hals. Ohne nachzudenken, schnalzte sie mit der Zunge. Sie hatte plötzlich das Bedürfnis, Joey zu berühren.

„Glaubst du wirklich, dass Gott mich so sieht?", flüsterte sie.

„Ich weiß es", erwiderte Kim fest. „Sarah, jeder von uns ist ein unvollendetes Werk. Wir alle bringen unsere Verletzungen und Fehler und unsere Zerbrochenheit mit nach *Hope Reins*. Aber das ist gerade das Wunder! Gott nimmt unser Chaos und verwandelt es in etwas unvorstellbar Schönes."

Sarah zögerte, bevor sie die nächste Frage stellte: „Dann muss ich also nicht fortgehen? Ich darf weiter auf *Hope Reins* arbeiten?"

„Was? Hast du wirklich gedacht, wir würden dich nicht wollen, weil du keine makellose Vergangenheit hast? Wenn das die Voraussetzung wäre, dann würde keiner von uns hier sein – mich eingeschlossen! Natürlich wollen wir, dass du bleibst! Nun noch mehr denn je!"

Die Umarmung der beiden Frauen wurde von einem großen Pferdekopf unterbrochen, der sich zwischen sie schob. Sarah und Kim drückten jede einen Kuss auf Joeys Nase.

Als sie zum Parkplatz gingen, blieb Sarah plötzlich stehen.

„Oh, vor lauter Aufregung habe ich völlig vergessen, dir von einer Idee für eine Spendenaktion zu erzählen, die mir beim Ausmisten gekommen ist."

„Was für eine Idee?"

„Ein Pferdemist-Marathon!"

„Wie bitte?"

„Na ja, du weißt schon – wie bei einem Spendenlauf. Wir könnten die Leute dazu bringen, freiwillige Helfer zu sponsern, die Pferdemist aufsammeln. Je mehr Mist man schaufelt, desto mehr Geld wandert in den Spendentopf. Das wäre eine echte Win-win-Situation!"

Kim musste lachen. Die Idee war originell und würde bestimmt für Aufsehen sorgen. Sie grinste Sarah an, die sie erwartungsvoll ansah.

„Ich bin einverstanden. Lass uns einen Pferdemist-Marathon organisieren!"

KAPITEL 21

Sarahs Idee war ein Hit. Die erste Spendenaktion war so erfolgreich gewesen, dass nun – ein Jahr später – der zweite Pferdemist-Marathon in vollem Gang war. Kim stand mittendrin und sog alles in sich auf: das Lachen der Kinder, den Anblick der bis zum Bersten vollgepackten Schubkarren und mehr ehrenamtliche Helfer, als sie je zuvor gehabt hatten. Die Anzahl der Freiwilligen, die bereit waren, einen Samstagmorgen zu opfern, um Pferdemist zu schaufeln, war bemerkenswert. Die Lokalnachrichten hatten mit einem Beitrag zusätzliche Werbung gemacht.

Mehrere Personen waren bereits auf Kim zugekommen und hatten ihre Bereitschaft erklärt, regelmäßig als ehrenamtliche Mitarbeiter auf *Hope Reins* mitzuhelfen. Sie umarmte jeden Einzelnen und versicherte ihnen, wie wertvoll sie für *Hope Reins* waren. Die Ranch war nun schon im dritten Jahr in Betrieb und hatte sich einen guten Ruf erworben. Sie bekamen mehr Anfragen für Therapiesitzungen, als sie bewältigen konnten. Inzwischen gab es eine Warteliste und manche Familien mussten mehrere Monate auf eine Therapiesitzung warten.

Die Ranch verfügte generell über genug finanzielle Mittel, um die tägliche Versorgung der Pferde zu gewährleisten, doch darüber hinaus konnten sie sich keine großen Sprünge erlauben. Kim fiel es zwar schwer, Familien abzulehnen, die Hilfe brauchten, doch ohne Geld für Teilzeit-Mitarbeiter, die Sitzungen leiten konnten, war es nicht möglich, alle Anfragen zu bedienen; und qualifizierte ehrenamtliche Therapiesitzungsleiter waren nicht leicht zu finden.

Bei einigen Anfragen sah sich Kim jedoch nicht in der Lage abzulehnen. Da war zum Beispiel der Anruf einer Witwe, deren Mann nach der Heimkehr von einem Einsatz im Irak Selbstmord begangen hatte und deren zwei kleine Kinder nach dem Verlust des Vaters zutiefst verstört waren. Oder die Bitte einer verzweifelten Mutter, deren sechsjährige Tochter an ihrer früheren Schule sexuelle Übergriffe erlebt hatte und unter schlimmen Ängsten litt. Kim konnte diese Leute einfach nicht wegschicken.

„Danke, Herr, dass du dich kümmerst", flüsterte sie, nachdem sich überraschend vier neue Mitarbeiter als ehrenamtliche Sitzungsleiter gemeldet hatten.

Das fröhliche Chaos um sie herum riss Kim aus ihren Gedanken. Sarah zeigte gerade einem kleinen Jungen, wie er mithilfe einer Mistgabel einen Haufen Pferdeäpfel aufheben konnte. *Wie sehr sie sich in anderthalb Jahren verändert hat,* staunte Kim.

So viel hatte sich seither verändert. Joey war das gefragteste Pferd für Therapiesitzungen geworden. Er begeisterte die Kinder mit seiner beeindruckenden Kenntnis gesprochener Befehle und der Möglichkeit, ohne Sattel geritten zu werden. Lauren hatte neue Medikamente bekommen, die ihr offenbar halfen, ihre Schmerzen größtenteils unter Kontrolle zu halten. Sie war mittlerweile sogar Haupttrainerin geworden. Aly war noch immer schüchtern, doch jedes Mal, wenn sie nach *Hope Reins* kam, sprach sie ein wenig mehr. Heute hatte sie eine Freundin mitgebracht – die beiden Mädchen hatten über ihre gemeinsame Liebe zu Pferden zueinandergefunden. Und nach ihrer letzten Sitzung mit Aly hatte Sarah Kim erzählt, dass Aly gefragt habe, ob sie eines Tages rückwärts auf Joey reiten dürfe. Offenbar hatte sie in einem YouTube-Video gesehen, wie ein Mädchen rückwärts auf einem Pferd saß und um einen Reitplatz herumgeführt wurde. Die kleine Aly war immer furchtloser geworden!

Ja, Sarah blüht auf. Tatsächlich hoffte Kim, dass sie in naher Zukunft die Position der Leiterin des Pferde-Wellness-Programms zum Stammpersonal hinzufügen und Sarah ein Gehalt zahlen könnte. Zurzeit schien Sarah rundum zufrieden zu sein, was möglicherweise mit einem gewissen Tierarzt zu tun hatte, der mehr und mehr seiner freien Zeit auf der Ranch verbrachte. Dr. Gallagher war dieser Tage besonders oft auf *Hope Reins* zu sehen und schien sich immer mit Sarah beraten zu müssen. Kim freute sich darüber, dass die beiden einander näherkamen.

Kims Tochter rannte auf sie zu.

„Mama, komm. Hilf uns, Pferdemist aufzusammeln."

Wie sollte sie da Nein sagen?

* * *

Monate später, am Morgen des Heiligabends, stand Kim früher auf als üblich. Sie hatte zu Hause so viel zu tun – Essen vorbereiten, Geschenke einpacken, das Haus putzen –, doch sie wollte den Tag auf *Hope Reins* beginnen. Die Sonne war gerade über der Baumlinie aufgegangen und schickte ihre glühenden Strahlen über die Weiden. Es war kalt, aber Kim würde sich beim Laufen aufwärmen.

Sie musste an einen Bibelvers denken, den sie am Abend zuvor gelesen hatte: „Maria aber prägte sich alle diese Dinge ein und dachte immer wieder darüber nach."[3] Genau das erlebte Kim heute Morgen, während sie hier auf der Ranch stand, die Gott ihr auf wundersame

Weise geschenkt hatte, mit den Pferden, die er hierhergeführt hatte, mit der süßen Erinnerung an die aufgeregten Kinderstimmen, die in einigen Monaten wieder auf der Ranch zu hören sein würden. Sie hatte gesehen, wie Gott erstaunliche Dinge getan hatte – lebensverändernde, die Ewigkeit betreffende Dinge –, und das waren Schätze, die sie für immer in ihrem Herzen bewahren würde.

„Herr, du bist so gut", betete sie laut. „Es tut mir leid, dass ich so oft Zweifel habe. Danke, dass du uns dieses Grundstück gegeben hast, diese Pferde, die Kinder und die Erwachsenen. Herr, ich bin überwältigt von deiner Güte und Gnade."

Die kalte Luft war belebend. „Es ist Weihnachten und alles dreht sich um dich. Bitte hilf, dass sich an diesem Ort alles um dich dreht – heute und an jedem anderen Tag! Lass *Hope Reins* ein Ort sein, an dem Menschen dich finden können. Gebrauche diese Arbeit, um dein Licht in einer dunklen Welt leuchten zu lassen. Gebrauche uns gebrochene und sündige Menschen, um andere zu dir zu führen."

Während sie weiter ihre Runde drehte, betete sie für jedes Pferd, für jedes Kind, an dessen Namen sie sich erinnern konnte, und für jeden Mitarbeiter der Ranch. Sie betete für ihre Familie, ihre Freunde und für alle, die gerade jetzt in der Weihnachtszeit seelisch litten. Schließlich kam sie zu Koppel Nummer zwei. Sie ging durch das Gatter und direkt auf das Pferd zu, das ihr Herz erobert hatte.

„Hallo, mein Freund", begrüßte sie Joey und streichelte seinen Hals direkt unter der Mähne. Sein Winterfell wurde immer dichter.

„Du bist so hübsch", flüsterte sie und lehnte sich an das Pferd.

Joey rieb seine Backe an ihrer, so wie er es getan hatte, als sie sich zum ersten Mal auf Toms Farm begegnet waren.

„Was hätten wir ohne dich gemacht?", fragte sie. Natürlich, Gott hätte andere Wege gefunden, doch sie war dankbar, dass er gerade dieses Pferd für *Hope Reins* ausgesucht hatte.

„Du bist eine Gebetserhörung, weißt du das?", sagte sie und drückte einen Kuss auf einen großen schwarzen Sprenkel. „Es war ein Gebet, von dem ich noch nicht einmal wusste, dass ich es beten musste – aber Gott wusste Bescheid. Und du warst seine Antwort, Joey – gebrochen und doch vollständig. Frohe Weihnachten."

KAPITEL 22

Weihnachten und Neujahr gingen vorbei und allmählich wich der Winter dem Frühling. Auf *Hope Reins* waren die Aktivitäten wieder in vollem Gange. Da mehrere neue ehrenamtliche Mitarbeiter dazugekommen waren, konnte die Anzahl der wöchentlichen Therapiesitzungen erhöht und somit mehr Familien geholfen werden. Joey und Spirit kamen gut miteinander aus. Alle Pferde waren gesund und wohlauf.

Am Tag nach Ostern beeindruckte Aly die Teammitglieder, indem sie ohne Sattel und rückwärts sitzend auf Joey ritt. Sie und Sarah hatten mehrere Wochen lang daran gearbeitet. Als sie sich bereit fühlten, bat Sarah Kim und Lauren, an der Sitzung mit Aly teilzunehmen. Sie versprach ihnen eine Überraschung.

Kim sah die ganze Zeit über mit offenem Mund zu – wie Aly auf Joeys Rücken um den Reitplatz herumritt, während Sarah aus Sicherheitsgründen den Führstrick in der Hand hielt.

Nach dem Ritt fragte Sarah Aly, warum sie unbedingt rückwärts reiten wollte.

„Joey kann nicht sehen, wohin er geht, also wollte ich das Gleiche erleben", antwortete sie.

Die kleine Reiterin war für ihr junges Alter erstaunlich weise!

Als Kim zum Büro zurückging, um sich mit Barb – die vor Kurzem zur stellvertretenden Leiterin von *Hope Reins* ernannt worden war – zu besprechen, bemerkte sie Lauren und Sarah, die neben Joey standen. Ihre Körpersprache verriet ihr, dass etwas nicht stimmte. Rasch ging sie auf die Koppel zu.

„Was ist los?", rief sie, als sie durchs Gatter ging.

Sarah runzelte die Stirn. „Ich weiß nicht. Joey ist nicht wie sonst. Ich bin gekommen, um zu sehen, ob der Wassertrog gefüllt ist, und sah, wie er heftig mit den Hufen scharrte. Er schien mich noch nicht einmal zu bemerken."

„Ich war bei Deetz, als Sarah mir eine SMS schickte", erklärte Lauren.

Er ist wirklich unruhig, dachte Kim. *Vielleicht hat er eine Kolik.* Joey war bisher von allen Pferden auf der Ranch das gesündeste gewesen. Heute war er in Schweiß gebadet. Kim holte ihr Smartphone hervor und rief Dr. Gallagher an.

„Ich glaube nicht, dass Ryan heute vor Mittag in der Klink sein muss, er hätte also Zeit, zur Ranch zu kommen", sagte Sarah, die ein wenig verlegen wirkte, weil sie so genau über den Zeitplan des Tierarztes Bescheid wusste.

Kim dagegen war froh über die aufkeimende Beziehung zwischen Sarah und Dr. Gallagher, die die beiden erfolglos zu verheimlichen suchten.

„Joey", sagte Kim sanft und streichelte seine Backe.

Seine Ohren zuckten, als er seinen Namen hörte, dann stieß er den Kopf in seine Flanke. Eine Minute lang streckte er den Hals, dann stieß er erneut den Kopf heftig gegen seine Flanke. Es war offensichtlich, dass Joey Schmerzen hatte.

Die drei Frauen blieben bei ihm, bis Dr. Gallagher rund zwanzig Minuten später eintraf. Sie erklärten ihm, was sie beobachtet hatten, und der Tierarzt nahm eine gründliche Untersuchung vor – er maß Joeys Temperatur, den Puls und seine Atemfrequenz und hörte seinen Unterleib ab. Er führte Joey sogar über die Koppel, um zu sehen, wie er sich bewegte.

Dr. Gallagher erklärte dem besorgten Trio, dass er vermute, Joey habe eine leichte Kolik, wahrscheinlich ausgelöst durch übermäßige Gase im Darm.

Kim erinnerte sich, wie gut Essie auf die Behandlung ihrer Koliken reagiert hatte, und war erleichtert. Sie wusste, dass viele Pferde darunter litten. Koliken konnten mehrere Ursachen haben und in den meisten Fällen zeigten entsprechende Medikamente ihre Wirkung. Doch andererseits konnten Koliken auch fatale Folgen haben, daher musste jeder Fall als potenzieller Notfall betrachtet und so schnell wie möglich behandelt werden.

„Wir werden ihn beobachten und sehen, wie es ihm den Tag über geht", schlug Dr. Gallagher vor. „Ich werde ihm eine Dosis Flunixin geben, das dürfte ihm helfen. Bitte geht etwa eine halbe Stunde langsam mit ihm spazieren. Sorgt dafür, dass er genug Wasser trinkt. Wir werden seine Ernährung ein wenig umstellen. Ich hoffe, dass es sich nur um eine einmalige Krise handelt, die bald vorbeigeht."

„Und wenn nicht?", fragte Kim, die sich vor der Antwort fürchtete.

Dr. Gallagher tätschelte Joeys Rücken.

„Dann werden wir alles tun, was in unserer Macht steht, um ihn wieder aufzupäppeln." Er sah Kim an. „Ich gehe davon aus, dass es eine einmalige Sache ist. Geh nicht vom Schlimmsten aus."

Der Tierarzt kannte sie gut.

„Halte mich auf dem Laufenden", sagte er, als Sarah ihn zu seinem Auto begleitete. „Ich werde heute Abend auf dem Heimweg vorbeikommen und nach ihm sehen."

Kim und Lauren führten Joey mehrmals um die Koppel. Sie waren froh, dass sie etwas tun konnten.

„Machst du dir Sorgen?", fragte Lauren.

„Ich würde lügen, wenn ich Nein sage", gab Kim mit einem halbherzigen Lachen zu. „Denn, ganz ehrlich, der Gedanke, dass irgendetwas mit Joey passieren könnte, versetzt mich in Panik."

Sie beobachtete Joey, während er ging, und war erleichtert, dass er sich mehr und mehr wie gewohnt verhielt.

„Ich meine, es ist *Joey!*", sagte Kim, die wusste, dass Lauren sie vollkommen verstand. „Er ist so ein fester Bestandteil von *Hope Reins*, dass ich mir die Ranch ohne ihn überhaupt nicht vorstellen kann."

Noch eine Runde und die halbe Stunde wäre vorbei. Joey hatte mehrmals heftig gepupst, und nun streckte er den Kopf nach Spirit aus, der nahe bei der Eiche auf der Koppel stand. Joey schien es gut zu gehen. Doch Kim gelang es nicht, ihre dunkle Ahnung abzuschütteln.

War es wirklich eine einmalige Krise? Oder war ihr geliebtes Pferd ernsthaft erkrankt?

Sorgen und Vertrauen. Würde dieser Kampf nie aufhören?

Herr, bitte lass es Joey gut gehen, betete sie still, während Lauren Joeys Halfter abnahm und er auf Spirit zuging. *Bitte lass es so harmlos sein, wie Ryan vermutet.* Dann zwang sie sich, laut zu sagen: „Aber wenn nicht, dann gib uns die Kraft zu ertragen, was auch immer auf uns zukommt."

KAPITEL 23

Das schwitzende Pferd ging einen Schritt und dann noch einen. Es drehte den Kopf so weit wie möglich nach hinten und stieß ihn gegen seine Flanke, um an den Schmerz in seinen Gedärmen zu gelangen. Joey kämpfte gegen den Schmerz, doch der ließ sich nicht vertreiben. Er senkte den Kopf, verdrehte den Hals und ließ sich verzweifelt auf den Boden fallen. Er rollte heftig hin und her, in der Hoffnung, die Schmerzen loszuwerden.

Wie betrunken rannte er über seine vertraute Koppel, stieß mit dem Kopf gegen die Heuraufe, seine Hufe schlugen gegen einen Zaunpfosten. Er hörte ein leises Wiehern und andere Geräusche um sich herum, doch der Schmerz war überwältigend. Er rollte sich wieder auf dem Boden hin und her. Und wieder. Immer hektischer.

Die Dämmerung brachte keine Erleichterung. Nach seinem Kampf gegen den Schmerz war sein Fell schmutzig, Blut sickerte aus Schnitten an seinem Kopf, Blätter und Heuhalme hingen in seiner Mähne. Immer noch wälzte er seinen Körper auf dem Boden herum, um die Schmerzen zu vertreiben.

„Lieber Gott im Himmel" hörte Joey den Menschen namens Hank sagen. Und dann – einen Moment lang – war es ganz still.

* * *

Lauren konnte einfach nicht begreifen, was da gerade vor sich ging. Vor einem halben Jahr hatte Dr. Gallagher Joey untersucht und eine schwache Kolik diagnostiziert. Danach war Joey wieder ganz der Alte gewesen. Sie kämpfte gegen die aufsteigende Panik an. Sie *durfte* ihn nicht verlieren. Nicht jetzt.

Sie warf die Tür ihres Trucks zu und wünschte, sie könnte sie immer wieder zuschlagen, bis die Tür in den Angeln hing. Sie ging den Weg hinunter, den sie in den letzten vier Jahren immer wieder genommen hatte – seit jenem Tag, als Speckles und Joey angekommen waren. Sie spürte den Kloß in ihrem Hals. *Nein, nein, nein, Lauren*, schalt sie sich selbst. *Du wirst jetzt nicht weinen.* Sie zwang sich weiterzugehen, obwohl sie Angst hatte vor dem, was sie vorfinden würde. *Herr, ich kann das nicht. Bitte hilf mir!*, flehte sie im Stillen.

Da war er. Er stand außerhalb der Koppel, Kim und Barb standen je auf einer Seite neben ihm. Jo Anne und Hank standen vor ihm. „Oh Joey!" Der geflüsterte Schrei entfloh ihren Lippen. „Was ist passiert?"

Tiefe Schnitte zogen sich über seinen Kopf, Nacken und Rücken. Seine Muskeln zuckten. Trotz des kühlen Oktobermorgens war er schweißgebadet. Kim hatte gesagt, dass es schlecht aussah. Und – oh Gott – es sah furchtbar schlecht aus!

Lauren war im Gottesdienst gewesen, als Kim angerufen hatte. Sie rief sonst nie sonntags an. Lauren hatte sofort gewusst, dass etwas Schlimmes passiert war. Sie hatte den Saal verlassen und den Anruf entgegengenommen.

„Lauren, wir brauchen dich", hatte Kim gesagt, unfähig, ihre Bestürzung zu verbergen. „Joey braucht dich. Er will nicht in den Anhänger gehen, aber es muss sein, und wir wissen nicht, was wir tun sollen. Er hat starke Schmerzen …"

Sie hatte die Worte zitternd und so hastig ausgestoßen, dass Lauren nicht alles begriff, nur eines: *Joey braucht mich.* Das war alles, was sie wissen musste.

„Lauren." Kim sprach immer noch. „Als Hank heute Morgen zur Ranch kam, hat er Joey auf dem Boden wälzend vorgefunden. Er hatte große Schmerzen. Dr. Gallagher war hier und sagte, es sei ernst. Er bat uns, Joey so schnell wie möglich in die Klinik zu fahren. Es ist ein Albtraum. Er stöhnt und wälzt sich auf dem Boden. Dr. Gallagher hat ihm ein Beruhigungsmittel gegeben, aber es scheint nicht zu wirken. Ich glaube wirklich, dass es ihm helfen würde, wenn du hier wärst."

Lauren war in den Saal zurückgekehrt und hatte ihren Töchtern bedeutet, dass sie gehen mussten. Sie fuhr die beiden nach Hause, zog sich schnell um und war in weniger als einer halben Stunde auf der Ranch.

Joey brauchte sie und sie würde da sein.

Kim war erleichtert, als sie Lauren auf sich zukommen sah. Sie flüsterte etwas in Joeys Ohr und winkte Lauren herbei.

„Hallo, Joey-Liebling", sagte Lauren.

Joeys Kopf schnellte hoch. Er wieherte – es war ein klagender, furchtbarer Laut.

„Schsch, Kleiner, ich weiß, dass es wehtut. Deshalb müssen wir dich zum Arzt bringen."

„Ist der Anhänger bereit?", fragte Lauren an Barb gewandt.

„Ja, Hank hat ihn an den Tahoe angehängt. Aber wir schaffen es nicht, Joey zum Gehen zu bewegen. Wir haben eine Stunde gebraucht, um ihn von der Koppel zu holen. Er versucht immer wieder, sich hinfallen zu lassen."

Tränen schimmerten in Barbs Augen. Alle Umstehenden standen unter großem emotionalem Stress.

„Okay, mein Freund", sagte Lauren und umfing Joeys großen Kopf sanft mit ihren Händen. „Wir gehen jetzt ganz langsam zum Anhänger. Ich weiß, dass du Angst hast, aber du musst mir vertrauen."

Sie hielt sein Maul umfasst und ging einen Schritt zurück, die Augen fest auf ihn gerichtet. Sie atmete tief ein und schnaubend aus, um wie ein entspanntes Pferd zu klingen. Sie betete, dass das vertraute Geräusch Joey beruhigen würde. Er machte einen Schritt nach vorn, während sie zurückging. Sie wiederholte das Geräusch, wobei sie immer noch Joeys Gesicht mit ihren Händen umfing. So gingen sie langsam weiter.

„Lauren, deine Beziehung zu Joey ist einzigartig. Bei dir fühlt er sich sicher", sagte Kim, um ihre Haupttrainerin zu ermutigen.

Lauren schaute weiter Joey an, als sie antwortete: „Das beruht auf Gegenseitigkeit."

Joey hielt dann und wann an, um seinen Kopf hin und her zu werfen und ein lautes Stöhnen auszustoßen. Lauren sprach ruhig auf ihn ein, sie sang sogar *Amazing Grace* und *Gott ist die Liebe,* damit er ihr wieder seinen Kopf zuwandte. Dann gingen sie weiter.

Es dauerte eine halbe Stunde, den Weg von der Koppel bis zum Anhänger zurückzulegen, und eine weitere halbe Stunde, das nervöse, verängstigte Pferd in den Anhänger zu schaffen. Joey war seit Jahren nicht mehr auf kleinstem Raum eingesperrt gewesen. Soweit Lauren wusste, hatte er nie den Unterstand auf der Koppel betreten. Begrenzte Räume schienen ihm Angst zu machen.

Lauren sicherte Joey im Anhänger, dann zwängte sie sich hinaus, schloss die Tür des Anhängers und sprang hinter Kim und Barb in den Wagen. Während Barb den SUV und den Anhänger langsam über die Kiesauffahrt manövrierte, drehte sich Lauren nach Koppel Nummer zwei um.

Angst erfüllte ihr Herz. *Was, wenn Joey nicht mehr zurückkommt?* Kim telefonierte mit Sarah, die an einem Trainingsseminar gut eine Autostunde entfernt teilnahm. Lauren hörte zu, wie Kim erklärte, was mit Joey los war. Als sie das Gespräch beendet hatte, glänzten Kims Augen vor Tränen und sie nahm Laurens Hand. Die restliche Fahrt lang beteten die drei Frauen ununterbrochen.

Sarah fuhr mit quietschenden Reifen auf den Parkplatz der Veterinärklinik. Sie hatte ganze zwei Stunden für den Weg gebraucht. *Ausgerechnet an diesem Wochenende musste ich fort sein!* Sie sah den Tahoe mit dem Pferdeanhänger im hinteren Teil des Parkplatzes. Sie eilte aus dem Auto, meldete sich am Empfang und rannte zu der Box, in der sich Joey befand. *Wie haben sie es geschafft, ihn dort hineinzubekommen?* Sie bog um die Ecke und blieb abrupt stehen.

Joey? Wie krank er aussah! Sein Kopf hing über der Tür seiner Pferdebox. Er war schweißgebadet und hing an einem Infusionsschlauch. Laurens Gesicht war gegen Joeys Kopf gepresst. Kim und Barb standen hinter ihr und hielten sich gegenseitig fest. Sarah zögerte, sich bemerkbar zu machen. Ihre Glieder fühlten sich bleischwer an, ihre Finger kribbelten und ihr schwirrte der Kopf. Schon lange hatte sie nicht mehr eine solche Angst gespürt! Aber wie sollte sie in diesem Moment keine Angst haben?

Schließlich flüsterte sie: „Wie geht es ihm?"

Zwei tränenüberströmte Gesichter wandten sich ihr zu. Lauren hatte sich nicht umgedreht, ihre Augen waren auf Joey fixiert. Kim schüttelte sanft den Kopf und bedeutete Sarah, näher zu kommen. Sie legte den Arm um sie.

„Es sieht nicht gut aus", sagte Kim. „Sie können nichts mehr für ihn tun."

Moment mal! Wie bitte? Sarah versteifte sich und entzog sich Kims Umarmung.

„Sie können nichts mehr für ihn tun?", rief sie und spürte, wie sie die Beherrschung verlor. „Was soll das heißen? Was ist hier los? Wo ist Ryan?"

Das alles ergab keinen Sinn. Joey war es doch gut gegangen. Sie hatte ihn noch vor zwei Tagen gesehen. Irgendjemand hatte sich hier komplett geirrt.

Es war nicht wie mit Speckles. Er war tatsächlich krank gewesen, und sie hatten das gewusst. Aber das hier war Joey. Joey war gesund.

„Massive Darmkoliken." Kim zuckte bei diesen Worten zusammen.

„Ja, Pferde haben manchmal Koliken", erwiderte Sarah frustriert. „Joey hatte vor ein paar Monaten eine leichte Krise. Wir haben seine Futterzusätze verändert. Das können wir jetzt auch wieder tun, oder?" Sie schüttelte den Kopf, als wolle sie Kim zur Räson bringen. *Warum macht sie so einen Aufstand? Was haben sie alle für ein Problem?*

Kim legte ihre Hand auf Sarahs Arm.

„Ryan und seine vier Kollegen glauben, dass Joey einen Tumor hat, der seinen Magen umgibt und ihn vom Verdauungstrakt abschneidet. Es ist eine komplette Verstopfung, an die man nur schwer herankommt. Und aufgrund Joeys besonderer Situation ist nicht an eine Operation zu denken."

Kim sah auf Joey. „Es ist schrecklich für ihn, hier eingesperrt zu sein. Kannst du dir vorstellen, wie es sich für ihn anfühlen würde, wenn er wochenlang hierbleiben müsste, um sich von einer Operation zu erholen, die sehr wahrscheinlich keinen Erfolg hätte? Sie wollen noch ein paar Untersuchungen machen, doch Ryan hat uns darauf vorbereitet, dass wir mit dem Schlimmsten rechnen müssen."

Nein! Sarah wollte schreien. *Das darf nicht passieren. Nicht schon wieder. Bitte ... Nicht Joey.* Sie wollte fortlaufen. *Ich muss hier raus.*

Joeys Kopf entwand sich Laurens Hand. Ein Schrei entfuhr seinen Lippen. Lauren und Barb streichelten sein Gesicht. Sie standen da wie unbewegliche Pfeiler, unterstützten und trösteten das kranke Pferd, standen diesem Geschöpf bei, das ihnen so viel geschenkt hatte.

Sarahs Puls raste, als sie auf Joey zuging, bis sie Nase an Nase standen. Er erkannte ihren Geruch und sie sog seinen in sich auf.

„Ich bin da, Joey. Ich bleibe bei dir", flüsterte sie. Es war das gleiche Versprechen, das sie ihm gegeben hatte, als sie ihm zum ersten Mal begegnet war – als er verletzt und blutend auf der Weide gestanden hatte. „Ich verspreche es dir. Ich werde dich nicht verlassen."

Es war Zeit. Lauren wusste es, aber wie sollte sie Joey gehen lassen? Er hatte ihr nur wenige Jahre zuvor durch die tiefe Trauer um Speckles hindurchgeholfen und dazu beigetragen, dass sie sich wieder lebendig fühlte. Wie sollte sie ohne ihn weitermachen?

Dr. Gallagher öffnete die Tür zu Joeys Box. Joey sah so verloren, so erschöpft aus.

Als Kim, Barb, Sarah und Lauren die Box betraten, drehte Joey den Kopf. Es war offensichtlich, dass er ihre Anwesenheit bemerkte, doch zugleich entglitt er ihnen langsam. Lauren wusste, dass Joey ein Stück ihres Herzens mitnehmen würde, wenn er diese Welt verließ. Joey hatte ihr gezeigt, was echter Mut war: weiterzugehen, auch wenn man den Weg vor sich nicht sehen konnte, indem man dem vertraute, der einen führte.

Die starken Dosen Schmerzmittel hatten Joey ein wenig beruhigt, doch er war noch immer schweißgebadet und hatte immer wieder Krampfanfälle. Er befand sich im Todeskampf. Die vier Frauen stellten sich schweigend um das geliebte Pferd herum, jede war in ihre eigenen Gedanken versunken. Eine nach der anderen legten sie ihre Hände auf das Pferd, das ihrer aller Leben so tief berührt hatte.

Kim begann, laut zu beten.

„Herr, wir brauchen dich. Wir brauchen deinen Geist des Friedens, des Trostes und der Hoffnung. Gott, es ist so schwer, von diesem Jungen hier Abschied zu nehmen." Ihre Stimme brach. Barb drückte Kim fest an sich. „Vater, wir danken dir für Joey. Danke, dass du sein Leben bewahrt hast, als man ihn aufgegeben hatte, damit er zu uns kommen konnte." Während Kim betete, wurde Joey unruhig. Lauren vermutete, dass er sich auf den Boden fallen lassen und sich herumwälzen wollte. Sie stellte sich vor ihn hin und berührte seine Nase mit ihrer. Dann legte sie ihre Hand auf Joeys Stirn und die andere auf sein Maul.

Einatmen.

Ausatmen.

Einatmen.

Ausatmen.

Kim betete weiter. „Herr, so viele Menschen werden über den Verlust dieses einzigartigen Pferdes weinen. Bitte tröste uns alle, besonders die Kinder, die Joey so sehr lieben."

Joey stand jetzt ganz still.

„Herr, wir wissen nicht, warum das alles geschehen muss, aber wir vertrauen dir und wollen in blindem Glauben mit dir weitergehen."

Als Kim ein zittriges Amen sagte, begann Sarah zu singen:

> *Amazing grace! How sweet the sound*
> *That saved a wretch like me!*
> *I once was lost, but now am found,*
> *Was blind, but now I see.*[4]

Die drei anderen fielen in die letzte Zeile ein. Sie klammerten sich an die Hoffnung, dass Joey nun bald wieder würde sehen können.

Joeys Kopf schnellte hoch, während seine Beine nachgaben. Seine Augen waren weit geöffnet, sein Kiefer zusammengepresst.

„Es ist Zeit", sagte Sarah ruhig.

Dr. Gallagher nickte und begann die letzte Dosis Barbiturate vorzubereiten.

Lauren sah Joey an. „Du hast so viel Gutes getan. Jetzt ist es Zeit, dass du dich ausruhst – und wieder sehen kannst!"

„Wir lieben dich, Joey", sagten alle vier.

„Wir werden dich nie vergessen", flüsterte Sarah.

Als Dr. Gallagher die Barbiturate in den Infusionsschlauch gab, streichelte Lauren ein letztes Mal Joeys Kinn. „Mein süßer Joey." Sie schluchzte die Worte hervor. „Auf Wiedersehen, mein Liebling."

KAPITEL 24

Der Verlust Joeys zog weite Kreise auf *Hope Reins*. Kinder und Erwachsene, das Team und die ehrenamtlichen Mitarbeiter, Menschen, die die Ranch kannten, und andere, die nur von dem bemerkenswerten blinden Pferd gehört hatten – sie alle waren in der Trauer um Joey miteinander verbunden. Alle wollten etwas tun, alle wollten dem Pferd ihre Ehre erweisen. Kondolenzbotschaften, Karten mit besonderen Erinnerungen an Joey und Zeichnungen von dem gesprenkelten Pferd trafen auf *Hope Reins* ein. Eine Woche lang trauerten Kim, Sarah und Lauren gemeinsam; oft fanden sie sich auf Koppel Nummer zwei zusammen und wollten einfach die Nähe zu Joey spüren. Schließlich beschloss das Team, eine Gedenkveranstaltung zu organisieren, um das Pferd zu ehren, das das Leben so vieler Menschen berührt und zum Guten verändert hatte.

„Glaubst du, dass viele Leute kommen werden?", fragte Sarah während ihres ersten Planungsmeetings.

„Wenn ich an die Rückmeldungen denke, die ich erhalten habe, dann würde ich sagen, ja", erklärte Kim.

„Und selbst, wenn nur wenige kommen sollten, es wird sich auf jeden Fall lohnen. Wir müssen es tun – für uns, für sie und für Joey."

Kim, Sarah und Barb erstellten eine Liste mit den anfallenden Aufgaben und legten den Ablauf fest. Kim hätte gern Lauren in die Vorbereitungen mit einbezogen, doch die Haupttrainerin war schon mehrere Tage nicht mehr zur Ranch gekommen. Joeys Tod hatte sie besonders hart getroffen; sie brauchte Zeit. Kim beschloss, sie über alles zu informieren, was sie besprachen, und hoffte, dass Lauren am Samstag zu dem Gedenkgottesdienst kommen würde.

Als die Besprechung vorbei war, spähte Kim durch das Bürofenster nach draußen. Spirit war wieder mit Gabe zusammengebracht worden und Koppel Nummer zwei war derzeit leer. Würde jemals ein anderes Pferd diese Koppel sein Zuhause nennen?

Das Wetter war an diesem Samstag im Oktober 2014 perfekt – keine Wolke war am Himmel zu sehen. Das Team von *Hope Reins* hätte sich keinen besseren Tag wünschen können, um Joeys Leben zu feiern. Er hatte allen, die ihn kannten, gezeigt, wie in der Zerbrochenheit Schönheit, im Schmerz Sinn, in der Finsternis Licht zu finden war. Die Menge der Besucher zeugte davon, wie viele Menschen von diesem Pferd, das auf *Hope Reins* eine zweite Chance bekommen hatte, beeinflusst worden waren.

Das Team hatte die Gedenkfeier sorgfältig vorbereitet. Kinder liefen unbeschwert über die Ranch und drückten die gleiche Freude aus, die das gerettete Pferd ihnen geschenkt hatte. Fotos von dem wunderschönen Appaloosa waren auf Tischen ausgestellt, und Kim sah, wie die Leute vor den Fotos verweilten, mit den Fingern darauf zeigten und lächelten, bevor sie ihre Tränen wegwischten. Sie wussten aus eigener Hand, welch großartigen Beitrag Joey zum Erfolg der Ranch geleistet hatte. Schwarz-weiße Luftballons waren an den Tischbeinen festgebunden und die Gäste konnten auf bereitgelegten Papierbögen ihre persönlichen Botschaften aufschreiben.

Schließlich war es Zeit zu beginnen. Kim hieß alle Besucher herzlich willkommen. Sie erkannte viele vertraute Gesichter in der Menge. Ethan, der erste Junge, der mit Joey gearbeitet hatte, saß in der ersten Reihe. Jo Anne und Hank, die Futterhelfer, die Joey an jenem schrecklichen Morgen krank vorgefunden hatten, standen daneben. Aly, die neben ihrer Mutter saß, rieb sich die Hände an ihrer Jeans. Sie war gerade von dem Unterstand auf Joeys Koppel zurückgekehrt, wo sie mit dem Finger ein Herz mit der Inschrift „Aly und Joey" in den Sand gemalt hatte. Und dann war da noch Nathan, dem Joey seinen Freund Speckles „vorgestellt" hatte. Kim sah die Mitglieder ihres Teams in der Menge verstreut, alle lächelten ihr aufmunternd zu. Und ganz hinten stand Lauren.

Danke, Herr, dass du Lauren die Kraft gegeben hast herzukommen.

Kim atmete tief durch und begann: „Liebe Freunde, danke, dass Sie alle heute gekommen sind, um das Andenken eines ganz besonderen Pferdes zu ehren. Wie Sie wissen, war Joey mehr als ein Pferd. Er war ein Licht und ein Vorbild. Er war Gottes Geschenk an uns."

Viele Köpfe in der Menge nickten zustimmend.

„Diejenigen, die das Glück hatten, Joey zu kennen, und diejenigen, die das besondere Glück hatten, von ihm geliebt zu werden, wissen, dass Joeys Leben einen besonderen Sinn hatte. Tag für Tag erfüllte er treu seine Aufgabe, er arbeitete mit den Kindern oder folgte seinem Trainer in blindem Vertrauen. Vertrauen darauf, dass man sich um ihn kümmerte, dass er sicher geführt wurde und dass er auf *Hope Reins* ein gutes Zuhause gefunden hatte."

Sie machte eine kleine Pause, um gegen die aufsteigenden Tränen zu kämpfen, dann fuhr sie fort: „Gott hat ein blindes Pferd gebraucht, um uns zu lehren, was bedingungsloses Vertrauen bedeutet. Er hat ein gebrochenes Pferd benutzt, um uns zu zeigen, was es bedeutet, heil zu werden. Und er hat ein sterbendes Pferd benutzt, um uns zu zeigen, wie wir leben sollen. Joey ist fort und wir vermissen ihn schrecklich. Doch in unseren Herzen lebt er weiter."

Sie ging einen Schritt nach vorn, um denen, die mit ihr trauerten, näher zu sein.

„Jedes Mal, wenn wir beschließen, im Glauben voranzugehen und uns an Gottes Hand zu klammern, tragen wir Joeys Erbe weiter. Jedes Mal, wenn wir uns für das Vertrauen und gegen die Angst entscheiden, halten wir Joeys Andenken lebendig. Und selbst in unserer Trauer ehren wir sein Andenken, wenn wir weitermachen, so wie Joey nach dem Tod seines besten Freundes Speckles weitermachte. Wir wollen Gottes Licht – das Licht seiner Hoffnung und seines Trostes – in dieser dunklen Welt leuchten lassen. Damit ehren wir Joeys Andenken am besten."

In dem Moment erklang das leise Wiehern eines Pferdes im Hintergrund – was etwas Poetisches und irgendwie auch etwas Tröstliches an sich hatte.

„Und nun heiße ich Aly, eine von Joeys Freundinnen, willkommen."

Aly, die mittlerweile acht Jahre alt war, stand auf und stellte sich vor Kim, die ihre Hände auf die Schultern des kleinen Mädchens legte. Kim hatte Aly versprochen, ganz nahe bei ihr stehen zu bleiben. Das Papier in Alys Händen war mit violetter Tinte beschrieben.

Aly sah Kim an und begann zu lesen. „Ich bin Joey zum ersten Mal begegnet, als ich fünf war. Ich habe ihn sofort ins Herz geschlossen. Als ich sechs war, konnte ich schließlich auf ihm reiten. Ich war sehr schüchtern, aber zwischen Joey und mir ist eine tiefe Freundschaft gewachsen."

Ihre weiche Stimme zitterte, doch für Kim klang sie wie die Stimme eines Engels.

„Joey hat mich respektiert", fuhr Aly fort, „und ich habe ihn auch respektiert. Da Joey blind war, musste ich mit ihm sprechen, um auf ihm reiten zu können. Das war sehr schwer für mich, aber Joey hat mir geholfen, meine Stimme zu finden."

Kim lächelte. *Wie wahr, du hast deine Stimme gefunden.* Im Laufe der Jahre hatte Aly zahllose Freunde zur Ranch gebracht, um ihnen Joey vorzustellen, und alle waren Fans des gesprenkelten Pferdes geworden.

„Dank Joey habe ich gelernt, wie man ein Pferd führt, ohne Sattel reitet und ihm Befehle gibt. Und …", sie lächelte strahlend, „… ich habe gelernt, wie ich ein Pferd mithilfe eines Leckerlis dazu bringe, mich zu umarmen."

Aly schlang einen Arm um sich selbst, während sie sprach. Offenbar sehnte sie sich nach einer Umarmung von Joey.

„Einmal hat Joey mir sogar einen Kuss auf die Wange gegeben!" Sie sah zu Kim hoch. „Ich bin froh, dass Joey seine letzten Jahre auf *Hope Reins* verbringen durfte, denn er hatte es verdient, glücklich zu sein. Ich vermisse ihn sehr und er wird immer einen besonderen Platz in meinem Herzen haben."

Sarah, die in dem Moment, als Aly aufgestanden war, Ryans Hand in ihre genommen hatte, wischte sich die Tränen aus den Augen. Bilder ihrer ersten Begegnung mit Aly kamen in ihr hoch. Aly war so still, zurückgezogen und wie in die Enge getrieben gewesen. Heute war sie mutig und frei. *So wie ich.* Gott hatte ein blindes Pferd gebraucht, um ein stummes Mädchen zu heilen, was wiederum zur Heilung einer seelisch verletzten Frau beigetragen hatte. Sie kuschelte sich in Ryans Arm. *Danke, Joey.*

Aly umarmte Kim und kehrte zu ihrem Stuhl neben ihrer Mutter zurück. Während ihrer Rede hatte es viele Tränen im Publikum gegeben, und manche staunten voller Bewunderung über das kleine Mädchen – diejenigen, die wussten, was für eine Leistung es für Aly war, so vor der Menge zu sprechen. Es war ein beeindruckendes

Zeugnis für das Wirken Gottes an gewöhnlichen Menschen durch ein gewöhnliches Pferd.

Kim ergriff erneut das Wort. „Sie haben sicher alle die Luftballons an den Tischen gesehen. Es sind unsere Erinnerungsballons. Ich möchte Sie dazu einladen, ein Wort des Dankes für Joey aufzuschreiben, ein Bild zu zeichnen oder eine gemeinsame Erinnerung auf Papier festzuhalten. Wir werden die Zettel anschließend an die Luftballons hängen. Sie können auch einen Filzstift benutzen und direkt eine Botschaft auf den Ballon schreiben. Nehmen Sie sich ein paar Minuten Zeit dafür und dann bringen Sie alle ihre Ballons zu Koppel Nummer zwei."

Eine Viertelstunde später stand Kim auf Joeys Koppel und sprach vor der versammelten Menge ein Gebet.

„Herr, wir danken dir für Joey. Danke, dass wir diese gemeinsame Zeit mit ihm haben konnten. Wir vermissen ihn sehr, und wir bitten dich, uns zu trösten. Hilf uns, andere so bedingungslos anzunehmen und zu lieben, wie Joey es getan hat. Hilf uns, dir in blindem Vertrauen und mit völliger Hingabe zu folgen, so wie Joey uns gefolgt ist. Du bist der Gott der Hoffnung und Heilung. Wir lieben dich, Herr, und wir danken dir, dass du uns dieses wundervolle Pferd anvertraut hast."

Als sie Amen sagte, stiegen mehr als fünfzig schwarz-weiß gesprenkelte Luftballons in den Himmel auf.

Zur Erinnerung an ein Pferd namens Joey.

EPILOG

Die Stute war nur noch Haut und Knochen, und doch war sie wunderschön. Ein breiter weißer Streifen zog sich längs über ihr Gesicht, und das strahlende Weiß stand in starkem Kontrast zu dem kupferfarbenen Fell und der rotblonden Mähne. Sie wieherte und schüttelte den Kopf, offensichtlich nervös und ängstlich.

„Alles gut, meine Süße", flüsterte Kim. „Dir passiert nichts. Dies ist dein neues Zuhause." Die Augen der Stute standen weit auseinander, was typisch für ein Saddlebred war, jedoch den Effekt hatte, dass sie noch ängstlicher aussah. „Jede Menge Leute warten darauf, dich kennenzulernen. Wie wäre es, wenn du aus dem Anhänger kommst und deine neue Familie begrüßt?"

Das Pferd stampfte mit den Hufen auf den Boden des Anhängers. Kim band es los und befestigte einen Führstrick an seinem Halfter.

Die Stute war aus einer furchtbaren Situation gerettet worden. Von den vierzig Saddlebreds eines sammelwütigen Pferdehalters gehörte sie zu den elf Pferden, die überlebt hatten. Kim hatte nur wenige Informationen über den Hintergrund des Tiers, doch sie wusste, dass es mit traumatisierenden Methoden trainiert worden war – unter anderem mit Ketten und Feuerwerkskörpern, um es zu dem hoch ausschreitenden Schritt zu zwingen, der für Wettbewerbe erwünscht war. Die Stute war physisch und emotional mit Narben von den grausamen Methoden und der unglaublichen Vernachlässigung übersät. Doch sie hatte überlebt. Sicherlich war sie eine Kämpfernatur.

Kim spürte einen Kloß in der Kehle. *Hope Reins* hatte nun ein Saddlebred. *Sie* hatte ein Saddlebred. Wie viele Jahre hatte sie sich nach einem Pferd gesehnt, das sie an Country, ihr geliebtes Pferd aus Kindheitstagen, erinnerte? Nach all den Jahren würde sich dieser Wunsch nun erfüllen. Dieses Saddlebred würde niemals zu irgendetwas gezwungen werden. Es würde auf *Hope Reins* einfach nur geliebt werden.

Kim führte das Pferd rückwärts aus dem Anhänger heraus. Seine Schritte waren unsicher, die Ohren angespannt aufgestellt.

Ooohs und *Aaahs* waren vom Team und den ehrenamtlichen Mitarbeitern zu hören, die einen ersten Blick auf die neueste Bewohnerin der Ranch erhaschten.

„Kim, sie ist wunderschön!", rief Sarah.

Kim und Barb hatten sich darauf geeinigt, der Stute ein neues Zuhause zu geben, ohne sie vorher gesehen zu haben. Bisher hatten sie das nur mit einem einzigen anderen Pferd getan – Joey.

Joey.

Eine Welle von Traurigkeit flutete Kims Herz. Der Verlust war noch immer mit Händen zu greifen. Kaum ein Tag verging, an dem nicht irgendjemand seinen Namen erwähnte. Doch das Leben ging weiter, wie immer. Man lernte, mit der neuen Situatuion umzugehen.

Und dann hatte Kim vor drei Wochen einen Anruf wegen der Stute erhalten.

Lauren ließ das Pferd an ihrer Hand schnuppern. „Hallo, du", sagte sie, dann sah sie Kim an. „Wie werden wir sie nennen?"

Kim hatte lange darüber nachgedacht. Sie gaben häufig neuen

Pferden auf *Hope Reins* einen anderen Namen – als Symbol für den Neuanfang. Und Kim fand, dass diese Stute einen besonders bedeutungsvollen, bezeichnenden Namen verdiente, um sie für die schlimme Misshandlung zu entschädigen, die sie erlitten hatte. Kim hatte mit Mike darüber gesprochen und gebetet.

Eine Woche zuvor hatte sie während ihrer Morgenandacht Psalm 3 gelesen und war dabei dreimal auf das Wort „Selah" gestoßen. Sie hatte es nachgeschlagen und herausgefunden, dass es „innehalten", „ausruhen" und „nachdenken" bedeutete. Dabei musste Kim an jenen Weihnachtsmorgen zurückdenken, als sie bei Joey gesessen, innegehalten und über Gottes Güte nachgedacht hatte.

„Sie heißt Selah", verkündete Kim dem Team von *Hope Reins*. „Sie braucht eine Pause in ihrem Leben. Sie braucht Ruhe, und auch wir müssen über all das nachdenken, was Gott für uns und durch diese Arbeit getan hat."

Die ihr zugewandten Gesichter drückten freudige Zustimmung aus.

Kim konnte sich bereits vorstellen, wie Selah das Leben von Menschen berühren würde. Dieses Pferd hatte Allerschlimmstes erlebt, doch es stand noch immer aufrecht, es atmete, es lebte. Kim wusste, dass viele Kinder und Erwachsene sich mit dem ängstlichen Misstrauen der Stute würden identifizieren können, und sie hoffte, dass sie dazu beitragen konnten, dass Selah neues Vertrauen aufbauen konnte – und dass auch die betroffenen Personen wieder Vertrauen in andere aufbauen konnten.

Sie betete, dass dieses gebrochene Pferd anderen Heilung bringen würde. Und sie hatte die Ahnung, dass vor allem ihr eigenes Leben von Selah berührt werden würde. Während der kurzen Zeit, in der sie dieses Pferd kannte, hatte sie so viel von ihrer eigenen Geschichte bei ihm entdeckt. Ja, dieses Pferd war etwas Besonderes.

„Wohin sollen wir Selah bringen?", fragte Sarah, die bewundernd das neue Therapiepferd betrachtete.

Es war, als hätte Kim seit Monaten darauf gewartet, diese Antwort zu geben: „Auf Koppel Nummer zwei."

Anmerkung der Autorin

„WER JOEY KANNTE, DER LIEBTE IHN."

Diesen Satz habe ich immer wieder während meiner Interviews mit Menschen gehört, die die Ehre hatten, Zeit mit Joey zu verbringen.

Eigentlich bin ich keine Pferdeliebhaberin, und ich habe auch nie davon geträumt, eines Tages ein Buch über ein Pferd zu schreiben.

Aber dann lernte ich Joey kennen.

Bis zu diesem Zeitpunkt hatte sich meine Erfahrung mit Pferden auf einen einmaligen Ausritt im Alter von neun Jahren beschränkt. Doch als ehemalige Trauerbegleiterin für Kinder und Familien interessierte ich mich für die Arbeit auf *Hope Reins* und wollte mehr darüber erfahren. Deshalb nahm ich eine Einladung zu einem Spenden-Event im Jahr 2012 an.

An jenem Tag ging ich mit einer Gruppe zu Koppel Nummer zwei und dachte darüber nach, wie ich möglicherweise auf dieser Ranch mithelfen könnte. Ich war so in Gedanken versunken, dass ich erschrocken zurückzuckte, als ein Pferdekopf sich über den Zaun streckte, um die Möhre zu finden, die Kim in der Hand hielt. Ich weiß noch, wie ich in Joeys schwarze Augen blickte, während Kim uns seine Geschichte erzählte. Ich hatte das Gefühl, das Pferd könnte bis auf den Grund meiner Seele schauen.

Normalerweise bin ich Pferden gegenüber eher zurückhaltend, doch während Kim sprach, streckte ich meine Hand nach Joey aus. Er berührte sie in dem Moment mit seiner Nase, als Kim das Wort „blind" aussprach.

Meine Hand erstarrte, während ich weiter in Joeys Augen starrte. Ich hörte, wie Kim im Hintergrund sprach und Joeys Einfluss auf *Hope Reins* beschrieb, doch ich war wie gebannt von diesem Pferd, das da vor mir stand.

Eine Glocke läutete und verkündete das Ende unserer Ranch-Tour. Alle machten sich auf den Weg zu dem großen weißen Zelt, wo ein köstliches Abendessen auf die Besucher wartete. Doch ich konnte mich nicht von Joey lösen. Der Himmel war von der untergehenden Sonne in herrliche Farben getaucht, die sich in Joeys Augen widerspiegelten.

In diesem Moment spürte ich, wie Gott mein Herz berührte und mich aufforderte, Joeys Geschichte aufzuschreiben. Ich war überrascht. Ich hatte keinerlei Erfahrung mit Pferden. Wie sollte *ich* ein Buch über ein Pferd schreiben? Ich war doch nur hergekommen, um mehr über die Arbeit auf *Hope Reins* zu erfahren. An jenem Abend fuhr ich aufgewühlt und voller Fragen nach Hause – ich sehnte mich danach, diese Geschichte aufzuschreiben, und gleichzeitig fühlte ich mich absolut nicht dafür qualifiziert.

In den darauffolgenden Wochen musste ich ständig an Joey denken. Schließlich begann ich, bei der Ranch vorbeizufahren, nur um einen Blick auf ihn zu erhaschen. Dann begann ich, Interviews mit den Personen zu führen, die Joey gut kannten und mit ihm arbeiteten. Ich stellte ihnen zahllose Fragen. Ich las Dutzende Bücher über Pferde und machte mich auch anderweitig schlau. Und dann, mehrere Monate nach meiner ersten Begegnung mit Joey, begann ich zu schreiben.

Es war nicht leicht, Joeys Geschichte in Worte zu fassen. Manchmal verlor ich den Faden und fragte mich, wohin das alles führen würde. Aber vielleicht gehörte auch das zu Gottes Plan. Das Schreiben von Joeys Geschichte inspirierte mich, mehr zu schreiben – etwas, was ich schon immer geliebt, aber jahrelang auf die Wartebank geschoben hatte.

Joey hat Aly geholfen, ihre Schüchternheit zu überwinden und ihre Stimme zu finden, und heute kann ich voller Dankbarkeit sagen: Er hat das Gleiche auch für mich getan.

Anmerkungen

1 Siehe 2. Korinther 1,3–4.
2 Deutsch: „Zügel der Hoffnung".
3 Siehe Lukas 2,19 (NGÜ).
4 Deutsch: Erstaunliche Gnade, wie süß der Klang, die einen armen Sünder wie mich errettete! Ich war einst verloren, aber nun bin ich gefunden, war blind, aber nun sehe ich. Quelle: http://de.wikipedia.org/wiki/Amazing_Grace.

Ein Esel sorgt für neues Gottvertrauen

„*Dieses Buch tut der Seele gut. Es enthält jede Menge wundervolle Gedanken über das Leben und Gott. Empfehlenswert!*"

Leserstimme

„Manchen schickt Gott einen Engel, mir schickte er einen Esel." Auf sehr charmante und zutiefst ehrliche Art und Weise erzählt Rachel Anne Ridge die wahre Geschichte ihrer Familie. Inmitten einer tiefen Krise erleben sie durch einen zugelaufenen und stark mitgenommenen Esel, dass Gott sie nicht im Stich lässt – und sie viele geistliche Dinge lehrt.

Rachel Anne Ridge • Das Glück hat lange Ohren
Klappenbroschur • 256 Seiten • ISBN 978-3-95734-459-5

Ein Podcast zum Ankommen. Bei Gott. Und bei dir.

Gemacht wird der Podcast *Der Flügelverleih* von unserem Verlagsteam. Autorinnen und Autoren, Musikerinnen und Musiker sprechen über ihre Bücher, ihre Alben, ihr Leben und ihren Glauben. Das inspiriert. Und verleiht Flügel!

 Hör gern mal vorbei! Überall, wo es Podcasts gibt.

Heidi Grable, eine von Joeys geliebten Trainerinnen, malte dieses bemerkenswert treffende Porträt von Joey.

Als *Hope Reins* die Pforten öffnete, war kein Geld für Werbung da – bis auf dieses Schild, das suchende Familien auf die Ranch führte.

Aufgrund dieses seelenvollen Blicks war es für viele schwer zu glauben, dass Joey blind war.

Speckles lernte schließlich, dass Teilen alle glücklich macht.

Joey und Speckles waren bereits nach kurzer Zeit unzertrennlich.

Vor jeder Therapiesitzung treffen sich die ehrenamtlichen Mitarbeiter zum Gebet.

Die Sattelkammer (links) und die Futterscheune (rechts) befinden sich praktischerweise nahe bei den Anbindepfosten.

Das Striegeln ist ein wichtiger Teil einer Therapiesitzung. Hier sorgt Hilary, eine der Sitzungsleiterinnen, dafür, dass Joey ruhig bleibt, während ein Kind ihn striegelt.

Joey war gut darin, das Selbstvertrauen eines Kindes zu stärken, weil er selbst so entspannt war.

Joey mangelte es nie an Aufmerksamkeit!

Alle waren sich einig, dass Joey und Speckles wie füreinander geschaffen waren.

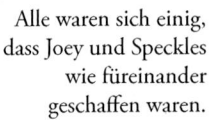

Trotz seiner Blindheit war Joey in der Lage, etliche Befehle zu lernen. Er war ein Musterschüler.

Bereits bei ihrer ersten Begegnung knüpften Aly und Joey eine intensive Beziehung zueinander.

Joey liebte Umarmungen.

Der Gemeinschaftsbereich – ein großer Platz für Veranstaltungen. Im Hintergrund, rechts unter den Bäumen, ist das kleine Bürogebäude zu sehen.

Joey stellte sich bereitwillig als „Leinwand" zur Verfügung, auf der Kinder während des Sommercamps mit Naturfarben ihren Handabdruck hinterlassen konnten. Er liebte die kleinen Künstler!

Spirit (im Vordergrund) und Joey zu Hause auf Koppel Nummer zwei.

Selah, eine gerettete Saddlebred-Stute, war in vieler Hinsicht Gottes maßgeschneidertes Geschenk für Kim.